离婚
财产分割
Division of Property in A Divorce

PRACTICAL STRATEGY

 第二版

王丽 / 编著

法律出版社 LAW PRESS·CHINA
—— 北京 ——

图书在版编目（CIP）数据

离婚财产分割实战策略／王丽编著．－－2版．
北京：法律出版社，2025．－－ISBN 978－7－5244－0423－1
Ⅰ．D923.904
中国国家版本馆CIP数据核字第2025LZ6811号

离婚财产分割实战策略（第二版） LIHUN CAICHAN FENGE SHIZHAN CELÜE （DI-ER BAN）	王 丽 编著	策划编辑 邢艳萍 责任编辑 邢艳萍 装帧设计 鲍龙卉

出版发行 法律出版社	开本 A5
编辑统筹 法律应用出版分社	印张 11.625　　字数 300千
责任校对 朱海波	版本 2025年8月第2版
责任印制 刘晓伟	印次 2025年8月第1次印刷
经　　销 新华书店	印刷 保定市中画美凯印刷有限公司

地址：北京市丰台区莲花池西里7号（100073）
网址：www.lawpress.com.cn　　　　销售电话：010－83938349
投稿邮箱：info@lawpress.com.cn　　　客服电话：010－83938350
举报盗版邮箱：jbwq@lawpress.com.cn　咨询电话：010－63939796
版权所有·侵权必究

书号：ISBN 978－7－5244－0423－1　　　　定价：49.00元
凡购买本社图书，如有印装错误，我社负责退换。电话：010－83938349

目·录

第一章 要离婚了，怎么办
一、面对离婚　　　　　　　　　　　　001
　（一）离婚会给生活带来什么变化　　003
　（二）离婚的心理准备　　　　　　　005
二、离婚的方式　　　　　　　　　　　006
　（一）协议离婚　　　　　　　　　　007
　（二）诉讼离婚　　　　　　　　　　008
　（三）协议离婚与诉讼离婚的选择　　011

第二章 离婚财产分割技巧与计算标准
技巧一　把握基本原则　　　　　　　　016
　一、约定优先原则　　　　　　　　　016
　二、均等分割原则　　　　　　　　　019
　三、保护妇女、儿童利益原则　　　　019
　四、照顾无过错方原则　　　　　　　020
　五、有利生产、方便生活原则　　　　021
技巧二　分清财产边界　　　　　　　　022
　一、法定财产制的本质：婚后所得共有　022

（一）工资、奖金、劳务报酬 022
（二）生产、经营、投资的收益 024
（三）知识产权的收益 024
（四）继承或者受赠的财产 025
（五）其他应当归共同所有的财产 026

二、法定财产制之限制和补充：夫妻一方的个人财产 029
（一）一方的婚前财产 029
（二）一方因人身损害获得的赔偿或补偿 030
（三）遗嘱或赠与合同中确定只归一方的财产 030
（四）一方专用的生活用品 031
（五）其他应当归一方的财产 031

三、约定财产制：婚姻"个性化"需求的满足 033
（一）约定财产制的认识 033
（二）约定财产制的具体操作方式 036

四、家庭共同财产 037
（一）家庭共同财产的形成 038
（二）家庭共同财产的分割 039

技巧三 掌握具体财产的分割方法与计算标准 040
一、彩礼是否需要返还 040
（一）彩礼的性质 040
（二）司法实践中对彩礼的认定 040
（三）离婚时彩礼的返还 041
（四）适格的诉讼当事人 043

二、夫妻共同债权债务的分割 043
（一）夫妻共同债权的分割 043
（二）夫妻共同债务 045

（三）特殊夫妻共同债务的偿还　　048

三、住房公积金、住房补贴的分割　　049

四、人身损害赔偿金的分割　　050

五、养老保险金的分割　　051

六、房产的分割　　053

　　（一）一方婚前全款购置的房屋　　053

　　（二）夫妻双方出资购买的房屋　　054

　　（三）一方婚前签订购房合同婚后用共同财产还贷的房屋　　054

　　（四）离婚时未取得所有权的房屋　　055

　　（五）一方婚前所有，婚后征收获得的房屋　　056

　　（六）婚内一方赠与另一方的房屋　　057

　　（七）父母出资购买的房屋　　058

　　（八）一方婚前承租的公房，离婚后另一方是否享有承租权　　060

　　（九）夫妻出资购买的房改房　　061

　　（十）小产权房　　063

　　（十一）军产房　　063

七、土地承包经营权的分割　　064

八、企业份额的分割　　065

　　（一）有限责任公司的股权　　065

　　（二）股份有限公司的股权　　067

　　（三）个人独资企业的股权　　068

　　（四）合伙企业的份额　　069

九、尚未继承遗产的分割　　070

十、登记在子女名下房产的分割　　071

十一、股票之外有价证券的分割　　072

十二、信托财产的分割　　073

十三、退伍军人复员费或自主择业费的分割　　　　　　073
十四、商业保险的分割　　　　　　074
　　（一）人身保险合同　　　　　　075
　　（二）财产保险合同　　　　　　077
十五、虚拟财产的分割　　　　　　078
技巧四　抓住财产分割的时间　　　　　　079
一、共有财产分割以"离婚时"为原则　　　　　　079
二、婚姻关系存续期间请求分割共有财产的情形　　　　　　080
三、离婚后请求分割财产　　　　　　081
四、协议离婚后就财产分割约定反悔　　　　　　082
技巧五　了解财产分割时的经济补偿与经济帮助　　　　　　082
一、经济补偿　　　　　　083
二、经济帮助　　　　　　084

第三章 离婚损害赔偿请求技巧

技巧一　确定损害赔偿的事由　　　　　　087
一、重婚　　　　　　087
二、有配偶者与他人同居　　　　　　088
三、家庭暴力　　　　　　089
四、虐待、遗弃家庭成员　　　　　　090
五、依"忠诚协议"可否主张损害赔偿　　　　　　091
技巧二　明确提出离婚损害赔偿的主体和时间　　　　　　093
一、有权获得离婚损害赔偿的主体　　　　　　093
二、请求离婚损害赔偿的时间限制　　　　　　094
技巧三　掌握离婚损害赔偿的数额　　　　　　095
一、物质损害赔偿　　　　　　095

二、精神损害赔偿 095

第四章 离婚诉讼技巧

技巧一　离婚诉讼证据的收集与运用 097

一、离婚诉讼中的证据概述 097

　　（一）离婚诉讼中的证据 098

　　（二）什么样的证据是有效证据 103

二、财产证据的收集 105

　　（一）房产证据 105

　　（二）存款 105

　　（三）公司股权 106

　　（四）保险 106

　　（五）车辆 106

　　（六）工资 106

　　（七）贵重物品、首饰、家具等 106

　　（八）股票等有价证券 107

三、损害赔偿证据的取证 107

　　（一）关于"婚外情"的取证 108

　　（二）关于"家庭暴力与虐待家庭成员"行为的取证 109

　　（三）关于"遗弃家庭成员"行为的取证 109

四、转移、隐匿夫妻共同财产的应对方式 110

　　（一）不动产转移、隐匿的常见手段及应对 110

　　（二）动产转移、隐匿的常见手段及应对 112

　　（三）股市资金的隐匿转移及应对 113

　　（四）股权的隐瞒及应对 113

　　（五）贵重物品的转移及应对 113

五、转移、隐匿夫妻共同财产的救济方式 … 114
 （一）平时注意收集保存证据 … 114
 （二）申请法院调查取证 … 114
 （三）随意处分夫妻共同财产的效力 … 115
 （四）离婚后仍可取证,保留分割财产权利 … 116

技巧二　掌握法律文书的写作格式 … 117

一、婚前财产协议书 … 117
 婚前财产协议书（一） … 118
 婚前及婚后财产协议书（二） … 119
二、离婚协议书 … 121
 离婚协议书 … 122
三、离婚起诉状 … 124
 起诉状 … 124
四、离婚撤诉申请书 … 126
 撤诉申请书 … 126
五、缓交、减交、免交诉讼费申请书 … 127
 缓交诉讼费申请书 … 127
六、离婚上诉状 … 127
 民事上诉状 … 128
七、离婚再审申请书 … 129
 民事再审申请书 … 131
八、财产保全申请书 … 132
 财产保全申请书 … 132
九、调查取证申请书 … 133
 申请法院调查取证申请书 … 133
十、强制执行申请书 … 134

强制执行申请书 135
技巧三　明确离婚诉讼的程序 136
一、立案 136
　　（一）立案的条件 136
　　（二）确定管辖法院 137
　　（三）注意立案时要提交的诉讼材料 139
　　（四）立案时间 140
　　（五）立案后的准备 140
二、调解 141
　　（一）多元化调解 141
　　（二）调解的原则 141
　　（三）调解的生效 142
三、一审 142
　　（一）一审程序 142
　　（二）审理期限 143
四、二审 144
　　（一）上诉 144
　　（二）二审的审理 145
技巧四　寻求专业法律服务 146
一、委托律师 146
二、请求法律援助 147
　　（一）离婚能否请求法律援助 147
　　（二）法律援助机构提供的服务 149
　　（三）法律援助的申请 149

第五章 真实案件演练

一、彩礼返还 153

（一）双方未办理结婚登记手续，一方可请求返还彩礼——王某2与陈某2婚约财产纠纷案 153

（二）未实现婚后共同生活目的，离婚时可主张返还彩礼——马某与帕某离婚纠纷案 156

二、同居析产 159

同居关系的认定及财产分割依据——刘某与周某同居关系析产纠纷 159

三、夫妻共同财产的分割 163

（一）房产继承时已离婚，另一方无权主张分割——张某1与李某1离婚后财产分割纠纷案 163

（二）非公司股东一方配偶在离婚时对另一方名下公司出资额的分割规则——杨某与徐某离婚后财产纠纷案 166

（三）理财取现未合理解释，法院酌定金额予以分割——李某1与吕某1离婚后财产纠纷案 170

（四）未处分的婚内保险理财产品，离婚后仍可主张分割——陈某与李某离婚后财产纠纷案 173

（五）离婚时未分割婚内房产，离婚后房屋被征收的，征收利益应区分不同情况予以分割——王某与孙某离婚后财产纠纷案 176

（六）因房产登记共有而获益，个人债务应属夫妻共同债务——王某某、孟某1、孟某2、孟某3与孟某某、李某某合同纠纷案 179

四、父母为子女出资购房 183
　　(一)父母部分出资购房,存在借款合意和证据支持时应认定为借贷关系——陈某与郁某、邱某民间借贷纠纷案 183
　　(二)婚姻关系存续期间父母为子女全额出资购房的,离婚分割按约定处理——钟某与冯某1、冯某2共有物分割纠纷案 188
五、一方对家庭负担较多义务的,离婚时可请求家务补偿——高某与董某离婚纠纷案 191
六、离婚后,无过错方仍可主张离婚损害赔偿——张某与李某1离婚后财产纠纷案 193
七、离婚后子女抚养费金额的确定以离婚协议约定为准——李某赫与刘某硕抚养费纠纷案 196
八、中国裁判文书网民事判决书样式 199
　　(一)判决书 199
　　(二)裁定书(裁定驳回再审申请) 203
　　(三)调解书 204

第六章 婚姻纠纷相关法律规定

一、法律法规 206
　　1. 中华人民共和国民法典(节录) 206
　　2. 中华人民共和国妇女权益保障法(2022 修订) 221
　　3. 中华人民共和国未成年人保护法(2024 修正) 233
　　4. 中华人民共和国民事诉讼法(2023 修正)(节录) 253
　　5. 婚姻登记条例(2025 修订) 264

二、司法解释 269

6. 最高人民法院关于适用《中华人民共和国民法典》婚姻家庭编的解释（一） 269

7. 最高人民法院关于适用《中华人民共和国民法典》婚姻家庭编的解释（二） 281

8. 最高人民法院关于审理涉彩礼纠纷案件适用法律若干问题的规定 285

9. 最高人民法院关于确定民事侵权精神损害赔偿责任若干问题的解释（2020修正） 286

10. 最高人民法院关于适用《中华人民共和国民事诉讼法》的解释（2022修正）（节录） 287

11. 最高人民法院关于民事诉讼证据的若干规定 294

三、部门规范性文件 309

12. 民政部关于贯彻落实《中华人民共和国民法典》中有关婚姻登记规定的通知 309

13. 民政部关于印发《婚姻登记工作规范》的通知（2025修订） 312

14. 民政部关于贯彻执行《婚姻登记条例》若干问题的意见 330

四、地方司法文件 333

15. 北京市高级人民法院民一庭关于审理婚姻纠纷案件若干疑难问题的参考意见 333

16. 江苏省高级人民法院民一庭家事纠纷案件审理指南（婚姻家庭部分） 341

17. 上海市高级人民法院关于审理婚姻家庭纠纷若干问题的意见 358

第一章

要离婚了,怎么办

一、面对离婚

婚姻制度是我国自古以来就有的制度,但古代的婚姻制度与现代的婚姻制度相去甚远,在"夫为妻纲"儒家传统思想的统治下,古代男女在婚姻中的地位是不平等的。中华人民共和国成立伊始即制定了《婚姻法》,并于 1950 年 5 月 1 日正式实施,从而确定了"一夫一妻""男女平等"等诸多现代婚姻法的重要原则。2001 年修订的《婚姻法》和 2021 年 1 月 1 日实施的《民法典》均规定,结婚的男女双方必须亲自到婚姻登记机关进行结婚登记。结婚登记作为建立婚姻关系的必要条件,男女双方没有办理结婚登记并领取结婚证即共同生活的,仅为同居关系而非婚姻关系。据此,"婚姻"这个概念至少涵盖以下三层含义:以男女两性结合为基础;以共同生活为目的;具有夫妻身份的公示性。

也许"婚姻是爱情的坟墓",也许婚姻中的琐事将曾经真挚的情感消磨殆尽,离婚在当今社会已不是什么稀奇的事。人们对婚姻的选择更加自由,也更加遵从自己的情感,因为感情生活在一起又因为感情而分开,绝大多数人逐渐可以理性对待离婚,我国的离婚率也呈现上升趋势。民政部《2023年民政事业发展统计公报》显示:2023年,全国婚姻登记机构和场所共计4171个,其中婚姻登记机构1118个,全年依法办理结婚登记768.2万对,比上年增长12.4%。结婚率为5.4‰,比上年增长0.6个‰。依法办理离婚手续360.53万对,其中:民政部门登记离婚259.37万对,法院判决、调解离婚101.16万对。离婚率为2.6‰。

从法律上讲,离婚指的是夫妻双方通过协议或诉讼的方式解除婚姻关系,终止夫妻间人身、财产方面的权利和义务的法律行为。在我国,离婚有两种方式,即协议离婚和诉讼离婚。夫妻之间达成离婚协议的,只需共同到婚姻登记机关办理离婚登记手续,经过"离婚冷静期"后领取离婚证即可解除婚姻关系。协议离婚手续相对便捷,婚姻登记机关的工作人员对离婚协议进行形式审查。但如果双方无法协议离婚,就需要向法院提起诉讼,进入离婚诉讼程序,由法院判决是否准予离婚。

走到离婚这一步,还需要考虑很多问题,最重要的就是子女抚养以及财产分割问题。失去曾经幸福的婚姻生活,很多人都想要弥补损失,而夫妻共同财产分割也就成为最现实的话题。随着社会经济的发展,公民个人财产日益增多,收入来源多种多样,财产种类也呈现多样化、非现金化的特点,离婚财产分割已然成为司法实践中的难点和焦点。同时,"婚外情""小三""家庭暴力"等现象也是屡见不鲜,最初甜蜜的婚姻最终可能酿出反目成仇的苦果。越来越多的人在离婚时主张自己因婚姻存续期间发生的事情受到了极大伤害,从而要求各类损害赔偿。于是,《民法典》设立的离婚损害赔偿制度自然成为人们关注的焦点。

虽然离婚是件无奈的事,但为了更好地维护自身权益,掌握相关技巧对于离婚财产分割和获得损害赔偿具有很大的帮助,本书将重点介绍离婚财产分割及损害索赔的若干技巧。当然,本书的出发点并不是教导大家如何在离婚过程中实现自己利益的最大化,而仅是在面对离婚这样一个无奈的现实时,学会如何保护自己,并且将损失降到最低。因为离婚战争中从来没有胜利者,如何稳妥地善后才是理智面对现实的选择,毕竟明天太阳会照常升起,生活与希望仍在继续。

(一)离婚会给生活带来什么变化

感情即将破裂时,很多人心中都会有疑问,婚该离还是不该离?对于这个问题,谁都无法给出一个确定的答案。婚姻中掺杂了感情与理性,个案的特殊性决定了任何人在选择离婚还是不离婚的时候都需要费一番波折,需要充分衡量,别人永远都无法帮助自己来做这样一个决定。但提前了解一旦离婚将给生活带来怎样的变化,对于离婚的抉择显然有很好的辅助作用。离婚最直接的法律后果就是夫妻双方婚姻关系结束,双方因婚姻关系所产生的权利义务随之消灭。那么,具体来讲,离婚后当事人的生活会出现哪些变化?

第一,夫妻身份关系终止,由此产生的夫妻双方权利义务终结。婚姻关系存续期间,夫妻之间有互相扶养、互相照顾、互相尊重、互相忠实的义务。夫妻双方解除婚姻关系之后,一般情形下,双方不再共同居住、共同生活,即从同一屋檐下的一家人变为没有法律关系的普通人,婚姻关系中基于配偶身份的互相扶养、互相照顾的义务一般也随之结束(离婚时一方生活困难的情况另当别论。当然不排除特殊情况下,离婚后双方仍选择共同居住并相互照顾,但这有别于受法律调整和保护的婚姻关系,仅属于一种事实上的同居状态,二者之间的关系也与夫妻关系有所不同)。

第二,夫妻双方要对原本的共同财产进行分割。财产关系的变化也是离婚带来的一个重要后果。我国实行的是夫妻财产共同所有制,在婚姻关系存续期间夫或妻取得的财产，除法律有特别规定或当事人有特别约定外，都属于夫妻共同财产，由夫妻双方共同共有。但离婚时，由于共同共有的基础关系消灭，就需要对这些共有财产进行分割，归夫或妻一方单独所有。如有夫妻共同债务的，也需对共同债务进行分割，从而使二人在财产方面划清界限。总之，原本夫妻双方之间的经济关系也会随着离婚而宣告结束，那么，在离婚时就应当对财产进行清点、分割，以防后续产生纠纷。

第三，如果离婚时夫妻双方已有子女，子女未成年时，就需要对未成年子女抚养权归属进行安排。子女的生活必然会随着父母离婚而发生变化，如何很好地安排子女，维护未成年子女最佳利益的实现，更是离婚中需要重点关注的问题。需要明确的是，父母子女关系并不因离婚而消灭，即使双方约定或法院判决子女由一方抚养的，也不免除对方的抚养义务，只是履行抚养义务的方式不同。获得抚养权的一方得以和子女共同生活，同时另一方需要负担部分子女生活、教育及医疗等费用，并享有探望权。实际上，子女抚养权的问题十分复杂，国际通行的做法是，在处理子女抚养问题时，需要以子女利益最大化为考量的出发点和落脚点，实现未成年子女的最佳利益保障。实践中，子女与哪一方共同生活、另一方抚养费的数额以及探望权的行使方式等，往往都是离婚纠纷中的争议焦点。除此之外，抚养费变更、抚养权变更、隔代探望权等也是理论和实践中关注的话题，这与夫妻双方及未成年子女的切身利益息息相关。

总之，离婚将给当事人带来极大的改变，原本亲密无间的关系离婚后即终止。为了今后的生活着想，对离婚进行周全考虑，做好充分的思想准备，保持克制冷静态度，妥善处理各类善后事宜，无疑是最好的选择。

（二）离婚的心理准备

结婚常被认为是终身大事，足见其对于个人生活的影响，同样地，离婚也会对个人的生活产生极大影响。因此，打算离婚时，不能仅凭一时意气，需要做好充足的思想准备。如果自己打算提出离婚，建议应当考虑以下问题：

第一，充分回顾自己的婚姻，认真思索夫妻感情是否真的到了尽头。婚姻大事不可儿戏，婚姻都是需要精心经营的，夫妻感情不和谐，不是一朝一夕的事，而是日积月累的结果。如果感情出现裂痕，为自己、对方和子女负责应当早做修补。但真的到了无可挽救的地步，我们也要注意在这种情况下，切忌意气用事或过于情绪化，而应该从现实出发，挽救婚姻或者解除婚姻的同时保护自己的合法利益。考虑是否离婚不是法律问题，却是在准备离婚前当事人最应该思索的问题。"鞋合不合脚，只有自己知道"，那么一段婚姻值不值得继续，也要自己慎重考虑。婚姻的开始总是建立在一定的感情基础上，结束一段婚姻需要很大的勇气以及充分的思想准备。因此，对于是否离婚的考量，无论慎重到什么程度都不为过。

第二，离婚财产的分割与谁提起离婚没有关系，因此无须过于担心"谁先起诉谁吃亏"。根据相关法律规定，如果夫妻感情确已破裂，无法再继续共同生活下去，夫或妻任何一方都有权提出离婚。离婚时，共同财产由夫妻双方协议处理；如果协议不成，可诉至法院由法院判决。法院处理离婚案件，决定是否准予离婚时，通常以感情是否破裂为标准，而不是说一方提出离婚请求，法院支持其诉讼请求，该方就应当在财产上作出让步，少判给他一些财产。

第三，认真考虑离婚时需要处理的事宜。在决定离婚时，开始阶段不妨好好商量，心平气和地谈一谈，或者先让对方就离婚的具体协议提出方案，比如，共同财产如何分割，子女如何抚养及抚养费支付的方式、探望权的约定。在对方提出具体方案后,如果认为不合理,可与其协商,提出自己的看法和要求,与对方进一步沟通。在对方提出离婚而毫无准备的情况下,自己难免会感到十分震惊和诧异,此时需要冷静地考虑夫妻关系是否还有存续的必要,同时做好上述财产分割、子女抚养等事宜的考虑。

第四,安抚未成年子女。如果已经有未成年子女,就需要考虑离婚对未成年子女身心健康的影响。决定离婚后,应当尽量在不影响未成年子女学习、生活的前提下,引导其慢慢接受这个事实。不要"一步到位"直接告诉未成年子女离婚,可以采取委婉的方式,充分考虑到未成年子女的个性和承受能力,给未成年子女一个缓冲的空间。

如果真正考虑成熟决定离婚,选择离婚的方式对当事人也非常重要。选择协议离婚对于节省当事人双方的时间、精力都有很大的帮助,也可以将离婚带给双方、未成年子女及亲友的影响降至最低。但如果实在无法达成协议,则需要进入诉讼离婚程序。

二、离婚的方式

我国有且仅有两种离婚方式:一种是协议离婚;另一种是诉讼离婚。《民法典》第 1076 条、第 1077 条、第 1078 条对协议离婚作出明确规定,即夫妻双方自愿离婚的,应当签订书面离婚协议,并亲自到婚姻登记机关申请离婚登记。自婚姻登记机关收到离婚登记申请之日起 30 日内,任何一方不愿意离婚的,可以向婚姻登记机关撤回离婚登记申请。前款规定期限届满后 30 日内,双方应当亲自到婚姻登记机关申请发给离婚证;未申请的,视为撤回离婚登记申请。离婚协议需双方各执一份,并在婚姻登记机关留存一份备案。婚姻登记机关查明双方确实是自愿离婚,并对子女抚养和财产分割问题已有适当处理时,发给离婚证。《民法典》第 1079 条对诉讼离婚作出明确规定,即夫妻一方要求离婚的,可直接向人民法院提出离婚诉讼。下面我们来详细解释一下这两种离婚方式。

(一)协议离婚

2021年1月1日《民法典》生效实施后,新增了离婚冷静期制度,根据《民政部关于贯彻落实〈中华人民共和国民法典〉中有关婚姻登记规定的通知》(民发〔2020〕116号,2020年11月24日发布),离婚登记通常按照申请—受理—冷静期—审查—登记(发证)的程序进行办理。

1. 申请。夫妻双方自愿离婚的,应当签订书面离婚协议,共同到有管辖权的婚姻登记机关提出申请,并提供以下证件和证明材料:

(1)内地婚姻登记机关或者中国驻外使(领)馆颁发的结婚证;

(2)符合《婚姻登记工作规范》第29条至第35条规定的有效身份证件;

(3)在婚姻登记机关现场填写的《离婚登记申请书》。

2. 受理。婚姻登记员按照《婚姻登记工作规范》有关规定对当事人提交的上述材料进行初审。申请办理离婚登记的当事人有一本结婚证丢失的,当事人应当书面声明遗失,婚姻登记员可以根据另一本结婚证受理离婚登记申请;申请办理离婚登记的当事人两本结婚证都丢失的,当事人应当书面声明结婚证遗失并提供加盖查档专用章的结婚登记档案复印件,婚姻登记员可根据当事人提供的上述材料受理离婚登记申请。婚姻登记员对当事人提交的证件和证明材料初审无误后,发给《离婚登记申请受理回执单》。不符合离婚登记申请条件的,不予受理。当事人要求出具《不予受理离婚登记申请告知书》的,应当出具。

3. 冷静期。自婚姻登记机关收到离婚登记申请并向当事人发放《离婚登记申请受理回执单》之日起30日内,任何一方不愿意离婚的,可以持本人有效身份证件和《离婚登记申请受理回执单》(遗失的可不提供,但需书面说明情况),向受理离婚登记申请的婚姻登记机关撤回离婚登记申请,并亲自填写《撤回离婚登记申请书》。经婚姻登记机关核实无误后,发给《撤回离婚登记申请确认单》,并将《离婚登记申请书》《撤回离婚登记申请书》与《撤回离婚登记申请确认单(存根联)》一并存档。自离婚冷静期届满后30日内,双方未共同到婚姻登记机关申请发给离婚证的,视为撤回离婚登记申请。

4. 审查。自离婚冷静期届满后30日内(期间届满的最后一日是法定休假日的,以法定休假日后的第一日为期限届满的日期),双方当事人应当持《婚姻登记工作规范》第47条第4至7项规定的证件和材料,共同到婚姻登记机关申请发给离婚证。婚姻登记机关按照《婚姻登记工作规范》第48条和第49条规定的程序和条件执行和审查。婚姻登记机关对不符合离婚登记条件的,不予办理。当事人要求出具《不予办理离婚登记告知书》的,应当出具。

5. 登记(发证)。婚姻登记机关按照《婚姻登记工作规范》第54条至第56条规定,予以登记,发给离婚证。离婚协议书一式三份,男女双方各一份并自行保存,婚姻登记处存档一份。婚姻登记员在当事人持有的两份离婚协议书上加盖"此件与存档件一致,涂改无效。××××婚姻登记处××××年××月××日"的长方形红色印章并填写日期。多页离婚协议书同时在骑缝处加盖此印章,骑缝处不填写日期。当事人亲自签订的离婚协议书原件存档。婚姻登记处在存档的离婚协议书加盖"×××登记处存档件××××年××月××日"的长方形红色印章并填写日期。

(二)诉讼离婚

上文提到,协议离婚需要双方共同到婚姻登记机关,签署离婚协议并领取离婚证,但很多时候,双方无法就是否要解除婚姻关系以及财产分割、子女抚养等问题达成一致意见,也就不能通过协议离婚的方式解除婚姻关系，只能通过诉讼离婚，由法院对其无法达成一致的事项作出裁判。除此之外，根据我国法律法规的相关规定，还存在一些民政局不受理离婚登记申请的特殊情形。此时，当事人只能通过向法院提起诉讼来解除婚姻关系。具体如下：

第一，无民事行为能力人或限制民事行为能力人离婚的，只能通过诉讼方式进行。无民事行为能力人或限制民事行为能力人无法完全辨认、控制自己的行为，民政局无法确定当事人的离婚意愿，因此不会受理离婚申请。同样，法院也不会轻易接受无民事行为能力人或限制民事行为能力人的离婚请求。《最高人民法院关于适用〈中华人民共和国民法典〉婚姻家庭编的解释（一）》（以下简称《婚姻家庭编解释（一）》）第62条对无民事行为能力人的离婚方式作出具体规定，无民事行为能力人的配偶有《民法典》第36条第1款规定的行为，其他有监护资格的人可以要求撤销其监护资格，并依法指定新的监护人；变更后的监护人代理无民事行为能力一方提起离婚诉讼的，人民法院应予受理。根据《民法典》第28条的规定，配偶是无民事行为能力成年人第一顺位的监护人，所以无民事行为能力人起诉离婚的，要首先变更监护人，再由变更后的监护人提起离婚诉讼。且无民事行为能力人提起离婚诉讼必须以配偶有虐待、遗弃等严重损害无民事行为能力一方的人身权利或财产权利的行为为前提。正是因为配偶有虐待、遗弃无民事行为能力人的行为，已经不能保护他的合法权利，才需要其他有监护资格的人请求变更监护人之后提起离婚诉讼。需要注意的是，限制民事行为能力人如果没有完全丧失对婚姻的感知能力，能够表达想法，那么还是应当依照本人的意思表示决定是否准予离婚。

第二，未办理结婚登记需要结束关系。如果当事人构成事实婚姻或同居关系，根本没有办理结婚登记，要求离婚的，民政局是不予办理离婚登记的。对此，《婚姻家庭编解释（一）》第7条规定："未依据民法典第一千零四十九条规定办理结婚登记而以夫妻名义共同生活的男女,提起诉讼要求离婚的,应当区别对待:(一)1994年2月1日民政部《婚姻登记管理条例》公布实施以前,男女双方已经符合结婚实质要件的,按事实婚姻处理。(二)1994年2月1日民政部《婚姻登记管理条例》公布实施以后,男女双方符合结婚实质要件的,人民法院应当告知其补办结婚登记。未补办结婚登记的,依据本解释第三条规定处理。"第3条规定:当事人提起诉讼仅请求解除同居关系的,人民法院不予受理;已经受理的,裁定驳回起诉。当事人因同居期间财产分割或者子女抚养纠纷提起诉讼的,人民法院应当受理。

第三,境外登记结婚的离婚情形。现如今,跨国婚姻逐渐增多,越来越多的中国人和外国人结婚,选择在外国登记结婚,或是在我国港、澳、台地区登记结婚。根据《婚姻登记条例》第14条的规定,结婚登记不是在中国内地办理而申请离婚登记的,婚姻登记机关不予受理。那么,当事人要解除不在中国内地登记的婚姻,不管双方是否能够达成协议,只能通过法院以诉讼离婚的方式解决。就诉讼离婚中管辖问题的确定,《民事诉讼法》有明确规定,一般适用"原告就被告"的一般地域管辖原则,即由被告所在地人民法院管辖,被告住所地与经常居住地不一致的,由被告经常居住地人民法院管辖。但夫妻一方离开住所地超过1年,另一方起诉离婚的案件,可以由原告住所地人民法院管辖。对不在中华人民共和国领域内居住的人提起离婚诉讼的,适用《民事诉讼法》第22条关于对不在中华人民共和国领域内居住的人提起的有关身份关系的诉讼的管辖规定,由原告住所地人民法院管辖;原告住所地与经常居住地不一致的,由原告经常居住地人民法院管辖。

第四,外国人离婚的情形。两个外国人在中国不能通过在民政部门登记的方式直接办理离婚,只能通过诉讼解决。根据《民政部公布取消 24 个证明事项的公告》(民政部公告第 456 号,2019 年 3 月 29 日发布),自 2019 年 4 月 1 日起,我国婚姻登记部门不再办理两个外国人结婚或离婚登记的事宜。所以,两个外国人此前在我国登记结婚或在外国登记结婚,符合我国法院管辖离婚案件相关要求的,只能通过向有管辖权的法院提起诉讼的方式解除婚姻关系。

(三)协议离婚与诉讼离婚的选择

1. 协议离婚与诉讼离婚的时间成本

协议离婚耗时较短,只要当事人带齐材料,经过离婚冷静期,在婚姻登记机关就可以领取离婚证,解除婚姻关系,而诉讼离婚则需要花费较长的时间。

根据《民法典》和《民事诉讼法》及相关司法解释的相关规定,法院审理离婚案件时,应当首先进行调解。在实践中,当事人起诉离婚的,法院往往会先进行调解,且调解的时间不计算入审限。调解不成时法院才会进行审理。审理离婚案件适用简易程序的审限是 3 个月,适用普通程序的审限为 6 个月,这一审限还可能经批准后延长。甚至在一审诉讼过程中,被告还可能提起管辖权异议以及就管辖权异议裁定提起上诉。如果还需要对房屋的价值进行评估,时间更是无法预判。即使一审判决准予离婚,也可能因财产分割或子女抚养纠纷进入二审程序,诉讼离婚的时间成本也会不断增加。

在此,还需要注意的一个问题是,若在第一次起诉时一审判决不准离婚或经过调解和好的离婚案件,原告没有新情况、新理由在一审判决生效后 6 个月内又起诉的,法院将不予受理。第一次起诉法院没有判决离婚的,当事人为解除婚姻关系所付出的时间成本也将再次增加。可以说,一旦进入诉讼程序,何时能够解除婚姻关系、厘清双方财产关系、对子女抚养作出安排均是一个未知数。可见,协议离婚与诉讼离婚相比,协议离婚更加节省时间成本。

2. 协议离婚与诉讼离婚的费用成本

协议离婚比诉讼离婚所需费用更低。夫妻双方去民政部门办理离婚登记手续，只需要缴纳工本费，不论夫妻之间财产有多少，都不会额外增加费用。离婚诉讼则有所不同，根据《诉讼费用交纳办法》第13条的规定，离婚案件每件需交纳诉讼费50～300元，但这是只涉及身份关系解除以及子女抚养问题时的收费标准。如果还涉及财产分割，财产总额不超过20万元的，无须另行交纳，财产总额超过20万的，按照超过部分的0.5%交纳。所以，单就程序上的费用来说，诉讼离婚比协议离婚所需的费用高。实践中，有些地方法院要求起诉离婚时原告需先向法院交纳50～300元诉讼费，其他费用根据法院查明的夫妻共同财产的价值，在诉讼进程中交纳。但也有法院要求原告在起诉时即明确夫妻共同财产的大致数额，并据此交纳全部诉讼费，待法院最终核实后多退少补。总体来说，诉讼离婚所需的费用会随着双方待分割财产的增加而增加。

有些人认为，诉讼离婚所需的费用除诉讼费外，委托律师的费用也不可小觑。律师不仅在诉讼离婚中发挥作用，也可以在协议离婚中发挥很大的作用，协议离婚所付律师费不一定比诉讼离婚少。首先，律师可以针对当事人离婚诉讼风险提出前瞻性建议。律师作为专业的法律从业者，凭借自身的专业知识和实践经验，可以在一定程度上预判当事人诉讼离婚的风险。实践中不乏当事人离婚前咨询律师，在告知律师双方主要财产及其来源后，律师会对法院可能作出的判决进行预判，同时根据当事人的需求就离婚诉讼风险出具专业的法律意见书。当事人看到专业的法律分析后，如果认为离婚诉讼风险、成本均过高的，可能会放弃离婚诉讼，改为协议离婚。其次，在当事人无法就离婚达成协议时，律师还可以协助当事人进行谈判。最后，律师可以在了解当事人诉求的基础上，帮助当事人起草并完善离婚协议。而由当事人自行起草的离婚协议,有可能遗漏某些共同财产或由于语言表达等问题造成离婚协议出现漏洞,从而产生一系列的后续纠纷。尤其是在当事人财产众多,权属不明确的情况下,律师更可以发挥自身的专业技能,有效促成离婚协议的达成,协助双方办理离婚手续。

不同地区以及不同律师对离婚案件的收费标准均不同。一般来说,律师会根据工作量来收取费用,如果只是简单地草拟离婚协议,费用相对较低,但如果需要由律师出具法律意见书、协助谈判的,费用相对较高。总体来说,双方争议越大,所涉的财产越多,案件也就越复杂,律师的工作量也就越大,那么律师费用也会相应提高。

3. 协议离婚和诉讼离婚需花费的精力

离婚往往要承受不小的精神压力。虽然现代社会越来越宽容,越来越自由,但离婚在大多数人来看表示一段感情的失败,不是一件好事,而且当事人还会面对社会的压力、邻里朋友同事的议论、未成年子女分离的痛苦以及重新开始生活的迷茫,这都无时无刻不影响着当事人的心情。从情感上说,多年经营的感情化为乌有,对双方都是一个不小的打击。而在诉讼离婚过程中,当事人通常要花费几个月的时间,心理疲惫期较长,精神压力自然大得多。但协议离婚的方式却不同,不仅可以快速办结,不像诉讼离婚那样需要几个月的时间,而且程序相对隐蔽,来自父母和周围朋友的压力也会相对小一些。

4. 协议离婚与诉讼离婚应如何选择

根据上述分析,若夫妻双方准备解除婚姻关系,那么协议离婚在花费的时间、费用还有精力方面无疑是最好的选择。协议离婚是一种较为理想的状态,需要夫妻双方就解除婚姻关系、子女抚养和财产分割等问题达成一致,但事实上很多夫妻走到离婚这一步,都有着不可调和的矛盾,是否可以达成离婚协议并不确定。而且,协议离婚本身也有一定的弊端。这也是诸多夫妻选择诉讼离婚的原因。

协议离婚最大的弊端是执行力不够。主要原因如下：(1)协议离婚主要依据当事人双方的约定来实现，离婚协议书内容虽具有法律约束力，但不具备强制执行力，不像法院的判决或法院出具的调解书一样，可以直接申请法院执行；(2)如果夫妻双方达成了离婚协议，但并未办理离婚登记，一方在离婚诉讼中反悔的，人民法院应当认定该财产分割协议没有生效，并根据实际情况依法对夫妻共同财产进行分割；(3)协议离婚后，如果一方当事人不履行离婚协议中的义务，如不按期支付抚养费、不履行房屋过户手续或不支付共同财产折价款，另一方当事人还需另行提起诉讼。所以，离婚协议书并非签完了就高枕无忧，实际执行起来可能会出现很多问题，尤其是在时间方面，如果协议离婚的双方发生争议，反而无法达到协议离婚快捷的效果。此外，离婚协议更依赖双方当事人的诚信度。一旦一方反悔，则同样会浪费大量人力、物力以及财力，反过来还需重新进入诉讼程序，对当事人的心理更是一个挑战。但诉讼离婚却不同，法院出具的判决书、调解书具有强制执行力，对双方也具有一定的威慑力，因此当事人通常会选择按期执行法院判决，即使一方不执行，另一方也可以申请法院强制执行。

此外，协议离婚时，由于大多数当事人缺乏相关法律知识，在无法律专业人员或律师参与的情况下，起草或审核离婚协议书时常存在法律风险，导致后患无穷。而在无法达成一致协议的情况下，双方通过诉讼离婚时一般都会聘请律师，律师比当事人更加熟悉相关法律规定和诉讼程序，会为当事人提供更专业的服务，争取更多的权益，法官的专业知识与实务经验更是丰富，站在较为中立的立场，依法处理争议，避免后患。

综上所述，如果能进行协议离婚，出于时间、费用和精力等方面的成本考虑，双方当事人应首先努力协商，达成离婚协议，避免进行诉讼。若想避免协议离婚本身的弊端,可以咨询律师,聘请律师介入协议离婚的过程,如谈判、见证、起草审核离婚协议。当然,如果确实无法达成离婚协议,则建议及时进行诉讼离婚。

第二章

离婚财产分割技巧与计算标准

技巧一　把握基本原则

财产分割的基本原则在离婚财产分割中有两个重要作用：其一是指导作用，即相关法律法规条例都不能违背原则的精神；其二是在法律适用的过程中，法条没有明确规定如何分割时，法官要根据具体原则，结合案件的实际情况，对财产进行分割。因此，基本原则在离婚财产分割中有着至关重要的作用。那么，欲了解财产分割的技巧，首先要把握财产分割的基本原则，才能把握住大方向。根据《民法典》的规定，可推出如下五个基本原则。

一、约定优先原则

《民法典》第1065条第2款规定："夫妻对婚姻关系存续期间所得的财产以及婚前财产的约定，对双方具有约束力。"《民法典》本身属于私法，基于私法自治的精神，"约定优于法定"也在《民法典》中成为很重要的一条原则，那么在离婚时夫妻财产分割中应当遵守"约定优先"

的原则。分割夫妻共同财产时,首先应当尊重夫妻双方的意愿,如果夫妻双方能够协商一致,则按照夫妻协商一致的方案进行分割财产。但需要注意的是,"约定优先"的前提是双方之间的协商必须是自愿的、真实的、合法的,当然,如果夫妻一方强迫另一方签订协议、伪造协议或者协议内容违反了法律的效力性强制性规定,则协议无效。

此外,夫妻间订立财产分割协议非常自由,即使一方愿意放弃全部或部分财产,只要不危害国家、集体、社会或他人合法权益,该协议就应当被认为有效。换言之,对于离婚案件中夫妻共同财产的分割,应先由夫妻双方协议处理,并应以协议的效力为优先。离婚诉讼中人民法院也应当以"协议优先"原则为依据,即如果协议系双方自愿且真实合法则应认定协议有效,而不能以各种借口否认协议的效力,优先维护和尊重夫妻双方意愿也是目前很多地方的法院鼓励夫妻对财产分割进行协商的原因。

当然,之所以在夫妻共同财产分割上坚持尊重当事人意愿、协议优先原则,主要是因为:

第一,根据《民法典》等法律的规定,公民可以通过意思自治处分自己所有的财产。而夫妻共同财产属于夫妻私人所有的财产,作为财产的所有权人,对于自己所有的私人财产,理所当然地有依法处分的权利。夫妻通过协议的方式分割共同财产,是对其私有财产行使处分权的重要表现形式,合情合理且合法。

第二,从最终效果来看,法院用判决的方式对夫妻共同财产进行分割过于严肃,很大程度上难以实现双方当事人均满意的状态。但与之相比,夫妻协商决定财产分割,这种较为平和的方式不仅不易伤害感情,而且在履行财产分割协议时也比较便利,有利于加速案结事了、节省司法资源。所以,法院鼓励夫妻对财产分割进行协商,能通过协议方式分割财产的,就不轻易用裁判的方式予以解决。当然,还要注意避免走入另一个误区,即尊重当事人意愿不等于协议怎么签订均可以实现效力优先。《最高人民法院关于适用〈中华人民共和国民法典〉婚姻家庭编的解释(二)》(以下简称《婚姻家庭编解释(二)》)第3条规定,夫妻一方的债权人有证据证明离婚协议中财产分割条款影响其债权实现,法院可以综合考虑后支持债权人撤销离婚协议的诉讼请求。实践中有些当事人通过签订离婚财产分割协议将财产转移,以达到转移资产或逃避债务等目的,此种协议很可能被认定为恶意串通损害第三人利益而无效。同时,根据《最高人民法院、最高人民检察院、公安部、司法部关于进一步加强虚假诉讼犯罪惩治工作的意见》第5条的规定,对于以离婚诉讼一方当事人为被告的财产纠纷案件,人民法院、人民检察院在履行职责过程中应当予以重点关注。在司法实践中,法院也可能出于防范虚假诉讼的目的,在审理案件时对于当事人双方的财产分割协议进行必要的审查。这既体现了法院对夫妻财产处分权的尊重,也维护和保障了国家、集体及他人合法权益的不受侵犯。

　　夫妻双方有协议约定固然好,但受当事人认知水平或表达能力的限制,抑或由于语言文字的概括性、复杂性、模糊性,可能会出现协议内容约定不明确、语句含混不清或前后矛盾等情况。又或者夫妻双方对同一条款的理解不同,即如何理解约定以及判断约定是否明确且有效是正确分割约定夫妻财产的一个重要前提,而在约定不明的情况下如何解释内容则成了新的难点。笔者认为,有必要先行依据《民法典》第466条对合同条款进行解释以探明夫妻协议的真实意思,在解释后无法阐明夫妻之间真实意思的情况下,则根据《民法典》第1065条,以"协议约定不明确"为由适用《民法典》第1062条、第1063条的规定,即以法定财产制来认定夫妻财产分割方式。

二、均等分割原则

我国《民法典》第1041条规定了男女平等原则,这一原则在分割夫妻共同财产时主要体现为均等分割原则。在法理上,夫妻双方在婚姻存续期间就是一个共同体,拥有对方的家事代理权,在共同共有的情况下,夫妻双方并不区分每个人拥有多少财产,而是对家庭财产一起行使权利、承担义务,直到婚姻关系终止时才会将财产予以分割。此外,根据男女平等原则,在结婚和离婚问题上,男女双方的权利和义务是完全平等的,那么分割共同财产时,男女双方理应获得均等的份额。均等分割方式的现实意义还包括:(1)夫妻双方对共同财产有平等分割的权利,为我国男女在其他方面的平等提供了基础。(2)坚持在分割夫妻共同财产上的均等分割原则,一定意义上保护了弱势一方的权利。事实上,家庭中夫妻双方的收入比例是存在差距的,一般因为生育、工作"天花板"等问题,男方的收入通常高于女方,故"夫妻共同财产制"这一原则的运用是有效地保护了弱势群体一方。家庭妇女、全职太太即使无收入来源,法律也认可其对家庭的贡献,如对另一方工作的支持。因此即使家庭资产完全由工作的一方所得,也是夫妻双方共同共有的,离婚时应当适用均等原则,维护无工作一方的利益。而《民法典》立法的重要理念之一就是要在维护夫妻共同财产制的前提下,对离婚当事人中弱者的利益予以救济、对其所受到的损害予以补偿,尽量实现双方利益的平衡。

三、保护妇女、儿童利益原则

保护妇女、儿童利益原则,是指男女双方在平等分割共同财产的基础上,应当照顾子女与女方利益。虽然在财产分割时首先必须遵循均等分割的原则,但并非不考量其他因素,保护妇女、儿童利益即是需要重点予以考量的因素之一。我国《民法典》中保护妇女儿童权益的规定,实际上是以《宪法》中的相关规定为立法依据的。

一般而言,我国大部分家庭中,夫妻双方的经济实力并非势均力敌,而是存在一定差别的,但女方通常会付出更多时间在家庭,如家务劳动、抚养子女、赡养老人,女性投入工作的时间精力相比男性往往较少,经济能力相对男性会弱一点,并且女性本身身体上处于弱势,离婚后重新开始生活遇到的困难往往也比男性要大。因此,在财产分割时适当照顾女方是必要的。

照顾儿童利益则主要是由于父母离异后很大程度上只有一方抚养未成年子女,因经济能力与时间成本会有所下降也就导致未成年子女的生活水平会有较大幅度的波动,而且父母离异对未成年子女的心理也会有一定不利影响。为了能保障未成年子女的成长环境,夫妻在分割财产时应根据未成年子女的学习和生活需要,给直接抚养未成年子女的一方适当多分一些财产。

四、照顾无过错方原则

几乎每个文明国家都有结婚这一项社会制度,并且国家保护合法婚姻关系。在我国,对合法缔结的婚姻关系,国家不仅通过颁发结婚证书的方式予以形式上的确认,而且如《民法典》第 1043 条第 2 款"夫妻应当互相忠实,互相尊重,互相关爱;家庭成员应当敬老爱幼,互相帮助,维护平等、和睦、文明的婚姻家庭关系"的规定,国家会通过法律明确规定夫妻双方的权利义务。

对于一方对夫妻感情破裂有明显过错的离婚案件,在夫妻共同财产分割时,在保证过错方基本生活的基础上,要适当照顾无过错的一方。这是因为,夫妻两人既然登记成为夫妻,就不是简单的两人搭伙过日子,也不是谈恋爱时单纯的二人世界,而是涉及本人、子女、双方家庭和整个社会,均应承担责任。如果夫或妻一方因为自己的过错导致离婚,从契约角度而言可视为因为一方的违约导致婚姻契约的终结。所以,为了保护无过错一方的合法权利,维护社会关系的稳定健康发展,有必要让过错方对自己的行为承担相应责任。我国《民法典》第1091条就针对过错方需承担损害赔偿责任的一些情形作出明确规定,诸如一方重婚的、有配偶者与他人同居的、实施家庭暴力的以及虐待、遗弃家庭成员的、有其他重大过错的,无过错方均有权请求损害赔偿。

五、有利生产、方便生活原则

离婚时对于夫妻共同财产的分割,还应本着有利于生产和生活的原则予以分割。自进入21世纪后,我国经济持续高速发展,家庭中财产也逐渐增加,例如,当今一套房子的市价动辄上百万元,价值更高的公司股权等财产也逐步成为家庭财产的组成部分。家庭财产形式的多样化为夫妻财产分割提出了新的要求,分割既应尽量保证公平合理,又不能损害财产本身的使用价值和交换价值。

还需要注意的是,对财产进行分割还必须保证一定的效率,尽量不要因离婚而使当事人的生产生活停滞,更不能因财产的分割损害与财产有关联的第三人的合法权益。在分割共同财产时,还要注意将财产本身分给能更好利用它发挥价值的一方。若为不可分物,则按实际需要和有利发挥效用原则归一方所有,分得方应依均等分割原则,给另一方相应的补偿。比如,对于一方正在经营中的店铺、种植业及其他产业,应尽可能地分给适合继续经营的一方;对夫妻一方从事工作需要的生产工具,应当优先分给他们,由他们发挥更大的效用。

技巧二　分清财产边界

一、法定财产制的本质：婚后所得共有

只要夫妻双方建立婚姻关系，就必然存在夫妻间的财产法律关系。夫妻之间对财产的归属和分割事先进行了约定时，原则上应尊重夫妻的意思自治。但是，如果夫妻双方对共同财产无明确约定或约定无效，就需要依照法律规定直接适用法定财产制。法定财产制是法律预先设定的，是对约定财产制的补充。目前，根据不同的国情，各国采用分别财产制、共同财产制、联合财产制等不同的法定财产制。根据我国《民法典》第1062条的规定，我国的夫妻法定财产制为共同财产制，即夫妻在婚姻关系存续期间[1]取得的下列财产，在双方没有约定或者法律未进行例外规定的情况下原则上都属于夫妻共同财产，归夫妻共同所有：工资、奖金、劳务报酬；生产、经营、投资的收益；知识产权的收益；继承或者受赠的财产，但《民法典》第1063条第3项规定的除外；其他应当归共同所有的财产。可见，我国的法定财产制实际上属于婚后所得共同制。

（一）工资、奖金、劳务报酬

虽然《民法典》未直接对工资、奖金从概念上进行界定，但其内涵可以从其他法律法规的界定得以窥知。《国家统计局关于工资总额组成的规定》(国家统计局令第1号)第4条对"工资"的认定作出了明确规定，即工资总额包括计时工资、计件工资、奖金、津贴和补贴、加班加点工资、特殊情况下支付的工资。此外，《国家统计局〈关于工资总

---

[1] 所谓夫妻关系存续期间，是指夫妻结婚后到一方死亡或者离婚之前这段时间。

额组成的规定〉若干具体范围的解释》第 2 条对"奖金"的范围进行了初步界定,即奖金的范围主要包括:(1)生产(业务)奖包括超产奖、质量奖、安全(无事故)奖、考核各项经济指标的综合奖、提前竣工奖、外轮速遣奖、年终奖(劳动分红)等;(2)节约奖包括各种动力、燃料、原材料等节约奖;(3)劳动竞赛奖包括发给劳动模范、先进个人的各种奖和实物奖励;(4)其他奖金包括从兼课酬金和业余医疗卫生服务收入提成中支付的奖金等。

由上可见,相关法律法规中工资与奖金的形式多种多样,那么,其中哪些属于夫妻共同财产呢?答案就是所有工资、奖金都是夫妻共同财产。因为虽然在实践中工资、奖金表现出不同的具体形式,但在法律意义上其本质并无区分。而且现代社会中个人的工资、奖金由多种具体形态构成,将它们分开既不具备法律上的实益,也不利于保护夫妻另一方的权利。

工资、奖金属于夫妻婚后取得的财产,根据法律规定属于夫妻共同财产无可争议,值得注意的是,根据《国家统计局〈关于工资总额组成的规定〉若干具体范围的解释》第 2 条的规定,奖金也包括实物形态的奖励。那么,是否只要是夫妻在婚后取得的实物形态的奖励皆应涵盖在工资、奖金之中呢?笔者认为,并不能一概而定。例如,夫或妻一方在参加竞赛等活动所获得的奖牌是否属于夫妻共同财产就值得探讨。运动员在国内乃至国际的各种大赛中斩获的奖牌同样具有一定的经济利益,奖牌代表了社会或某一组织对个人的一种积极的社会评价,在法律上表现为"荣誉权"。虽然奖牌本身也具有物质性,具有一定的经济价值,但它在用于奖励时,其经济价值仅是不同奖励等级在量上的区别,其财产价值属性已经弱化为零。换言之,奖牌并不是财产量的比较和区别,而是运动员竞赛成绩高低的比较和区别的替代物。所以,不能因奖牌的物质性及其经济价值就将它等同于一般财产。奖牌作为荣誉的象征的价值远远高于其财产性价值,表现出与获奖者不可分离的人身专属性,不能与他人分享或共享。因此,司法实践中一般认为,夫或妻一方获得的奖牌不属于夫妻共同财产。①

(二)生产、经营、投资的收益

《民法典》对《婚姻法》在这一项上有所调整,《婚姻法》仅规定生产、经营的收益是夫妻共同财产,而《民法典》第1062条明确规定,婚姻关系存续期间的投资收益也属于夫妻共同财产。但并不是说在《民法典》生效前投资的收益就不是夫妻共同财产,实际上在司法实践中,法院早就将投资的收益纳入其他应当归共同所有的财产的范畴。例如,夫妻中男方作为画家,创作的画作销售所得的收益即属于生产收益,应属于夫妻共有。夫妻双方一起开一家小卖部共同经营,小卖部的利润就是经营收益,应属于夫妻共有财产。夫妻一方投资了一家公司并参与公司经营,公司每年的分红就是投资的收益,也属于夫妻共同财产。

(三)知识产权的收益

知识产权是一种比较特殊的财产权利,包含着创作者的智力成果,具有一定的人身属性,同时,创作者又可以通过对知识产权使用和处分获得经济利益,因此知识产权同时兼具人身属性和财产属性。

《民法典》第1062条第1款第3项规定,夫妻在婚姻关系存续期间所得的"知识产权的收益"归夫妻共同所有,但对于知识产权收益的范围和取得的时间并未展开解释,导致"知识产权的收益"的内涵太宽,影响了实践中的法律适用。但《婚姻家庭编解释(一)》第24条对"知识产权的收益"进行了具体界定,即婚姻关系存续期间,实际取得

---

① 在司法实践中,将奖牌认定为夫妻一方财产的法律依据主要为《民法典》第1063条第5项。

或者已经明确可以取得的财产性收益。显然，该条规定是将"知识产权的收益"区分为"实际取得"和"已经明确可以取得"这两部分，并视这两部分为夫妻共同财产。"实际取得的收益"较好理解，那如何界定"已经明确可以取得的收益"？

"已经明确可以取得的收益"是将来可以明确取得的收益，这里需要强调"明确"。例如，一方在婚姻关系存续期间画了一幅画，并与某出版社签订了合同约定了稿费，只是在离婚时出版社尚未支付该笔稿费，虽然实际取得稿费是在离婚后，但因该笔收益是明确的，支付只是一个时间问题，并不影响财产的性质，那么就应属于夫妻共同财产。但若一方并未将该画出卖，在离婚后许久才将该画卖出，另一方能否主张分割？不能。这是因为夫妻离婚时只能就现有财产主张分割，而该画在其经济利益未实现前作为一方智力成果根本无法估价，能否取得经济利益具有一定的不确定性，并不属于"已经明确可以取得的收益"。

（四）继承或者受赠的财产

继承或受赠与所得的财产与《民法典》第1063条第3项规定的通过继承或赠与所得的"个人财产"的区别在于，如果被继承人和赠与人有明确的意思表示由夫妻一方继承或只赠与夫妻一方的，就应当尊重被继承人或赠与人的真实意思。这里的继承或赠与所得财产，仅为被继承人或赠与人并没有明确表示只归一方的财产。

但在离婚纠纷过程中继承或受赠的财产应当是已经实际取得的财产，根据《婚姻家庭编解释（二）》第11条的规定，夫妻一方以另一方可继承的财产为夫妻共同财产、放弃继承侵害夫妻共同财产利益为由主张另一方放弃继承无效的，人民法院不予支持，但有证据证明放弃继承导致放弃一方不能履行法定扶养义务的除外。若婚内夫妻一方没有实际继承财产，则该财产不属于夫妻共同财产。

（五）其他应当归共同所有的财产

"其他应当归共同所有的财产"之规定系"兜底条款"。这是因为社会现象复杂万变，列举式的法律条文无法包罗万象，难免有遗漏之处。即使在立法时已经罗列完全，但随着社会发展变化，新的现象层出不穷，总会有新的问题未在立法时考虑到。因此，留出个"布袋口"供法院在实际处理案件时能够自由裁量以及在发现新问题时不至于缺乏裁判依据。但是，这样的"兜底条款"具有模糊性和不确定性，导致司法实践中法院往往很难把握。对此，《婚姻家庭编解释（一）》第25条明确了"其他应当归共同所有"财产的范围。

1. 一方以个人财产投资取得的收益

这主要是指在夫妻关系存续期间，夫或妻一方以个人的财产进行投资所获取的物质利益。在此句中，"个人财产""投资""收益"这几个关键词仍应进行如下解释：

"个人财产"既指婚前属于夫或妻的个人财产，也指婚后夫妻约定或者法定属于夫或妻的个人财产。

"投资"，通常指的是特定经济主体为了在未来可预见的时期内获得收益或资金增值，在一定时期内向一定领域投放足够数额的资金、实物或货币等价物的经济行为，具体可分为资本投资、实物投资和证券投资。投资行为有可能发生在婚前，也有可能发生在婚后。投资的形式、行业也多种多样，例如，以货币投入企业，通过生产经营活动取得一定利润，或者以货币购买企业发行的股票和公司债券，参与企业的利润分配。

何为"投资取得的收益"，现行法律并无明确规定。一般来说，可以分为两类：一类是直接投资获取收益，即将货币或实物直接投入企业的生产经营活动中，获取公司或企业生产经营产生的利润；另一类是间接投资取得收益，即将货币用于购买金融资产，如购买债券、基金的收益。在这里需要说明的是,一方以个人财产投资的收益,必须是在夫妻关系存续期间已实际取得的收益,而不包括预期收益。此外,若一方认为收益是基于个人财产与共同财产混同后进行投资行为所产生,但无证据证明具体比例的,优先保护夫妻共同的利益,推定为共同财产投资收益,归夫妻共同所有。申言之,若一方主张系其个人财产所获收益的,应当承担举证证明责任。

对于间接投资取得的收益究竟属于夫妻共同财产,还是属于一方个人财产,理论界和实务界都存在很大争议。《婚姻家庭编解释(一)》第26条规定:"夫妻一方个人财产在婚后产生的收益,除孳息和自然增值外,应认定为夫妻共同财产。"该条明确了夫妻一方个人财产在婚后的孳息和自然增值,属于个人财产,而不为夫妻共有。因此,在没有立法明确"投资取得的收益""孳息"两个概念的具体含义以及两者之间关系的情况下,可谓是仁者见仁,智者见智。有观点认为,孳息分为天然孳息和法定孳息,投资产生的收益属于法定孳息,依据《民法典》应属于财产所有人。同时,根据"同一位阶的法律法规之间发生冲突的,新法优于旧法"的原则,一方以个人财产投资取得的收益不再认定为夫妻共同财产,而仅为该方的个人财产。还有观点认为,"投资取得的收益"不能被"孳息"全部包含,如炒股、炒期货所获得收益,由于该投资收益具有风险性且并未参与实际经营,因而不属于孳息,所以两个概念之间应是交叉的关系。因此,属于孳息的投资收益为个人财产,不属于孳息的投资收益为夫妻共同财产。即使《婚姻家庭编解释(一)》第26条进行了相关规定,但司法裁判中这个问题还存在一定的争议,不同法院也有不同的判决,期待司法解释的进一步明确。

2. 男女双方实际取得或者应当取得的住房补贴、住房公积金、养老保险金、破产安置补偿费

对于上述内容,《婚姻家庭编解释(一)》在第25条分别用两项进

行了规定,分别规定了住房补贴、住房公积金、养老保险金和破产安置补偿费。其实在法律层面的意义上来说上述财产的性质是一致的,本质上属于工资性收入。住房补贴、住房公积金是我国住房制度改革的产物,住房补贴可以认为是一种建立在工资关系上的福利,住房公积金则直接与工资相关联。养老保险金、破产安置补助费两项则是我国企业劳动人事工资制度改革的产物。从我国劳动法的角度来讲,上述几项都与劳动者的劳动关系、工资密切相关。鉴于此,这四种财产都属于对劳动者工资的一种补充形式。这里的"实际取得"和"应当取得"也是有时间限定的,必须属于在夫妻关系存续期间上述财产即已被夫妻一方"实际取得"和"应当取得",即不管该财产已经实际取得,还是尚未实际取得但基于特定的法律关系一方将有权取得,皆应属于夫妻共有。

除此之外,还有些特殊财产,也属于夫妻共同财产的范围:(1)发放到军人名下的复员费、自主择业费等一次性费用。根据《婚姻家庭编解释(一)》第71条的规定,上述费用以夫妻婚姻关系存续年限乘以年平均值,所得数额为夫妻共同财产。① (2)根据《婚姻家庭编解释(一)》第27条的规定,由一方婚前承租、婚后用共同财产购买的房屋,不动产权属证书登记在一方名下的,应当认定为夫妻共同财产。(3)根据《婚姻家庭编解释(一)》第80条的规定,婚后以夫妻共同财产缴纳基本养老保险费,离婚时一方主张将养老金账户中婚姻关系存续期间个人实际缴纳部分及利息作为夫妻共同财产分割的,人民法院应予支持。

---

① 年平均值,是指将发放到军人名下的上述费用总额按具体年限均分得出的数额。其具体年限为人均寿命70岁与军人入伍时实际年龄的差额。

二、法定财产制之限制和补充：夫妻一方的个人财产

夫妻一方的个人财产，是指依法规定由夫妻个人保留的财产，具体而言区分为婚前个人财产与婚后个人财产。虽然我国的法定财产制是夫妻共同财产制，将夫妻双方在婚姻存续期间视为一个共同体，在无明确法律规定的情形下，原则上婚后财产都由夫妻共同共有。但法谚有云，"有原则必有例外"。《民法典》第1063条规定的夫妻一方个人财产就是对法定共同财产制的限制和补充。"在法律上规定一方个人财产的意义在于，其弥补了法定共同财产制对个人权利和意愿关注不够的缺陷，防止共同财产范围的无限延伸，有利于保护个人财产权利"。婚姻关系建立在夫妻双方作为独立个体的基础上，虽然婚姻会导致财产共有，但婚姻关系本身存在变动的可能性。若婚姻关系对个人的生存和发展造成不利影响，则应解除婚姻关系，可能会阻碍个人重新建立婚姻关系，进而影响社会的稳定。因此，《民法典》有必要对个人财产范围作出明确规定。那么，哪些是一方个人财产呢？

（一）一方的婚前财产

根据《民法典》第1063条第1项的规定，一方的婚前财产属于夫妻一方的个人财产。这主要是因为婚前财产系个人在婚前所得，与婚姻无关，因此毫无疑问应当属于个人财产。此外，此项规定的积极意义还在于，可以防止一味通过缔结婚姻以谋求他人财产的不劳而获，鼓励自我创造财富，促进社会发展。例如，一方婚前全款购置并登记在自己名下的房屋原则上属于其个人财产，另一方不能仅根据结婚即成为该房屋的共有权人。当然，此项关于个人财产的规定并不是绝对不可动摇的，根据《民法典》第1088条、第1090条和第1091条，在一些特殊情形下，离婚时夫妻一方仍应用其个人财产向另一方进行补偿或赔偿。

同时，根据《婚姻家庭编解释（一）》第 31 条的规定，《民法典》第 1063 条规定为夫妻一方所有的财产，不因婚姻关系的延续而转化为夫妻共同财产，但当事人另有约定的除外。此条强调了夫妻双方无明确约定的情况下一方的婚前财产并不会因为结婚行为而转化为夫妻共同财产，《民法典》在某种程度上起到了改变过去司法裁判的一些旧观念的作用。[①]

（二）一方因人身损害获得的赔偿或补偿

根据《民法典》第 1063 条第 2 项规定，一方因人身损害获得的赔偿或补偿为夫妻一方的个人财产，《婚姻家庭编解释（一）》第 30 条规定"军人的伤亡保险金、伤残补助金、医药生活补助费属于个人财产。"这主要是因为：(1) 因身体伤害所获得的赔偿或补偿金是一种人身性质的财产，与身体受伤害一方的人身具有密切的联系。(2) 一方因人身损害获得的赔偿或补偿非常重要，甚至赔偿数额巨大，如果因离婚分割了这部分财产，导致受伤的一方医疗费不足，会导致其难以继续治疗，将严重影响病人的生存和继续生活。

同时需要注意，不仅因身体伤害所获得的赔偿作为夫妻一方的个人财产，因治疗伤害所获得的住院、营养、护理等赔偿费用也属于夫妻一方财产，但获得赔偿系用于赡养老人和抚养子女的部分，应用于赡养老人和抚育子女，也不属于夫妻共同财产，离婚时不得分割。

（三）遗嘱或赠与合同中确定只归一方的财产

根据《民法典》第 1063 条第 3 项的规定，遗嘱或赠与合同中确定

---

① 1993 年出台的《最高人民法院关于人民法院审理离婚案件处理财产分割问题的若干具体意见》（已废止）第 6 条曾规定："一方婚前个人所有的财产，婚后由双方共同使用、经营、管理的，房屋和其他价值较大的生产资料经过 8 年，贵重的生活资料经过 4 年，可视为夫妻共同财产。"

只归夫或妻一方的财产应为夫妻一方的个人财产。比如,男方父亲生前留下遗嘱,特别指明其过世后所留财产只给男方一人所有,则该部分财产不是夫妻共同财产,女方不能因此享受任何权益。赠与的情况也同理,如果赠与人明确指明只是夫妻一方享受赠与财产的,另一方则无权在离婚时要求分割。这仍旧是因为在法律没有强制规定的情况下,应尊重当事人的意思自治,而作此规定可以有效地保护立遗嘱者和赠与人对其个人财产的处分权,尊重他们的个人意思。但若在遗嘱或者赠与合同中仅表示了将遗产或财产给一方,但没有明确只给这一方的,根据《民法典》第1062条第4项的规定,该财产应认定为夫妻双方的共同财产。可见,一字之差产生的法律效果可能是截然相反的。

(四)一方专用的生活用品

在婚姻关系存续期间,一方专用的生活用品是一方个人财产。所谓归一方专用的生活用品,是指夫妻一方在日常生活中日常使用的物品,或者一方专用但对另一方没有使用价值的物品。具体理解如下:(1)仅限于生活用品,指夫妻日常生活中所需的物品,而不是冰箱电视等大型家具,也并非首饰等贵重物品;(2)一般财产价值不大,也不属于贵重财产的日常生活用品,如鞋、帽、衣服、手机及有些价值不大的图书,专用的佩物、饰件;(3)根据便于生活原则,将一方专用的生活用品划分为个人财产,如只对丈夫有用的刮胡刀划分为丈夫个人财产更为合适。之所以将其认定为夫妻一方的个人财产,从一定程度上而言也有助于离婚后男女双方能够尽快开始新生活。

(五)其他应当归一方的财产

关于其他应当归一方的财产,法律无明确规定,仅在《婚姻家庭编解释(一)》第26条作出规定:"夫妻一方个人财产在婚后产生的收益,除孳息和自然增值外,应认定为夫妻共同财产。"可见,立法是将夫妻一方个人财产在婚后产生的"孳息"以及"自然增值"也认定为夫妻一方的个人财产的。那应如何理解"孳息"以及"自然增值"?

孳息是指由原物所产生的收益,依其产生的根据不同可以分为天然孳息和法定孳息。天然孳息指因物的自然属性而获得的收益,与原物分离前,是原物的一部分,如果树结的果实、母牛生下的小牛。而因原物的所有权人通过租赁、投资、储蓄等民事法律关系依法产生的收益,则称为法定孳息,例如,存款获得的利息,出租房屋获得的租金,投资基金、债券等有价证券所获得收益。

在学理上,自然增值是指个人财产在不改变状态的情况下实现的增值,该增值非人为作用,而往往是由于通货膨胀、供求关系变化等市场因素造成的物或权利价格的提升。比如,男方在婚前购买一套房产用于婚后夫妻共同居住,原则上该财产应为男方个人财产,婚后因房价上涨产生的增值即属于自然增值。从目前我国司法实践来看,法院一般认为因自然增值产生的收益原则上为男方个人财产。但若将房子进行重新装修后导致房屋增值30万元,则增值部分就不属于自然增值,该30万元的收益应为夫妻共同财产。另外,在司法实践中,把房屋出租而取得的租金认定为夫妻共同财产的裁判观点[1]也非常普遍,理由根源于房屋出租通常会包含婚后双方共同经营的因素,因此将租金认定为夫妻共同财产更为妥当。

除房产外,一人婚前股权在婚后获得的收益,是否属于自然增值

---

[1] 大多裁判观点认为,夫妻一方个人财产在婚后产生的收益,除孳息和自然增值外,应认定为夫妻共同财产,而房屋的租金不属于孳息和自然增值,应作为夫妻共同财产予以分割。参见北京市第二中级人民法院(2018)京02民终5072号民事判决书;长沙市中级人民法院(2017)湘01民终6386号民事判决书;延边朝鲜族自治州中级人民法院(2019)吉24民终510号民事判决书。

呢？该问题一直是司法实践中的难点，理论界也存在较大争议，因此要认定该收益是否为自然增值还需要针对个案进行详细分析。就该问题，最高人民法院肖锋法官认为股权不同于房产，其是一种单纯的投资行为，股权本身是个人财产。对于收益，《婚姻家庭编解释（一）》规定属于夫妻共同财产，但具体分割时还需要细分，即如果出资的一方参与公司运营或工作，那么另一方即使未参与经营但作为配偶承担了一定家庭事务，仍可视为对股权的收益作出了贡献，此时婚后股权的收益属于夫妻共同财产；如果出资一方并未参与公司运作，没有付出劳动，该收益归属存在争议，原则上应当认为该收益属于个人财产，因为收益的产生不需要配偶有额外的付出，就如同钱存在银行里面取得利息一样。

三、约定财产制：婚姻"个性化"需求的满足

（一）约定财产制的认识

约定财产制是指婚姻当事人通过协议形式，对婚前、婚后财产的占有、管理、使用、收益、处分，债务的清偿，婚姻关系终止时的财产清算等事项作出约定的一种财产制度。《民法典》第 1065 条第 1 款规定："男女双方可以约定婚姻关系存续期间所得的财产以及婚前财产归各自所有、共同所有或者部分各自所有、部分共同所有。约定应当采用书面形式。没有约定或者约定不明确的，适用本法第一千零六十二条、第一千零六十三条的规定。"约定夫妻财产制充分体现出民事法律行为可以在合法、自愿、公平的前提下根据当事人意愿设立的特点。

相对于法定夫妻共同财产制，约定财产制具有更大的自由性。约定财产制既可以适用于婚前的个人财产，也可以适用于婚后所得的财产，且在财产的种类上也没有任何限制。除《民法典》第 1062 条、第

1063条所涉及的财产种类外,还包括一切可以取得收益的财产和财产权利。夫妻双方约定夫妻财产制的时间既可以在婚前,也可以在婚后,还可以对已经约定的财产制根据夫妻双方的意见重新约定,没有严格的时间规定。因此,从一定意义上讲,约定夫妻共同财产制实际上可以由当事人自由确定财产范围、种类、时间等诸多问题,在符合法律规定的情况下完全因人而异,所以无法一一枚举。随着时代的发展,在结婚时选择约定财产制的情形已经屡见不鲜,如果说法定财产制体现了一种共性,那么选择约定财产制无疑就是一种"个性化"婚姻关系的体现。

约定财产制的选择,需要通过缔约来实现。夫妻之间订立的约定,要得到法律上的支持需要满足相应条件。例如,夫妻或拟结为夫妻的当事人(婚前即可对财产归属形式进行约定),要使订立的约定产生法律效力,必须具备一般民事法律行为成立和生效的要件,并避免该约定因违反法律的强制性规定而无效。因此,签订夫妻财产协议时必须注意以下关键点:

首先,订立夫妻财产约定的当事人必须具备相应的民事行为能力。考虑到我国法定婚龄大大高于成年年龄,且《未成年人保护法》禁止未成年人的父母或者其他监护人为未成年人订立婚约,所以,当事人无论是婚前订立夫妻财产协议还是婚后订立夫妻财产协议,都不会涉及因未成年导致夫妻财产协议效力欠缺的问题。但是,当事人在订立夫妻财产协议时依法应当是有完全民事行为能力的成年人,即必须年满18周岁,但不必达到"男性不得早于22周岁、女性不得早于20周岁"的法定婚龄。这是因为,缔结夫妻财产协议并非缔结婚姻关系,未到婚龄缔结的夫妻财产协议仍具有法律效力,只是结婚之前无法履行而已。

其次,当事人在约定时应意思表示真实。意思表示真实是指当事人在意志自由并能确认自己意思表示法律效果的前提下,内心意志与表示行为相一致的状态。如果当事人的内心意志与表示于外的行为不一致,则意思表示不真实。欺诈、胁迫、乘人之危等行为不正当地干涉了当事人的意思表示,严重破坏了意思自治原则,极大地损害了当事人的利益。只有意思表示真实的情形下订立的夫妻财产协议,才能对当事人产生法律效力。因此,一方以欺诈、胁迫的手段或者乘人之危,使对方在违背真实意思的情况下订立的夫妻财产协议可能属于我国《民法典》第148条、第150条、第151条规定的可撤销合同的情形。

再次,订立夫妻财产约定不得由他人代理。订立夫妻财产约定是一种与当事人身份有密切关系的法律行为,关系到当事人双方一生或重大的个人财产利益,涉及夫妻双方相互扶养的义务、对未成年子女抚养教育的义务以及对长辈的赡养义务。所以,当事人应当亲自实施,一般不得代理。有时候,双方父母出于种种考虑会为已婚子女拟订并代签财产协议,这是无效的。此外,协议约定的财产必须是属于夫妻双方或个人的,不能对其他共同生活的家庭成员的财产进行约定,如父母的财产、子女的财产。前者较好理解,对于后者,因我国父母习惯将子女的财产视为自己的所有物,也就会有"孩子都是我的,财产自然也是我的"的错误想法。如果子女有自己的财产如发明所得、他人赠与所得,应归子女所有,父母仅是代为保管。因此,父母不能对这些财产进行约定,即使约定也是无效的。

最后,订立夫妻财产约定不得违反法律的强制性规定、不得违背公序良俗。这里的强制性规定,不仅包括婚姻法中的强制性规定,还包括其他法律、行政法规中的强制性规定。此外,夫妻财产约定属于双方法律行为,必须遵循《民法典》对法律行为的规制。《民法典》第8条规定民事主体从事民事活动,不得违背公序良俗,并且在第143条中明确规定,民事法律行为不违背公序良俗的方有效。在日常生活中,夫妻财产协议可能约定无收入的一方赡养老人,而有收入的一方不需要承担赡养义务;或者说约定生男孩房产归女方,生女孩女方就不能得到财产。上述这些约定都是无效的。当然,如果夫妻财产约定仅仅是部分内容无效,不影响其他条款的效力的,则其他条款仍是有效的。

约定财产制对于离婚时的财产分割较为方便,仅依据当事人意思即可处理。而且,随着社会的发展和人们思想的解放,约定夫妻财产,包括为此而进行的婚前财产公证正逐渐被接受。大家如果仔细审视很多公众人物的离婚新闻,可以发现旷日持久的离婚财产争夺战已经越来越少了,这正是因为很多公众人物在结婚时已经进行了财产协议公证,对于哪些财产属于各自所有、哪些财产属于共同所有、哪些财产专门用以保障子女生活成长、离婚后财产如何分配等作了详尽的约定,因此,即使遇到离婚,其对于财产的争议并不大。但在日常生活中,大部分人保有传统观念,觉得为财产签协议或公证比较伤感情,而且中国人一贯注重感情和"面子",所以,约定财产制尚未成为中国家庭的主流财产制形式,这也导致在司法实践中大部分离婚案件最后还是按照法定夫妻共同财产来进行分割。

(二)约定财产制的具体操作方式

1. 订立婚前财产协议

婚前财产协议的依据是《民法典》第1065条第1款:"男女双方可以约定婚姻关系存续期间所得的财产以及婚前财产归各自所有、共同所有或者部分各自所有、部分共同所有。约定应当采用书面形式。没有约定或者约定不明确的,适用本法第一千零六十二条、第一千零六十三条的规定。"因此,婚前财产协议主要是指男女双方在结婚登记之前就双方各自婚前所得财产的归属所作的约定。受中国的传统观念和文化的影响,人们一般认为婚前财产协议是"没有面子""不讲感情"的做法。但从另一个角度来说,现代社会个人财富量迅速增长,内容形式也变得更加复杂,签订婚前财产协议是避免离婚出现财产纠纷的可行之法,可以很大程度上保护双方的财产,避免纠纷。

签订婚前财产协议还需要注意明确婚前财产的范围。虽然我国《婚姻家庭编解释(一)》第31条已经规定婚前财产不因结婚而转化为夫妻共同财产,但是在司法实践中,诸如,贵重物品的购买时间没有充分证据证明是婚前还是婚后,法院依旧会按照夫妻共同财产予以认定。因此,在婚前财产协议中明确哪些财产是婚前财产,可以起到保障自身权益和减少纠纷的作用。

2. 约定夫妻婚后财产制

根据《民法典》第1065条的规定,夫妻双方既可以在结婚之前订立婚前财产协议对婚后财产的归属进行确定,也可以在结婚之后订立协议对婚姻关系存续期间所得的财产进行约定,以确定夫妻双方的权利义务。

上述财产协议的签订应采取书面的方式。因为口头方式可能会出现一方反悔的情况,且法律已经明确规定夫妻财产协议应采取书面形式,仅有口头约定,一方面难以证明,另一方面其效力也可能不会得到法律的认可。需要注意的是,财产协议是否需要进行公证?因为财产协议是双方签署的一个协议,故只要双方都满足签订的条件,协商一致签订即有法律效力。而公证的优势是公证过的财产协议可信度更高,可以防止后来的篡改,故当事人可针对自身情况自由选择。

四、家庭共同财产

现在夫妻二人的小家庭越来越多,开明的父母一般也愿意和子女分开居住,但还有很大一部分家庭是二世同堂、三世同堂乃至更多世共同生活,家庭成员越多,家庭成员之间的经济关系也就越复杂,家庭财富的组成也会比较丰富。在这样的情况下,如果夫妻二人离婚,是不能把家庭中所有的财产都作为夫妻共同财产来进行分割的,因为夫妻共同财产与家庭共同财产并不等同,法律既要保护婚姻关系中夫妻双方的利益,也要保护家庭关系中其他当事人的合法权益。所以,进行离婚财产分割时需要先把家庭共有财产中属于夫妻共同所有的财产从家庭共有财产中分离出来。申言之,应先进行分家析产再确定夫妻共同财产如何分割。

那么,什么是家庭共同财产?家庭共同财产往往又被称为家庭共有财产,主要是指全体家庭成员共同生活期间所创造的,供全体家庭成员生活、生产的财产。该财产在法律上是如何产生的?

(一)家庭共同财产的形成

家庭共同财产关系并非因存在家庭共同生活关系而必然发生,即共居并不必然同财。在现实中,家庭财产存在同居共财、同财不共居、共居不共财等多种形式。很多父母与子女居住在一起但彼此经济独立,就可能不存在家庭共同财产。但是,在我国部分地区,也确实存在祖父母、父母、子女共同生活且共同共有财产的情况。

从法律关系的视角来看,家庭共同财产源于全体家庭成员的共同所得和家庭成员订立的共有协议。首先,家庭成员共同所得可以是共同原始取得,如共同劳动创造的成果,也可以是共同继受取得,如共同继承的财产、共同接受的赠与。其次,家庭成员各自拥有的财产也可以通过订立共有协议的方式纳入共同财产的范围中。如子女与父母约定子女的收入由父母管理,家庭需要使用时从父母处支出,即可视为子女就其收入与父母订立了共有的协议。

（二）家庭共同财产的分割

对家庭共同财产进行分割，通常被简称为分家析产。[①] 对家庭共同财产进行分割时，通常应遵循以下流程：

首先，划分家庭共同财产与家庭成员个人财产的边界。如果家庭成员要求对某一财产进行分割时，首先应确定该财产是否属于家庭共有财产。必须避免将个人财产混入共有财产而损害其他成员的合法权益。

其次，核实家庭共同财产的主体。家庭成员并不一定是家庭共同财产的权利主体，家庭共同财产的权利主体可以是家庭全体成员，也可以是家庭部分成员。例如，子女与父母虽然共同居住，但子女只是每月向父母交纳生活费，此时就不能认为子女在共同居所的其余财产属于家庭共同财产。又如，传统观念中幼年子女和父母共享财产所有权的观点就不一定正确，因为幼年子女也可以从其他亲属那里通过继承或受赠获得单独所有的财产。

最后，确定家庭成员各自的份额。在理论上，有着均等份额说或贡献决定份额说两种不同的观点。笔者认为，首先应当确认该家庭财产属于按份共有还是共同共有。如果属于按份共有，则需要按各自约定的份额或贡献确定份额，如果属于共同共有，如共同继承的财产，则需要按法律的规定确定份额。

当然，司法实践中还可能面临其他复杂的情况。例如，一家四口父母、儿子、媳妇一起建了栋房子，现在媳妇和儿子要离婚，这栋房子作为家庭共同财产在离婚纠纷里不处理的话，媳妇的利益应如何保护？这时候，可以通过分家析产来处理，即离婚时夫妻共同财产若未

[①] 也有观点认为，广义的分家析产既包括对共同财产的分割，还包括家庭共同生活关系的终止。本书仅从狭义的角度将分家析产的内涵确定为对家庭共同财产的分割。

从家庭共同财产中析出,一方要求析产的,可先就离婚和已查清的财产问题进行处理,对一时确实难以查清的财产之分割问题可告知当事人另案处理,或者中止离婚诉讼,待析产案件审结后再恢复离婚诉讼。

技巧三　掌握具体财产的分割方法与计算标准

一、彩礼是否需要返还

(一)彩礼的性质

彩礼主要是指男方为达成结婚的目的,在订立婚约时给付女方的金钱或者财物。在生活中,通常是由男方父母以结婚为目的给予女方一笔价值不菲的财产,双方成功缔结了婚姻关系,彩礼就归女方所有。虽然社会各界对彩礼批判的声音很大,但是给付彩礼在我国是一种很普遍的现象,近年来也有愈演愈烈的趋势。在某些地区,基于当地的习俗和文化,当事人对彩礼的数额还会选取"长长久久"(9999元)、"万里挑一"(10,001元)或者"十万里挑一"(100,001元)等有代表意义的数额。如果一方索求的彩礼数额较大,另一方家庭往往倾尽积蓄甚至负债为孩子准备彩礼,这也就导致夫妻双方一旦离婚,男方会提出返还彩礼的请求。

(二)司法实践中对彩礼的认定

彩礼与赠与存在一定的相似性,2024年2月1日生效的《最高人民法院关于审理涉彩礼纠纷案件适用法律若干问题的规定》第3条明确了认定彩礼时需要综合考虑的因素;人民法院在审理涉彩礼纠纷案件中,可以根据一方给付财物的目的,综合考虑双方当地习俗、给付的时间和方式、财物价值、给付人及接收人等事实,认定彩礼范围。

此外，第 3 条还明确了以下给付的财物不属于彩礼：

（1）一方在节日、生日等有特殊纪念意义时点给付的价值不大的礼物、礼金；

（2）一方为表达或者增进感情的日常消费性支出；

（3）其他价值不大的财物。

（三）离婚时彩礼的返还

《婚姻家庭编解释（一）》第 5 条规定："当事人请求返还按照习俗给付的彩礼的，如果查明属于以下情形，人民法院应当予以支持：（一）双方未办理结婚登记手续；（二）双方办理结婚登记手续但确未共同生活；（三）婚前给付并导致给付人生活困难。适用前款第二项、第三项的规定，应当以双方离婚为条件。"《最高人民法院关于审理涉彩礼纠纷案件适用法律若干问题的规定》第 5 条第 1 款在《婚姻家庭编解释（一）》的基础上，增加了一种可以请求返还彩礼的情形：双方已办理结婚登记且共同生活，离婚时一方请求返还按照习俗给付的彩礼的，人民法院一般不予支持。但是，如果共同生活时间较短且彩礼数额过高的，人民法院可以根据彩礼实际使用及嫁妆情况，综合考虑彩礼数额、共同生活及孕育情况、双方过错等事实，结合当地习俗，确定是否返还以及返还的具体比例。可见，离婚时请求返还彩礼主要有以下四种情况：

1. 双方未办理结婚登记手续的

给付彩礼的目的是结婚，若双方根本未办理结婚登记手续，则可以认为给付彩礼在法律上的根本目的未实现，因此，根据司法解释之规定要求返还彩礼也在情理之中。

2. 双方办理了结婚手续，但是确实没有共同生活

虽然婚姻登记之后双方已经在法律层面成为真正意义上的夫妻，但是在我国一些地方，举行结婚仪式之后才被当地人视为成立真正的

夫妻关系。因此,未共同生活在实质上将导致支付彩礼在习惯层面的目的不能实现,男方通过诉请法院的方法要求返还彩礼,从尊重风俗习惯、保持社会稳定的角度来说有一定的合理性。马忆南教授也因此认为,"共同生活"是结婚的实质内容,只有"共同生活"成为事实,彩礼给付的目的才能真正实现。① 在司法实践层面尚未对何谓"共同生活"达成普遍性的共识。但有法院对何为"共同生活"从主客观两个方面进行的如下界定可供借鉴:"主观上,男女双方具有长期共同生活的愿望,并基于配偶身份能够相互理解和慰藉;客观上,男女双方能互相扶持,共同履行夫妻义务和家庭义务,共同承担生活的压力和风险,共同创造并享受美好生活。"

3.婚前给付并导致给付人生活困难的

申言之,彩礼已经在结婚之前予以交付,彩礼的给付与给付人其后的生活困难之间存在因果关系。早在1951年10月8日颁布的《最高人民法院、司法部关于婚姻案件中聘金或聘礼处理原则问题的函》(已废止)中就有"生活困难"可以退还聘礼的明确表述。在理论上,生活困难分为绝对困难和相对困难。所谓绝对困难是无法维持当地的基本生活水平,相对困难是给付彩礼之后生活比之前困难。《民法典》第1090条所称"一方生活困难",是指依靠个人财产和离婚时分得的财产无法维持当地基本生活水平。此外,给付了彩礼当然会导致生活水平相对下降,故在对"生活困难"的认定上,采绝对困难说更为合理。当然,给付人需要证明其给付了彩礼,且证明因为彩礼给付而造成生活困难。在司法实践中,很多案件因为返还请求人达不到这样的证明标准导致诉请得不到支持。

---

① 参见马忆南、庄双澧:《彩礼返还的司法实践研究》,载《中华女子学院学报》2019年第4期。

4.共同生活时间较短且彩礼数额过高的,可根据案件具体情况确定是否返还及返还比例

对于如何认定彩礼数额是否过高,《最高人民法院关于审理涉彩礼纠纷案件适用法律若干问题的规定》第 5 条第 2 款认为应当综合考虑彩礼给付方所在地居民人均可支配收入、给付方家庭经济情况以及当地习俗等因素。

(四)适格的诉讼当事人

什么人可以请求返还彩礼,即如何确定因解除婚约引起的财产纠纷案件的当事人?有人认为,订立婚约的男女双方及其父母都可以请求返还,也有人认为,只应将订婚男女双方列为诉讼当事人,其他人不应作为当事人参加诉讼。在离婚案件中除了夫妻双方,其他人不能成为适格的被告,故彩礼返还的权利人和义务人也是男女双方,这是由此类案件的特殊性质决定的。当然,男方父母主张该部分彩礼构成家庭共同财产,要求先分家析产或主张解除赠与而加入纠纷解决程序的情况,则又有所不同。

《最高人民法院关于审理涉彩礼纠纷案件适用法律若干问题的规定》第 4 条解决了上述争议:婚约财产纠纷中,婚约一方及其实际给付彩礼的父母可以作为共同原告;婚约另一方及其实际接收彩礼的父母可以作为共同被告。离婚纠纷中,一方提出返还彩礼诉讼请求的,当事人仍为夫妻双方。

二、夫妻共同债权债务的分割

(一)夫妻共同债权的分割

1.夫妻共同债权的认定

现行《民法典》第 1062 条并未明确规定婚姻关系存续期间夫妻一

方或双方取得的债权是否属于夫妻共同财产。但是，早在1993年，《最高人民法院关于人民法院审理离婚案件处理财产分割问题的若干具体意见》(法发〔1993〕32号，已废止)第2条就把在婚姻关系存续期间一方或双方取得的债权视为夫妻共同财产。不过，该条属于对1980年颁布的《婚姻法》第13条"夫妻在婚姻关系存续期间所得的财产，归夫妻共同所有，双方另有约定的除外"规定的解释。根据此条规定，夫妻共同债权形成的时间点是在婚姻关系存续期间。

《民法典》与2001年4月28日修订的《婚姻法》就这一问题的规定是一致的，但是依据《民法典》能否得出同样的解释结论仍需要具体考量。笔者认为，虽然《民法典》第1062条相对于《婚姻法》第13条进行了调整，但仅仅是将第13条中的"财产"分列为数项，并不代表对《婚姻法》立法精神的全盘否定，在最高人民法院并未就相关事项另行出具不同司法解释的情况下，该意见中关于将一方或双方取得的债权视为共同财产的认定标准，仍应得到遵循。

2. 夫妻共同债权的分割

《民法典》第1087条第1款规定："离婚时，夫妻的共同财产由双方协议处理；协议不成的，由人民法院根据财产的具体情况，按照照顾子女、女方和无过错方权益的原则判决。"由于夫妻共同债权属于夫妻共同财产，因此，《民法典》第1087条第1款的规定就得以适用。

就具体的分割方式而言，由于《民法典》第1087条第1款并未规定具体的分割方式，其原因在于物权编已经规定了共有财产分割的具体方式，分割的具体方式也不是婚姻家庭编立法要予以关注的重点，故可以物权编的相关规定为依据，对夫妻共同债权进行实物分割、变价分割或拍卖分割。虽然物权编规定的是动产与不动产的分割，但在具体的法律适用路径上，采取类推适用的方法也是可行的。当然，在夫妻共同债权为不可分债权的时候，就只能对该债权采取变价或拍卖的分割方式,而不能采取实物分割的方式。

(二)夫妻共同债务

夫妻共同债务是指婚姻关系存续期间,具有夫妻身份的一方或者双方与第三人之间形成的债务。那应如何具体界定是否为夫妻共同债务?又应如何分割与清偿债务?

1.夫妻共同债务的界定

夫妻共同债务的认定与处理,一直是司法实务中的疑难问题,最高人民法院的态度也是几经反复。1980年《婚姻法》首次以立法形式将"用于夫妻共同生活"作为夫妻共同债务的认定标准。2001年《婚姻法》虽然对1980年《婚姻法》进行了修订,但对共同债务的认定标准上仍与1980年《婚姻法》并无二致。但是,《最高人民法院关于适用〈中华人民共和国婚姻法若干问题的解释(二)〉》(已废止,以下简称《婚姻法解释(二)》)第24条则对夫妻共同债务的认定标准进行了创新,规定夫妻一方如不能证明相关债务属于个人债务,则该债务应认定为共同债务。这一转变,在学术界被称为"用途论"到"推定论"的转变。[①] 2018年1月17日最高人民法院公布并于1月18日开始实施的《最高人民法院关于审理涉及夫妻债务纠纷案件适用法律有关问题的解释》(已废止,下同)又回到了"用途论"的立场上。除回归"用途论"的立场之外,该解释正式确立了"共债共签"的原则,即只要夫妻双方均共同签字或未签字一方事后追认的举债,不论举债后所得利益用途如何,均应当认为是夫妻共同债务。

此外,《最高人民法院关于审理涉及夫妻债务纠纷案件适用法律有关问题的解释》实际上对何为"用于夫妻共同生活"进行了具体规

---

① 参见张弛、翟冠慧:《我国夫妻共同债务的界定与清偿论》,载《政治与法律》2012年第6期。

定。根据该解释第 2 条的规定，即使夫妻并无共同举债的意思，只要举债所得利益实际上由夫妻二人共同享有的，也应当认定为夫妻共同债务，为家庭日常生活需要的，应当认为举债的利益为夫妻共同享有。就此，时任最高人民法院民一庭庭长程新文答记者问时明确，"家庭日常生活"在学理上称为"日常家事"，可以适用日常家事代理制度。根据国家统计局的相关资料，家庭日常生活的范围可以参考八大类家庭消费，并根据夫妻双方的职业、身份、资产状况、收入、兴趣等夫妻共同生活的状态以及当地的生活习惯进行确认。换言之，司法实践中认定"家庭日常生活"并无统一的标准，相反，其参考因素十分复杂。但一般来说，正常的衣食消费、日用品购买、子女抚养教育、老人赡养等维系一个家庭所必要的各项消费，原则上属于家庭日常生活消费的范围。①

认定夫妻共同生活、共同生产经营的情况比较复杂。就夫妻共同生活而言，随着社会经济发展水平的提高，家庭消费水平也逐渐增加，且家庭消费呈现多元化的趋势，有大量消费超出家庭日常生活支出的范围，但只要这些支出系夫妻共同消费支出，或者用于形成夫妻共同财产，或为夫妻共同利益、管理共同财产产生的支出，就属于为夫妻共同生活的支出。② 夫妻共同生产经营在司法实践中也没有统一的认定标准，除明确由夫妻双方共同实施的生产经营活动，要确定夫妻共

---

① 参见《最高人民法院妥善审理涉及夫妻债务纠纷案件依法平等保护各方当事人合法权益——最高人民法院民一庭负责人就〈最高人民法院关于审理涉及夫妻债务纠纷案件适用法律有关问题的解释〉答记者问》，载最高人民法院官网：http://www.court.gov.cn/zixun-xiangqing – 77362.html，最后访问时间：2019 年 8 月 21 日。

② 参见《最高人民法院妥善审理涉及夫妻债务纠纷案件依法平等保护各方当事人合法权益——最高人民法院民一庭负责人就〈最高人民法院关于审理涉及夫妻债务纠纷案件适用法律有关问题的解释〉答记者问》，载最高人民法院官网：http://www.court.gov.cn/zixun-xiangqing – 77362.html，最后访问时间：2019 年 8 月 21 日。

同生产经营,需要根据经营活动的性质以及夫妻双方在其中的地位作用等综合认定。本次编纂《民法典》的过程中,立法者吸纳了《最高人民法院关于审理涉及夫妻债务纠纷案件适用法律有关问题的解释》的相关规定,与其采用了相同的夫妻共同债务认定标准。

2. 夫妻共同债务的清偿

《民法典》第1089条规定:"离婚时,夫妻共同债务应当共同偿还。共同财产不足清偿或者财产归各自所有的,由双方协议清偿;协议不成的,由人民法院判决。"此条并未明确规定夫妻究竟是应当用共同财产清偿共同债务,还是用个人所有的财产清偿共同债务。当然,从立法者的立法意图来看,是应当以共同财产清偿共同债务的。《婚姻家庭编解释(一)》第35条第2款则规定了夫妻任何一方都应该就共同债务承担连带清偿责任,由此,债权人可要求夫妻任何一方以其全部财产清偿共同债务。虽然这一规定引起了学术界的批判,但是在司法实践中,法院基本按照这一规定的精神进行案件的裁判。

按照《婚姻家庭编解释(一)》第35条的规定,夫妻共同债务的清偿需要区分内部和外部不同的关系。在夫妻对外关系上,夫妻债务对外不是"一人一半",而是承担连带清偿责任,债权人可以基于连带债务主张夫妻任何一方清偿共同债务。在夫妻内部关系上,夫妻之间可以对各自就共同债务的偿还份额进行内部约定,但该约定不能对抗债权人,一方清偿了全部连带共同债务的,可以基于内部约定向另一方追偿。这主要是因为,根据债的相对性原理,夫妻双方的约定效力原则上仅可约束夫妻双方,不能约束债权人。同时,基于共同债务形成的外部关系,不因双方是否已经离婚而改变,当事人的离婚协议或者人民法院生效判决、裁定、调解书已经对夫妻财产分割问题作出处理的,债权人仍有权就夫妻共同债务向男女双方主张权利。

(三) 特殊夫妻共同债务的偿还

1. 婚前一方债务

《婚姻家庭编解释(一)》第33条规定:"债权人就一方婚前所负个人债务向债务人的配偶主张权利的,人民法院不予支持。但债权人能够证明所负债务用于婚后家庭共同生活的除外。"可见,原则上一方婚前债务主要是夫或妻的个人债务,由个人偿还,但债权人能够证明该债务是用于婚后家庭共同生活的除外。这主要是因为,法律对夫妻共同债务的认定,属于基于"谁获利,谁担责"的法理和婚姻关系形成的基础上对债之关系的特殊规定。[1] 如果一方婚前因自己原因形成的债务一概认定为夫妻共同债务,对另一方显然并不公平,也不利于婚姻家庭的稳定。

2. 赌博等个人挥霍债务

《婚姻家庭编解释(一)》第34条第2款规定:"夫妻一方在从事赌博、吸毒等违法犯罪活动中所负债务,第三人主张该债务为夫妻共同债务的,人民法院不予支持。"夫妻承担共同债务的前提是该债务本身是合法的,赌债、毒债等基于违法犯罪活动形成的债务,本身就不具有法律效力,不受法律保护,对"债务人"个人尚不具备约束力,当然也不能因此要求配偶承担共同偿还的责任。

3. 夫妻间借款

《婚姻家庭编解释(一)》第82条规定:"夫妻之间订立借款协议,以夫妻共同财产出借给一方从事个人经营活动或者用于其他个人事务的,应视为双方约定处分夫妻共同财产的行为,离婚时可以按照借款协议的约定处理。"该条规定刚出台时在社会上也引起了一些争议

---

[1] 参见蔡立东、刘国栋:《关于夫妻共同债务认定的立法建议——以相关案件裁判逻辑的实证分析为基础》,载《中国应用法学》2019年第2期。

和误解,即夫妻之间能否构成民间借贷关系的主体?最高人民法院对此作出了解释:我国《民法典》合同编第十二章借款合同部分除在第680条中规定禁止高利放贷借款的利率不得违反国家有关规定之外,未对借款合同规定其他限制。夫妻双方作为民事主体,在符合实施民事法律行为条件的前提下,双方合意由一方向另一方从夫妻共同财产中借款,除作为借款来源的夫妻共同财产属于双方共同共有而与普通自然人之间的借贷不同外,并无其他本质区别。

这一条的适用可以从以下几个方面进行理解:(1)夫妻双方在婚姻存续期间订立了夫妻之间的借款协议,而不是在夫妻双方的婚姻存续期之外订立借款协议。(2)借款的用途是处理如求学、捐赠、帮助亲友等个人事务,这部分个人事务与夫妻共同生活并无直接关系。(3)借款的来源是夫妻共同财产而非一方的个人财产。在法理上,夫妻之间从共同财产中借款与个人借款之间除借款来源不同外,借贷关系的法律性质其实并无区别。(4)夫妻在婚内订立的此种协议是有法律效力的,离婚时法院可以根据该协议对夫妻共有财产的份额进行调整。(5)在婚姻关系存续期间,借款方并未全部偿还借款。依据最高人民法院的裁判观点,在双方未对已还款金额进行约定时,离婚时借款方应给付出借方未偿还借款的一半。

三、住房公积金、住房补贴的分割

住房公积金是指国家机关、国有企业、城镇集体企业、外商投资企业、城镇私营企业及其他城镇企业、事业单位、民办非企业单位、社会团体为其在职职工缴存的长期住房储金。住房补贴则主要指企业、事业单位向无住房职工或住房面积未达到规定标准的职工发放的现金补贴。《婚姻家庭编解释(一)》第25条规定,婚姻关系存续期间,男女双方实际取得或者应当取得的住房补贴、住房公积金属于《民法典》第

1062条规定的"其他应当归共同所有的财产",也就是说,在婚姻关系存续期间双方取得的住房公积金属于夫妻共同财产,在离婚时应当予以分割。在性质上,最高人民法院认为住房公积金和住房补贴皆属于工资的一部分,只是"扩大了工资的外延,改变了工资的形式而已"。

适用这一条需要注意以下两方面的问题:首先,只有婚姻关系存续期间夫妻取得的住房补贴或住房公积金,在离婚时才能作为共同财产予以分割。因此,必须以夫妻结婚年限为基准来确定应成为共同财产的住房补贴和住房公积金。其次,由于离婚并不是提取住房补贴或住房公积金的法定事由,故分割的具体方式,并非必须让一方提取住房补贴或住房公积金支付给另一方,而是应先计算出夫妻在婚姻存续期所取得的住房补贴、住房公积金的数额,在夫妻之间进行折抵之后,由一方支付给另一方现金。

四、人身损害赔偿金的分割

在离婚财产分割时,人身损害赔偿金的分割也是一个比较有争议的问题。争议点主要在于,是否所有类型的人身损害赔偿金都不能进行分割?

《民法典》第1063条第2项规定,一方因受到人身损害获得的赔偿或者补偿属于夫妻一方的个人财产,立法者出台这一规定的原因主要有两点:(1)上述财产与个人生命健康关系密切,且对于保护个人权利具有重要意义,因此专属于个人所有,而不能成为共同财产;(2)有利于维护受害人的合法权益,能够为受害人得到有效治疗和残疾人正常生活提供法律保障。因此,因身体受到伤害而产生的赔偿,原则上应属于受害人一方个人财产。但是,在司法实践中,与人身相关联的赔偿项目并不仅限于医疗费与残疾人生活补助,还包括营养费、残疾赔偿金、残疾辅助器具费、误工费、护理费、交通费、住宿费、伙食费、精神损害抚慰金等。其中误工费是指当事人被侵权之后因为治疗延误工作或者无法正常劳动所造成损失的赔偿费用。因误工费的作用是补偿工资，工资属于夫妻共同财产，故误工费应归入夫妻共同财产的范畴，可依法予以分割。当然，在分割时，法院认为夫妻一方遭遇人身损害后确实生活困难的，仍可适用《民法典》第1090条进行平衡。

五、养老保险金的分割

养老保险金，通常指职工因在一个企业工作到一定年限，不愿继续任职或因年老体衰、工残事故导致永久丧失劳动能力时，企业为保证其老有所养而付给的年金或一次付清所得金。养老保险金不等于养老保险费，养老保险费主要指单位在职工退休前从职工工资中扣缴和统筹的资金，是职工退休后领取保险金的依据。

按照《婚姻家庭编解释（一）》第25条第3项的规定，婚姻关系存续期间，男女双方实际取得或者应当取得的基本养老金、破产安置补偿费属于《民法典》第1062条规定的"其他应当归共同所有的财产"。

根据《婚姻家庭编解释（一）》第25条的规定，不仅婚姻存续期间已经取得的养老保险金应作为共同财产在离婚时予以分割，"应当取得的"养老保险金，也应作为共同财产在离婚时予以分割。因此，分割双方已经实际取得的养老保险金的情况，一般是一方已经退休，或者双方均已退休。这个分割就比较容易，按照一般的夫妻共同财产分割原则、方法处理即可。问题在于，"应当取得的"养老保险金该如何理解？根据最高人民法院的说明，"应当取得"指当事人已经退休，具有享受养老保险金的基本条件，但由于某种原因尚未实际领取的情形。例如，按照政策已一次性结算保险金的，虽然结算手续已经办妥，但相关部门尚未将资金支付到账，离婚时仍处于等待发放的状态。此时养老金数额无争议，领取也只是时间问题。相反，如果离婚时夫妻一方或双方并未退休,按照目前养老保险金管理制度的规定,退休前将来取得养老保险金的具体数额无法预先测算,此时,就不属于"应当取得"的情形。

需要注意的是,根据《婚姻家庭编解释(一)》第80条的规定,并非任何形式的养老保险金都可以作为共同财产进行分割。不符合我国相关法律法规规定的养老保险金领取条件时,不能领取养老金,此时就更谈不上对保险金进行分割了。此外,还要注意区分养老保险金属于个人账户中的保险金还是统筹账户中的保险金。例如,个人缴纳养老费未连续缴纳满15年的,就不能享有统筹账户中的保险利益,该部分保险利益,就不能作为夫妻共同财产;但是个人账户中已经缴纳的部分,是个人工资的一部分,应作为夫妻共同财产。基于这样的法理,《婚姻家庭编解释(一)》第80条又规定:"……婚后以夫妻共同财产缴纳基本养老保险费,离婚时一方主张将养老金账户中婚姻关系存续期间个人实际缴纳部分及利息作为夫妻共同财产分割的,人民法院应予支持。"

由此可见,由于我国现行的养老保险管理制度所限,并不能直接在当事人未退休之前对养老保险金进行分割,但法院可以依据《婚姻家庭编解释(一)》第80条的规定将婚姻存续期间个人实际缴付部分的养老保险费作为夫妻共同财产予以分割。通常,法院先行按照以下两种方式确定养老保险费属于共同财产的具体金额:(1)按照夫妻关系确定之月起至法院判决之月止养老保险金账户下的养老保险费数额确定;(2)按照庭审中夫妻双方一致认可的数额确定,然后以现有价格补偿为手段,将其与离婚双方其他可分实物、价金等共同财产在分割时进行利益调剂、补偿和衡平,找齐离婚双方的利益落差,从而达到分割相关保险金的目的。

六、房产的分割

离婚房产的分割一直是离婚财产分割重要的一环。基于较高的房价,大部分人不能一次性付清全部房款,从而选择按揭付款。且从开始按揭到最终按揭完毕的时间跨度非常大,十几年甚至几十年,那么夫妻双方离婚时尚未取得按揭房屋所有权的情况时有发生。现阶段房价上涨迅速,购买时房屋的价格和离婚时房屋的价格相去甚远,且夫妻双方都希望自己的利益最大化,这也就会产生纠纷。

同时,我国房产种类复杂多样,按照不同的标准房产种类有不同的划分。例如,按购置形式不同,可以划分为房改房、商品房、自建房;按照主体不同,可以划分为公房、私房、不完全产权房;按照不同的经济形式划分,又可以分为计划经济主导下的政策性住房和市场经济主导下的商品房,其中政策性住房包括公房和房改房。诸多因素叠加,离婚时的房产分割问题异常复杂。因为房屋种类颇多,我们需要具体问题具体分析,下面将离婚时遇到的常见房产分割问题进行详细解读。

(一)一方婚前全款购置的房屋

《民法典》第1063条规定,一方的婚前财产为夫妻一方的个人财产。同时,《婚姻家庭编解释(一)》第31条规定:"民法典第一千零六十三条规定为夫妻一方的个人财产,不因婚姻关系的延续而转化为夫妻共同财产。但当事人另有约定的除外。"根据上述规定,一方婚前购置的房产,在婚前付清全部款项且登记在个人名下的,为夫妻一方个人财产,并不因结婚而转变成夫妻共同财产。

若婚前一方将房屋款项付清,即使婚后才取得房产证的,原则上也为夫妻一方的个人财产。这是因为夫妻一方取得房产证的条件在婚前都已经达成,取得房产证只是一个时间问题,另一方没有对此作出任何贡献,所以应认定该房屋为一方的个人财产。

(二)夫妻双方出资购买的房屋

根据《民法典》第1062条的规定,夫妻在婚姻关系存续期间取得的财产,原则上应为夫妻共同财产。因此,夫妻双方婚后出资(包括贷款)取得房屋产权的,该房屋原则上应为夫妻共同财产。此时要注意一个问题,即不论房产证上登记的是一方的名字还是双方的名字,均为夫妻共同财产。但是,若夫妻双方在婚内对该房产进行了约定,比如,双方约定该房屋归妻子一方所有的,则该房产的所有权应按照协议约定归妻子一方所有,离婚时男方无权请求分割。

(三)一方婚前签订购房合同婚后用共同财产还贷的房屋

《婚姻家庭编解释(一)》第78条规定:"夫妻一方婚前签订不动产买卖合同,以个人财产支付首付款并在银行贷款,婚后用夫妻共同财产还贷,不动产登记于首付款支付方名下的,离婚时该不动产由双方协议处理。依前款规定不能达成协议的,人民法院可以判决该不动产归登记一方,尚未归还的贷款为不动产登记一方的个人债务。双方婚后共同还贷支付的款项及其相对应财产增值部分,离婚时应根据民法典第一千零八十七条第一款规定的原则,由不动产登记一方对另一方进行补偿。"此种情形下,需要注意以下几点:

第一,情形的设定为婚前一方购房并支付首付款,签订按揭合同,产权登记在首付款支付方名下,婚后由夫妻共同财产还贷。

第二,分割的是两个对象,即一个是双方婚后共同还贷支付的款项,另一个是支付款项相对应房产增值的部分。也就是说,在不考虑夫妻一方过错的情况下,主要是这两个对象决定了最终的补偿款数额。

第三,约定优先。如果没有约定,房屋归属产权证上的一方所有。这样分割公平合理并且更加符合效率,一方不用再一次过户,另一方取得相应的补偿款。

（四）离婚时未取得所有权的房屋

《婚姻家庭编解释（一）》第 77 条规定："离婚时双方对尚未取得所有权或者尚未取得完全所有权的房屋有争议且协商不成的,人民法院不宜判决房屋所有权的归属,应当根据实际情况判决由当事人使用。当事人就前款规定的房屋取得完全所有权后,有争议的,可以另行向人民法院提起诉讼。"

此条的适用主要涉及两种形态的房屋：第一种情况是夫妻离婚时诉争的房屋尚未取得所有权。在房屋并非夫妻自建的情况下,尚未取得所有权主要表现为尚未取得房屋所有权证。第二种情况是仅取得了部分所有权,但不是完全所有权。所谓的"部分所有权",实际上主要针对夫妻双方根据福利政策以标准价购买的公有房屋。根据国务院住房改革的相关政策,以标准价购买的房屋,只有将标准价与成本价(或市场价)之间差价补齐交清后,房屋方可归个人所有。在此之前,个人对此类房屋并不具有完全意义上的所有权。

司法实践中,法院在处理此类夫妻诉争房屋纠纷时通常先由双方协商,尊重双方的意思自治。如果协商达成一致,按约定处理即可。但是,如果房屋所有权确实暂时不能确定或个人暂时无法取得,但当事人诉争的对象又是房屋所有权,此时,法院确实不宜直接判决房屋所有权归哪一方所有,而只能退而求其次先判决房屋归哪一方使用。也正是基于此原因,《婚姻家庭编解释（一）》第 77 条第 2 款才规定了当事人取得房屋所有权之后,可以向人民法院另行起诉。申言之,当事人取得了房屋所有权或完全的所有权的情况下,夫妻一方还是可以重新单独就所有权问题向法院另行起诉的,另行起诉并不受前一诉讼是否终结的影响,法院也不能以一事不再理为由不予受理。

(五)一方婚前所有,婚后征收获得的房屋

一方婚前所有的房屋因政府政策被征收,以产权调换方式取得征收安置房的,原则上该征收安置房应认定为原产权人的个人财产,但进行利益分割时还须考量补偿方式及出资情况等因素,不同情形下的征收安置房产权归属状态分割方式主要如下。

1. 产权调换以被征收房的面积作为征收安置补偿标准且未进行添附、扩建的

征收安置房的取得来源是夫妻一方原有的婚前个人房产,且根据《婚姻家庭编解释(一)》第31条的规定,夫妻一方所有的财产并不因婚姻关系的延续而转化为夫妻共同财产,因此,该类房产应认定为原产权人的个人财产。当然,双方另有约定的,应当按照约定。

2. 产权调换是以户主家庭人口的多少作为征收安置补偿标准且未进行添附、扩建的

该类补偿标准所安置的人口不仅包括夫妻双方,还包括父母、子女等家庭成员,故在征收利益分割时并非采用利益均分的方式,而应考量安置房的取得来源及家庭人口因素。具体如下:(1)被征收房按面积转换的安置房产,应为原产权人的个人财产;(2)人身因素起到绝对贡献作用的征收利益,应先拆解出其他家庭成员所占比例,而夫妻中不享有原产权的一方所占比例部分为夫妻一方财产。

3. 产权调换涉及补差价的

进行产权调换涉及补差价的,实务中通常包括两种情形:(1)以夫妻共同财产出资补差价的,该安置房产权仍属于原产权人的个人财产,但补差价的数额及对应的房屋增值部分应为夫妻共同财产;(2)以原产权人的个人财产出资补差价且原产权人有充分证据证明的,该征收安置房应为原产权人的个人财产,他人不得请求分割。

4. 一方婚前房产,婚后对房屋进行扩建后又征收的

实务中,婚后对房屋进行扩建通常包括两种情形:(1)以夫妻共同财产对房屋进行合法扩建的,房屋未扩建前面积转换的安置房产仍认定为原产权人的个人财产,而房屋扩建面积所获得的征收利益应认定为夫妻共同财产;(2)以原产权人的个人财产对房屋进行合法扩建且原产权人有充分证据证明的,征收安置房应认定为原产权人的个人财产。

5. 一方婚前房产,婚后对房屋进行添附后又征收的

实务中,婚后对一方婚前房产进行装修等添附通常也包括两种情形:(1)以夫妻共同财产对房屋进行装修等添附而产生附加值的,该行为并不改变征收安置房的属性,仍应认定为原产权人的个人财产;但该装修等添附的部分被作为辅助设施评估且获得相应征收利益的,该征收利益应认定为夫妻共同财产。(2)以原产权人的个人财产对房屋进行装修的,若原产权人有充分证据证明添附款系个人财产,则征收安置房应认定为原产权人的个人财产。

(六)婚内一方赠与另一方的房屋

婚姻关系存续期间,夫妻一方将房屋赠与另一方的,本质上属于赠与合同的范畴。因此,《婚姻家庭编解释(一)》第32条规定:"婚前或者婚姻关系存续期间,当事人约定将一方所有的房产赠与另一方或者共有,赠与方在赠与房产变更登记之前撤销赠与,另一方请求判令继续履行的,人民法院可以按照民法典第六百五十八条的规定处理。""按照民法典第六百五十八条的规定处理"意味着赠与人在赠与财产的权利转移之前可以撤销赠与,但履行社会公益、道德义务的赠与公证的赠与不能撤销。由于夫妻在婚姻关系存续期间的赠与并不涉及社会公益和道德义务,除公证赠与的房屋之外,夫妻一方若将房屋赠与另一方的,在过户之前赠与一方可以行使任意的撤销权。

（七）父母出资购买的房屋

在司法实践中，父母出资购房的情形非常常见，比如，父母直接以子女名义签订房屋买卖合同，由一方或双方父母缴付全部或部分的购房款，在离婚分割时会产生很多纠纷。因此，我们根据不同情形予以详细探讨。

1. 一方父母在子女婚前购买房屋并登记在其一方子女名下。此时，该房屋属于其子女的个人财产，得出此结论的依据就是《民法典》第1063条第1项。由于子女获得该房屋的产权时，尚不存在婚姻关系，因此，子女此时取得房屋不能因适用《民法典》第1062条第4项即因"继承或赠与所得"而形成夫妻共同财产。

2. 一方父母在子女婚后购房并登记在其子女一方名下。依据《婚姻家庭编解释（二）》第8条第1款规定，需先判断是否存在明确赠与的约定，若父母在赠与合同中明确约定仅赠与自己子女一方，则该房屋视为子女个人财产，离婚时不予分割；没有约定或者约定不明确的，离婚分割夫妻共同财产时，人民法院可以判决该房屋归出资人子女一方所有，并综合考虑共同生活及孕育共同子女情况、离婚过错、对家庭的贡献大小以及离婚时房屋市场价格等因素，确定是否由获得房屋一方对另一方予以补偿以及补偿的具体数额。

3. 一方父母在子女婚前购房，登记在夫妻双方名下。对于此种情形，最高人民法院的司法解释并未明确规定。但是，现实中不乏一方父母为夫妻在结婚前出资购买房屋，登记在夫妻双方名下的情形。此时，根据合同的相对性和不动产登记的效力，即使父母和夫妻之间另外存在借贷或赠与法律关系，该房屋也属于夫妻双方按份共有的婚前财产，在离婚分割时，应按照夫妻婚前约定的份额进行分割，如不能证明份额的，应等额分割。

4. 一方父母在子女婚后购房，登记在夫妻双方名下。虽然法律和最高人民法院的司法解释也未对此种情形进行规定，但是依据《民法典》第1062条第4项的规定，婚姻存续期间，无论哪一方继承或受赠与所得的财产都归夫妻双方共有，除非有明确的证据适用《民法典》第1063条第3项"遗嘱或赠与合同中确定只归夫或妻一方的财产"。因此，在父母为子女婚后购房，且产权已经登记在夫妻双方名下时，除非能够同时证明登记错误，否则，即使父母事后拿出相关证据证明仅赠与子女一方，也不能依据《民法典》第1063条第3项得出该房屋属于子女个人财产的结论。但根据《婚姻家庭编解释（二）》第8条的规定，离婚分割夫妻共同财产时，人民法院可以判决该房屋归出资人子女一方所有，并综合考虑双方共同生活及孕育共同子女情况、离婚过错、对家庭的贡献大小以及离婚时房屋市场价格等因素，确定是否由获得房屋一方对另一方予以补偿以及补偿的具体数额。

5. 双方父母在婚前出资购房，登记在一方子女名下。这种情形在生活中并不少见，一方父母为了体现结婚的"诚意"，愿意掏钱和另一方共同购房却登记在对方子女名下。笔者认为，依据《民法典》的相关法理，在婚前双方父母出资购房，却登记在一方子女名下时，应该认定双方父母与卖方共同订立了以一方子女为受领房屋的第三人的利他合同，一方子女依据该合同取得了所有权。因为是婚前购房，彼时《民法典》第1062条第4项尚不能对该购房的事实产生法律效力，因此，此时房屋应依据《民法典》第1063条第3项属于一方子女的个人财产。而《婚姻家庭编解释（一）》第29条第1款对婚前双方父母出资购房的情形作出了明确规定："当事人结婚前，父母为双方购置房屋出资的，该出资应当认定为对自己子女个人的赠与，但父母明确表示赠与双方的除外。"

6. 双方父母在子女婚后出资购房，登记在一方子女名下。《婚姻家庭编解释（二）》第8条作出明确规定，即婚姻关系存续期间，夫妻购置房屋由一方父母全额出资,如果赠与合同明确约定只赠与自己子女一方的,按照约定处理;没有约定或者约定不明确的,离婚分割夫妻共同财产时,人民法院可以判决该房屋归出资人子女一方所有,并综合考虑共同生活及孕育共同子女情况、离婚过错、对家庭的贡献大小以及离婚时房屋市场价格等因素,确定是否由获得房屋一方对另一方予以补偿以及补偿的具体数额。

婚姻关系存续期间,夫妻购置房屋由一方父母部分出资或者双方父母出资,如果赠与合同明确约定相应出资只赠与自己子女一方的,按照约定处理;没有约定或者约定不明确的,离婚分割夫妻共同财产时,人民法院可以根据当事人诉讼请求,以出资来源及比例为基础,综合考虑共同生活及孕育共同子女情况、离婚过错、对家庭的贡献大小以及离婚时房屋市场价格等因素,判决房屋归其中一方所有,并由获得房屋一方对另一方予以合理补偿。

(八)一方婚前承租的公房,离婚后另一方是否享有承租权

公房也称公产房,是相对于所有权属于个人的私有住房而言的,是指国家(中央政府或地方政府)以及国有企业、事业单位投资兴建、销售的住宅,在住宅未出售之前,住宅的产权归国家或企业所有。个人一般只有承租权而没有所有权。

公房的承租人原则上只限于本单位职工,有正当理由与承租人同居的人如配偶,因长期居住对该房屋也享有权利。因此,离婚时另一方在特定情形下享有居住权。1996年2月5日发布的《最高人民法院关于审理离婚案件中公房使用、承租若干问题的解答》(已废止)曾专门对法院在审理离婚案件时,分割承租公房使用权的问题作了详细规定。其中第2条明确,夫妻共同居住的公房,具有下列情形之一的,离婚后,双方均可承租:(1)婚前由一方承租的公房,婚姻关系存续5年

以上的;(2)婚前一方承租的本单位的房屋,离婚时,双方均为本单位职工的;(3)一方婚前借款投资建房取得的公房承租权,婚后夫妻共同偿还借款的;(4)婚后一方或双方申请取得公房承租权的;(5)婚前一方承租的公房,婚后因该承租房拆迁而获得房屋承租权的;(6)夫妻双方单位投资联建或联合购置的共有房屋的;(7)一方将其承租的本单位的房屋,交回本单位或交给另一方单位后,另一方单位另给调换房屋的;(8)婚前双方均租有公房,婚后合并调换房屋的;(9)其他应当认定为夫妻双方均可承租的情形。且第3条明确对夫妻双方均可承租的公房,应依照下列原则予以处理:(1)照顾抚养子女的一方;(2)男女双方在同等条件下,照顾女方;(3)照顾残疾或生活困难的一方;(4)照顾无过错一方。

鉴于上述法律规定,对夫妻双方均可承租的公房而由一方承租的,承租方对另一方可给予适当的经济补偿。分割之后,因为公房往往涉及单位等管理部门,所以人民法院在调整和变更单位自管房屋(包括单位委托房地产管理部门代管的房屋)的租赁关系时,一般应征求自管房单位的意见。经调解或判决变更房屋租赁关系的,承租人应依照有关规定办理房屋变更登记手续。

(九)夫妻出资购买的房改房

房改房又称已购公有住房。在审判实践中,房改房主要指职工单位或房管部门依房改政策向单位职工或城镇居民出售公房,购房职工或居民依其工龄、级别或是否已婚等因素享受国家提供的优惠条件,以成本价、标准价或成本价购买,享有部分或全部产权的住房。[①] 房改房本质上属于单位根据国家的房改政策将原公有住房通过优惠形式

[①] 参见赵军蒙、夏珍:《离婚诉讼中房屋分割问题探析》,载《山东审判》2010年第5期。

出售给单位职工的居住用房，具有较强的人身属性。离婚涉及房改房的分割时，夫妻出资购买房改房也涉及多种不同的情形。

1. 婚姻关系存续期间，双方用夫妻共同财产出资购买以一方父母名义参加房改的房屋，产权登记在一方父母名下的。根据《婚姻家庭编解释（一）》第 79 条规定可知，离婚时另一方主张按照夫妻共同财产对该房屋进行分割的，人民法院通常不予支持。但夫妻购买该房屋时的出资，可以作为债权处理，即夫妻双方为债权人，父母为债务人，子女可以向父母请求偿还该债权。

2. 婚后夫妻双方用共同财产出资购买房改房，产权登记在夫妻双方或一方名下的。虽然最高人民法院并未对此进行明确规定，但部分地方法院就此进行了阐明。例如，上海市高级人民法院 1996 年出台的《处理公有住房出售后纠纷的若干意见》（沪高法〔1996〕250 号）第 9 条就规定："按'九四'方案购买的房屋，产权证登记为一人的，在诉讼时效内，购房时的购房人、工龄人、职级人、原公房的同住人及具有购房资格的出资人主张房屋产权的，可确认房屋产权共有。"实际上，即使不通过司法解释明确规定，这种情形下的房改房也应依《民法典》第 1062 条的规定认定为婚后夫妻共同财产，离婚时按共同财产进行分割。

3. 婚前由夫妻一方承租，婚后以夫妻共同财产购买的有产权公房。根据《婚姻家庭编解释（一）》第 27 条的规定，由一方婚前承租、婚后用共同财产购买的房屋，登记在一方名下的，应当认定为夫妻共同财产。离婚时，可按照夫妻共同财产予以分割。第 27 条并未就适用条件针对房改房或其他房屋设置例外规定，因此，此种情形可直接适用，将房改房认定为夫妻共同财产。虽然第 27 条只规定了登记在一方名下时应认定为共同财产，但根据"举重以明轻"的法律适用方法，登记在夫妻双方名下时认定为共同财产更属于不言而喻之事。

（十）小产权房

小产权房是指未缴纳土地出让金等费用,在农村集体土地上建设的房屋,其产权证不是由国家房管部门颁发,而是由乡政府或村政府颁发,也称"乡产权房"。小产权房的类型有多样性,广义上而言主要区分为:(1)农村私有自建房屋;(2)在农村集体土地上建设的"商业小产权房"。第一种类型的房屋有些虽无房产证,但是村集体一员经过村集体合法审批后在宅基地上建设的房屋,该类房屋产权通常是合法有效的,在离婚时可参照上市交易的商品房分割原则进行分割。①

第二种类型的房屋,通常有开发商介入,目的在于销售,且销售模式类似于商品房,但价格相对较低,与商品房的区别主要在于购买者不能取得合法有效的产权证。在实践中,因开发商未能取得合法的审批手续,擅自建造小产权房,故该类房产通常被认定为违法建筑。在司法实践中,面临离婚纠纷时,一方请求分割违法建筑的,法官一般以该类房产不具备合法性而不予支持。例如,2011 年《山东高院审判工作会议纪要》指出,违法建筑是夫妻共同财产的,离婚时,婚姻当事人请求分割违法建筑的,原则上不予支持。② 但对于违法建筑已经通过行政程序合法化的,可以对其所有权归属作出处理,其分割原则可参考其他合法化房产。

（十一）军产房

《军队现有住房出售管理办法》第 4 条规定:"出售军队现有住房,必须经军区级单位审查并报总后勤部批准,由售房单位组织实施。"可

---

① 宅基地不能通过离婚分割,但宅基地上的房屋可以分割。

② 也有学者认为,违法建筑在行政机关依法作出处理之前,其所有权仍属于民事主体,如违法建筑属于夫妻共有的,应当允许分割。参见王洪平:《违法建筑的私法问题研究》,法律出版社 2014 年版,第 124 页。

见，军产房的转让非常严格，军产权房的转让必须取得产权单位，即原总后勤部的审批。因军产房性质的特殊性，即在未参加房改前，夫妻双方仅对该房屋享有使用权，并不享有所有权。那么，该类房屋在离婚时应如何分割呢？

如果该类房屋尚未参加房改，未办理房屋所有权证，但是属于夫妻双方在婚内取得的，应属于夫妻双方的婚内共同财产，原则上可以分割。但是，由于房屋所有权证尚未办理，则法院往往搁置对房屋所有权的分割，待涉案房屋取得房屋产权证后再处理。此时，法院通常的分割方式，或者是判决房屋归军人一方所有，单独所有房屋的一方给予另一方相应的补偿；或者是裁判房屋先行由一方居住使用。① 如果军产房参与房改并获得了房屋所有权证，是否可以直接对房屋所有权进行分割呢？根据《军队现有住房出售管理办法》第 30 条的规定，按经济适用住房价格或者房改成本价购买的现有住房，购房者拥有全部产权；需要上市交易的，实行准入制度，在同等条件下，原售房单位有优先购买权；所得售房款，在补交土地使用权出让金或所含土地收益，以及按照国家和地方人民政府规定交纳有关税费和收益分成后，其余收入归个人所有。可见，军产房在出让给军人时，部队的相关规定就对军产房的再次转让进行了限制。但是，由于《军队现有住房出售管理办法》的性质属于部门规章，并非法律，从法理上来说，军人持法院离婚判决对房屋所有权进行分割的，应优先于原售房单位的优先购买权。

七、土地承包经营权的分割

土地承包经营权，是指农业生产经营者（以户为单位）为种植、养

---

① 参见海淀区人民法院(2019)京 0108 民初 41329 号民事判决书。

殖、畜牧等农业目的,对其依法承包的农民集体所有和国家所有归农民集体使用的土地享有的占有、使用、收益的权利。需要特别指出,我国土地承包经营权是以家庭为单位,不是属于夫妻婚后取得的共同财产,而是夫妻、父母、子女等所有家庭成员共同拥有的家庭共同财产。既然是家庭取得的共同财产,那么土地承包经营权中也包含了夫妻任何一方应该享有的权益,在离婚时应该予以分割。

《民法典》第1087条第2款规定:"对夫或妻在家庭土地承包经营中享有的权益等,应当依法予以保护。"但这只是一个比较笼统的法条,请求分割的具体依据在《民法典》第303条的规定,即共同共有人在共有的基础丧失或者有重大理由时可以请求分割。农地承包经营权作为用益物权的一种,对其分割也适用此条规定。因此大致的分割方式可由法院按照对家庭的贡献、家庭人口、老人的赡养、未成年子女的抚养等具体情况进行判决。实践中,法院对其进行分割的方式主要有以下三种:第一种是一方取得土地承包经营权,给另一方补偿;第二种是分割因土地承包经营权而产生的收益;第三种是判决一方对家庭承包的土地中的一定亩数享有权利。

八、企业份额的分割

(一)有限责任公司的股权

需要对属于夫妻共同财产的有限责任公司的股权进行分割时,[1]由于有限责任公司具有人合性与资合性相结合的特点,股东的情况对

---

[1] 从股权成为夫妻共同财产的法律路径来看,婚后以夫妻共同财产投资或买卖取得的股权和夫妻婚姻关系存续期间因继承或接受赠与而获得的共有股权,皆属于夫妻的共同财产。参见王彬、周海博:《夫妻共有股权分割制度探析》,载《社会科学研究》2013年第1期。

公司的经营发展有重大影响,因此,在适用《民法典》对有限公司的股权进行分割时,必须注意与《公司法》关于股权转让限制等强制性规定的衔接。

1. 夫妻双方均为有限责任公司股东的情况

根据《公司法》第84条的规定,有限责任公司的股东之间可以相互转让其全部或者部分股权,所以如果夫妻双方都想继续担任股东,则在分割财产时由法院判决持股数额即可。

如果夫妻一方不愿意成为股东,则可将股权转让给另一方,由另一方对其进行经济补偿。

如果夫妻双方均不愿意成为股东,则可优先将股权向公司的其他股东出售,其他股东放弃优先购买权或者在同等条件下其他股东不予购买的,可按《公司法》规定将股权转让给股东之外的第三人,就转让取得的价款进行分割。

2. 夫妻一方为有限责任公司股东的情况

《婚姻家庭编解释(一)》第73条规定,人民法院审理离婚案件,涉及分割夫妻共同财产中以一方名义在有限责任公司的出资额(股权),另一方不是该公司股东的,按以下情形分别处理:(1)夫妻双方协商一致将出资额部分或者全部转让给该股东的配偶,其他股东过半数同意,并且其他股东均明确表示放弃优先购买权的,该股东的配偶可以成为该公司股东;(2)夫妻双方就出资额转让份额和转让价格等事项协商一致后,过半数股东不同意转让,但愿意以同等价格购买该出资额的,人民法院可以对转让出资所得财产进行分割。过半数股东不同意转让,也不愿意以同等价格购买该出资额的,视为其同意转让,该股东的配偶可以成为该公司股东。用于证明上述过半数股东同意的证据,可以是股东会决议,也可以是当事人通过其他合法途径取得的股东的书面声明材料。

依据《婚姻家庭编解释(一)》第 73 条的规定,在对作为夫妻共同财产的股权进行分割的同时,也能保护其他股东的权利,包括表决权与优先购买权。需要注意的是,如果公司章程本身就排除了股东优先购买权的,又或者对股权在夫妻之间的分割另有约定的,则应当尊重公司章程的规定。

(二)股份有限公司的股权

股份有限公司是将公司股权分为等额股份,股东以其认购的股份为限对公司承担责任的企业法人。相较有限责任公司来说,股份有限公司的组成和信用基础是公司的资本,与股东的个人人身性(信誉、地位、声望)没有紧密联系,因此股份有限公司是典型的资合性公司。股份有限公司的股权应如何分割?《婚姻家庭编解释(一)》第 72 条规定:"夫妻双方分割共同财产中的股票、债券、投资基金份额等有价证券以及未上市股份有限公司股份时,协商不成或者按市价分配有困难的,人民法院可以根据数量按比例分配。"

因法律对股份有限公司的股票可否流通的限制,分割财产的方式也略有不同,具体如下:如果股票属于自由流通股的,夫妻双方可以作出以下分割方式:(1)协议一致后将股票归一方所有;(2)一方给予另一方相当于股票价值一半的补偿;(3)双方订立协议共享股票;(4)在双方都不想持股时,可以先对股票进行抛售,然后分割抛售后的价金。如果股票属于限制流通股的,由于《证券法》第 36 条规定了依法发行的股票,法律对其转让期限有限制性规定的,在限定的期限内不得转让。因此,限制流通股的分割又分为不同的情况:(1)限售期内的股票。例如,《公司法》第 160 条或《定向募集股份有限公司内部职工持股管理规定》第 22 条规定了限售期的股票,在限售期内不能转让。故夫妻双方在法定期限内分割这种股票时,只能采取维持原状的分割方法,对没有持股或持股少的另一方应给予相应的补偿。(2)被质押的股票。如股票被设定质权而不能转让,则相关股票的分割只能通过夫妻一方给予没有持股或少持股一方相应的折价补偿的方式实现。(3)特殊主体股。特殊主体股因主体特殊而禁止转让,对于该部分股票也只能由原持股人持股,并给予另一方相应的补偿。此外,对于某些依法不能持股的主体,则只能由持股方给予其相应的价金补偿。

(三)个人独资企业的股权

个人独资企业,是指依照《个人独资企业法》在中国境内设立,由一个自然人投资,财产为投资人个人所有,投资人以其个人财产对企业债务承担无限责任的经营实体。因此,夫妻投资的个人独资企业只能以一人名义设立。个人独资企业的股权应当如何分割?

依据《个人独资企业法》第17条的规定,个人独资企业投资人对本企业的财产依法享有所有权,其有关权利可以依法进行转让或继承。这也是个人独资企业和公司的主要区别之一。依《个人独资企业法》第18条的规定,投资人也可以用家庭共有财产投资设立独资企业,并以家庭共有财产对独资企业的债务承担无限连带责任。鉴于离婚主张财产分割的第一要务是确定该企业财产的性质,即应首先确定个人独资企业的财产是否为夫妻共同财产。在司法实践中,一般将夫妻一方以个人财产设立的独资企业的财产视为一方的个人财产,将夫妻共同财产投资设立的独资企业财产视为共同财产。在离婚分割时,主要因当事人的个人愿望不同,存在各种不同的情况。例如,夫妻一方可能并非都想经营企业,也可能都希望经营企业,针对此种情况,《婚姻家庭编解释(一)》第75条对分割方式作了规定:(1)一方主张经营该企业的,对企业资产进行评估后,由取得企业资产所有权一方给予另一方相应的补偿;(2)双方均主张经营该企业的,在双方竞价基础上,由取得企业资产所有权的一方给予另一方相应的补偿;(3)双方均不愿意经营该企业的,按照《个人独资企业法》等有关规定办理。一般应中止离婚案件的审理,告之双方清算注销该企业,如果尚有财产,按共同共有分割。

《婚姻家庭编解释(一)》第75条主要针对的是个人独资企业财产的分割,但如果是独资企业收益的分割,则可以直接适用《民法典》第1062条第2项,如果该收益是在婚内产生的,则属于夫妻共同财产,在离婚时应进行分割。

(四)合伙企业的份额

合伙企业,是指自然人、法人和其他组织依照《合伙企业法》在中国境内设立的普通合伙企业和有限合伙企业。由于合伙企业有很强的人合性,因此法律对合伙企业中合伙人的入伙、退伙都有严格的规定,以防止合伙人的变动给企业带来的负面影响。如果合伙企业的份额属于夫妻共同财产,在夫妻离婚请求分割合伙企业份额时,可按照一方为合伙企业的合伙人或双方都为合伙企业合伙人情况分别处理。

1. 一方为合伙企业的合伙人

此种情况下,仅有夫妻一方为合伙企业的合伙人,如果将其合伙企业份额通过离婚分割给另一方,则另一方事实上就"入伙"成为了合伙企业的合伙人。不过,根据《合伙企业法》第21条和第22条,合伙人向外转让合伙企业份额时,须经其他合伙人一致同意;在同等条件下,其他合伙人有优先购买权。根据第23条,新合伙人入伙需要其他合伙人全体一致同意。由于夫妻的离婚并不属于《合伙企业法》中入伙和退伙的法定事由,因此,即使是离婚财产分割也不能违背《合伙企业法》的相关规定。

为避免夫妻财产分割违背《合伙企业法》的强制性规定,《婚姻家庭编解释(一)》第74条规定,人民法院审理离婚案件,涉及分割夫妻共同财产中以一方名义在合伙企业中的出资,另一方不是该企业合伙人的,当夫妻双方协商一致,将其合伙企业中的财产份额全部或者部分转让给对方时,按以下情形分别处理:(1)其他合伙人一致同意的,该配偶依法取得合伙人地位;(2)其他合伙人不同意转让,在同等条件下行使优先受让权的,可以对转让所得的财产进行分割;(3)其他合伙人不同意转让,也不行使优先受让权,但同意该合伙人退伙或者退还部分财产份额的,可以对退还的财产进行分割;(4)其他合伙人既不同意转让,也不行使优先受让权,又不同意该合伙人退伙或者退还部分财产份额的,视为全体合伙人同意转让,该配偶依法取得合伙人地位。

2. 双方都为合伙人的合伙企业

根据《合伙企业法》第22条第2款的规定,合伙财产份额分割相当于合伙人之间转让份额,不需要征得其他合伙人同意,在通知其他合伙人的情况下由夫妻双方协商一致或者法院判决分割即可。若一方不愿意继续担任合伙人,即一方将自己的合伙财产份额全部转让给另一方,则其相当于退伙,按照规定办理退伙手续即可,继续担任合伙人的一方应给另一方相应的经济补偿。

九、尚未继承遗产的分割

根据《民法典》的规定,婚姻关系存续期间,夫妻一方继承的财产在被继承人遗嘱未表明只属于一方所有时,为夫妻共同财产。但该共有财产在离婚时还未进行遗产分割的应怎么办?对此,《婚姻家庭编解释(一)》第81条规定,婚姻关系存续期间,夫妻一方作为继承人依法可以继承的遗产,在继承人之间尚未实际分割,起诉离婚时另一方请求分割的,人民法院应当告知当事人在继承人之间实际分割遗产后另行起诉。如此规定的原因在于,因为遗产还未分割,夫或妻事实上可获得遗产的数量仍处在一个不确定的状态,因此暂不宜对该财产进行分割。

十、登记在子女名下房产的分割

婚姻关系存续期间,夫妻双方基于多种因素考量,如限购政策、减少后期过户的税费、规避债务,可能会选择以未成年子女的名义购房并登记在其名下。购房款是夫妻双方出资,但房子却登记在子女名下,房子的权属应归谁?在离婚纠纷中是否应当予以分割?

我国《民法典》第217条规定:"不动产权属证书是权利人享有该不动产物权的证明。不动产权属证书记载的事项,应当与不动产登记簿一致;记载不一致的,除有证据证明不动产登记簿确有错误外,以不动产登记簿为准。"可见,原则上应通过不动产权属证书的内容推定不动产权利人。但是,夫妻双方将共同出资购买的房产登记在子女名下的行为仅是为了规避债务等原因而"赠与"未成年子女的,则此类隐匿财产、逃避债务的"赠与"合同在形式上是合法的,但因被掩盖的目的非法,故该类合同应当无效。此时,涉案房产应作为夫妻共同财产予以分割。若真实意思确实是将购买的房屋赠与未成年子女,离婚时应将该房屋认定为未成年子女的个人财产,由直接抚养未成年子女的一方暂时管理。《江苏省高级人民法院民事审判第一庭关于印发〈家事纠纷案件审理指南(婚姻家庭部分)〉的通知》第35条对涉案问题作出了明确规定,即婚姻关系存续期间夫妻购置房产的所有权登记在子女名下的,一般应当认定为子女的财产。若有证据证明将房产所有权登记在子女名下的真实意思表示并非赠与的,则应当认定为夫妻共同财产。

事实上,将房产登记在子女名下的行为是否成立赠与关系很大程度上取决于夫妻双方将房产登记在子女名下时的意思表示。但实务中的离婚纠纷往往出现夫妻一方认可赠与,另一方并不认可的情形。而是否具有赠与的意思表示通常又很难取证证明,这也因此导致了诸多财产分割纠纷。同样地,若夫妻双方在离婚纠纷中否认赠与的事实,并主张财产分割,此时原则上应根据不动产登记的情况来认定房产归属。此外,如果债权人有证据证明夫妻的"赠与"属于隐匿财产、逃避债务的,债权人也可以依《民法典》第538条行使撤销权来撤销该"赠与"。①

十一、股票之外有价证券的分割

《婚姻家庭编解释(一)》第72条规定:"夫妻双方分割共同财产中的股票、债券、投资基金份额等有价证券以及未上市股份有限公司股份时,协商不成或者按市价分配有困难的,人民法院可以根据数量按比例分配。"根据该规定,股票之外的有价证券的分割应注意以下两点:

1. 关于有价证券是否为夫妻共同财产

司法实践中,一般认为如果有价证券是夫妻关系存续期间以夫妻共同财产购买的,则离婚时有价证券应当被认定为夫妻共同财产进行分割。如果夫妻一方或各方的有价证券是婚前已投资获得则应当认为是夫妻个人财产,不能分割,但根据《婚姻家庭编解释(一)》第25条的规定,一方以个人财产婚前进行有价证券投资,在婚后取得的收益应为夫妻共同财产。

2. 有价证券的分割

有价证券存在三种分割途径:一是协商;二是按市价分配;三是按数量比例分配。

因为有价证券变动频繁,折合市价难度大,夫妻双方协商是解决

---

① 以隐匿财产、逃避债务为目的的合同,可能在构成以合法形式掩盖非法目的的同时,也会产生与债权人撤销权的竞合。参见韩世远:《合同法总论》,法律出版社2018年版,第226页。

有价证券分割问题的最好途径,司法实践中一般也会鼓励夫妻双方协商解决。如果协商不成,则由法官参照分割时交易市场上的股价、购买价以及在分割前后合理时期内股价涨落幅度等相关因素,裁量确定一个公平合理的股价,并据此折算出全部股票的价值。如果折算市价存在困难的,则按照数量比例予以分配。

十二、信托财产的分割

信托是一种理财方式,是指由委托人依照契约或遗嘱的规定,将财产上的权利转给受托人,受托人按规定条件和范围,占有、管理、使用信托财产,最终收益归属委托人指定的受益人。信托的特点就是在信托合同生效后,原则上委托人财产的所有权就转移给受托人。因此如果夫或妻一方是委托人,离婚时另一方暂时不能请求实物分割相关信托财产。这主要是因为财产此时已经不属于夫或妻的财产,无法进行实物分割。只有信托约定时间结束之后按合同约定或者法律规定,夫妻一方获得了信托财产,才可以请求实物分割。但是,此时另一方可以请求对方就信托产品的价值进行折价补偿。不过,司法实践中一般认为,即使是折价补偿,也应当以信托收益能够提前确定为前提。

如果夫或妻是信托财产的受益人,离婚时也不能请求分割信托财产。因为受益人也不享有信托财产的所有权,信托财产不属于夫妻共同财产,不能请求分割,但在无特殊约定的情况下一方可就受益人在婚后取得的信托收益请求分割。

十三、退伍军人复员费或自主择业费的分割

军人退伍分为转业和复员两种途径,自主择业是转业退伍的一种类型。根据《婚姻家庭编解释(一)》第71条的规定,人民法院审理离

婚案件，涉及分割发放到军人名下的复员费、自主择业费等一次性费用的，以夫妻婚姻关系存续年限乘以年平均值，所得数额为夫妻共同财产。前款所称年平均值，是指将发放到军人名下的上述费用总额按具体年限均分得出的数额。其具体年限为人均寿命70岁与军人入伍时实际年龄的差额。因此，退伍军人的复员费和自主择业费在离婚时并不是全部进行分割，而是以夫妻婚姻关系的年限乘以年平均值计算所得的数额进行分割。

这是因为，根据《民法典》第1062条的规定，只有在婚姻存续期内取得的收入才属于夫妻共同财产。倘若军人的婚姻存续期仅为3年，但却对服役10年的复员费或自主择业费进行分割，既不符合《民法典》的精神，也对军人不公平。相反，综合考量婚姻存续期和复员费、自主择业费的年平均值的情况下进行分割，则既体现了对军人另一半在家庭中贡献的肯定（军功章有你的一半，也有我的一半），也可以一定程度上保护军人的利益。需要注意的是，如果离婚时军人复员或自主择业的事实没有发生，则复员费、自主择业费无法确定具体数额，只有军人复员或自主择业后，配偶一方才能请求分割复员费或自主择业费。

十四、商业保险的分割

商业保险作为一种理财方式，已经被越来越多的家庭所接受，然而在面临离婚纠纷时，商业保险是否应当予以分割以及应当如何分割也是诸多夫妻争议的焦点。按照商业保险的方式不同，主要区分为人身保险合同与财产保险合同，那在离婚时应如何分割，目前并无明确的法律规定，但最高人民法院有明确的指导思想，即《第八次全国法院民事商事审判工作会议（民事部分）纪要》中第2条已作出明确规定。根据该指导思想，离婚时，商业保险分割的要点如下：

（一）人身保险合同

根据保险责任以及给付保险金性质的不同，人身保险通常分为意外伤害保险、健康保险和人寿保险。其中，因上述三种保险给付保险金的目的主要是弥补被保险人的人身权益，具有较强的人身性质，因此，该类保险通常被认定为一方个人财产，当然双方另有约定的除外。如果在离婚前或者离婚诉讼中，夫妻双方达成协议并由投保人作了退保处理，那么退保获得保险费或者现金价值，按夫妻共同财产分割处理即可。倘若在离婚时如果没有发生理赔，就需要对保险单的现金价值进行分割。[①] 不过，仍需要具体区分保险费缴纳的时间与方式。

1. 夫妻一方在婚前购买的保险

若夫妻一方在婚前已完成投保并缴纳全部保费的，除非双方另有约定外，原则上该保险价值应视为夫妻一方的个人财产，并不会因婚姻关系的缔结而转化为夫妻共同财产。

但若夫妻一方在婚前购买保险并缴纳部分保费，婚后以夫妻共同财产继续缴纳保费的，则婚后缴纳保费的现金价值应为夫妻共同财产，另一方有权请求分割。在司法实践中，法院会结合缴纳保费的时间、保单的现金价值以及缴纳保费的情况等多种因素进行具体分割，通常是将保险合同利益判归投保人所有，由投保人给付另一方一定的现金价值作为补偿。

---

① 在司法实践中，通常是根据保单的现金价值来确定人寿保险的价值。这是因为，现金价值作为保险公司在扣除退保手续费之后退还给投保人的部分责任准备金，属于可以结合保险费缴纳情况、保险期限等因素而计算出确定数额的一种价值，与保险合同继续履行所享有的包括保险金在内的各种预期利益无关。因此以现金价值作为衡量保险合同价值的标准，最为科学。参见王飞、于凯：《离婚诉讼之人寿保险分割问题探讨》，载《人民司法》2010年第15期。

2. 婚后夫妻一方使用共同财产购买的保险

婚后夫妻一方使用共同财产购买的保险,需要具体区分受益人,即受益人是夫妻一方或双方,还是属于子女或其他第三人。

若夫妻一方以共同财产为自己、另一方或夫妻双方投保的保险,原则上应为夫妻双方的共同财产,应当予以分割。如果投保人与受益人不是同一人的情况下,夫妻双方可通过合意对投保人的变更(又称合同权利义务的概括承受)来实现对保险合同利益的分割。当然,对离婚的夫妻双方来说,通过变更投保人成为保险合同主体地位的一方,理应按照双方均认可的价格,支付相应的折价给对方。如果夫妻一方决定继续投保而另一方不同意的,法院也可以在夫妻间裁判变更投保人,获得保险合同利益的一方,支付相应现金价值的一半数额给另一方。① 如夫妻双方决定退保的,应当以退保后的现金价值作为夫妻共同财产予以分割,因此造成的预期利益损失,由当事人自行承担。

若夫妻一方以共同财产为子女购买保险的,在司法实践中,法院原则上将此种情形视为夫妻对子女的赠与,离婚时一般不予分割。②

若夫妻一方以共同财产为其他第三人如父母购买保险的,在夫妻双方均合意的前提下,该保险视为夫妻双方对第三人的赠与,离婚时一般不予分割。但若另一方并未同意或事后未追认,因购买保险的一方在超出日常生活需要的情况下并无代理的权限,其购买保险的行为属于擅自处分夫妻共同财产,系对另一方财产权益的侵害。因此,购买保险的一方应以个人财产对另一方进行补偿。

---

① 参见王飞、于凯:《离婚诉讼之人寿保险分割问题探讨》,载《人民司法》2010年第15期。

② 参见北京市房山区人民法院(2015)房民初字第07752号民事判决书;上海市长宁区人民法院(2014)长民四(民)初字第1960号民事判决书。

（二）财产保险合同

通常，因财产保险与人身关系相互分离，并且保险利益与被保险的财物关联，因此，在离婚时其分割方式较为简单。

1. 以夫妻共同财产为保险标的购买的财产保险

在婚姻关系存续期间，夫妻以双方或一方名义投保的，因保险标的系夫妻共同财产，夫妻对保险利益是相同的，故该保险金应认定为夫妻共同财产。

2. 以一方个人财产为保险标的购买的财产保险

若一方为个人财产进行投保的，无论是在婚姻关系存续期间还是在婚前投保，在婚后获得的保险金均属于一方个人财产。这主要是因为一方婚前个人财产并不会因婚姻关系的延续而转化为夫妻共同财产，且因个人财产的损坏或灭失而获得的保险金仅代表了一方的利益，故该保险金应认定为夫妻一方个人财产，在离婚时不进行分割。

3. 离婚时，财产保险利益尚未实现时的分割

若进行投保时缴纳的保险费系夫妻共同财产，该保险合同的利益应属于夫妻共同财产，离婚时已经获得赔付的保险金，夫妻应平均分割，如果离婚时并未获得赔付，夫妻双方协商同意继续履行财产保险合同的，可由继续投保的一方向另一方作价补偿，即可以夫妻共同缴纳的保险费的一半补偿给另一方。若双方决定不再续保的，考虑到财产保险一般属于消费型保险，大部分财产保险不予以退保，所以如果保险公司同意退保，则保险公司扣除已发生的保险费后剩余的保险价值应当作为夫妻共同财产予以分割，在离婚时应当将缴纳保险费的一半价值补偿给另一方。离婚时，如果夫妻一方决定继续履行财产保险合同，但另一方不同意继续履行的，可协商变更保险合同的主体，获得保险合同利益的一方，支付相应现金价值的一半数额给另一方。

十五、虚拟财产的分割

虚拟财产是近些年因网络高速发展而产生的一个新生事物。随着虚拟财产数量的不断增加,请求分割虚拟财产的案件也越来越多。我国《民法典》对虚拟财产是否构成夫妻共同财产并没有具体的规定,但是,虚拟财产作为财产的一种,只要符合《民法典》第1062条的规定,就应当能够成为夫妻共同财产。当然,虚拟财产有不同于一般财产的虚拟性、非物化性等特征。因此,在司法实践中,对于虚拟财产的分割,必须根据虚拟财产的性质、特征进行分类处理。

虚拟财产的类型多种多样,有的虚拟财产具有可分性,有的虚拟财产不具有可分性。如果离婚时要分割的虚拟财产具有人身依附性,如微信号、QQ号,就属于不可分的虚拟财产。对于有些可分的虚拟财产,司法实践中法院通常的分割方式是按均等比例按份分割。

对于不可分的虚拟财产,夫妻双方可以先通过协商进行分割。例如,可以协商约定由一方给予另一方一定补偿的方式进行分割。但如果协商不成的,则可以由法院裁判通过作价补偿或竞拍的方式进行分割。此时,需要区分几种不同的情形。

1. 夫妻对于虚拟财产的分割不能达成一致意见,但均同意由一方取得虚拟财产的。此时,法院可以在评估虚拟财产资产价值的基础上,裁判虚拟财产归一方所有,所有者向另一方进行一定的补偿。[①]

2. 当夫妻双方均主张虚拟财产时,法院可以作出以下裁判:(1)综合考量各方面因素后,判归一方所有,由所有者向另一方作价补偿。此时,要考虑的因素包括虚拟财产事先是以哪一方个人名义实名注册设立、哪一方对虚拟财产使用较多等。(2)竞价。当双方均要求获得

[①] 参见刘婷:《互联网时代背景下关于离婚案件中网店分割的法律问题研究——以C2C交易模式下的淘宝网店为视角》,载《法律适用》2016年第1期。

虚拟财产的所有权时,可允许双方通过竞价的方式角逐虚拟财产的所有权。(3)对虚拟财产的收益进行分割。法院也可判决夫妻双方对虚拟财产构成按份共有关系,由一方对虚拟财产进行管理,双方按照共有份额对虚拟财产的收益进行再分配。

技巧四　抓住财产分割的时间

一、共有财产分割以"离婚时"为原则

我国《民法典》第303条规定,共同共有人在共有基础丧失后或者有重大理由需要分割共有财产时方可请求分割。夫妻双方共有财产是基于夫妻关系,不分份额地共享共有物所有权。一旦对财产的共同共有关系成立,夫妻双方均负有维持共有关系的义务,而不得出于个人利益的考虑而随意终止共有关系。《民法典》第1066条规定了可以要求分割夫妻共同财产的两种情形。《婚姻家庭编解释(一)》第38条进一步明确,婚姻关系存续期间,除《民法典》第1066条规定情形以外,夫妻一方请求分割共同财产的,人民法院不予支持。《婚姻家庭编解释(二)》第6条明确大额打赏网络主播属于"挥霍"夫妻共同财产的情形之一,即夫妻一方未经另一方同意,在网络直播平台用夫妻共同财产打赏,数额明显超出其家庭一般消费水平,严重损害夫妻共同财产利益的,可以认定为《民法典》第1066条和第1092条规定的"挥霍"。另一方请求在婚姻关系存续期间分割夫妻共同财产,或者在离婚分割夫妻共同财产时请求对打赏一方少分或者不分的,人民法院应予支持。《婚姻家庭编解释(二)》第7条明确规定违反忠实义务赠与他人或者以明显不合理的价格处分夫妻共同财产属于转移、变卖夫妻共同财产行为的情形,即夫妻一方为重婚、与他人同居以及其他违反夫妻忠实义务等目的,将夫妻共同财产赠与他人或者以明显不合理的

价格处分夫妻共同财产,另一方主张该民事法律行为违背公序良俗无效的,人民法院应予支持并依照《民法典》第157条规定处理。夫妻一方存在前款规定情形,另一方以该方存在转移、变卖夫妻共同财产行为,严重损害夫妻共同财产利益为由,依据《民法典》第1066条规定请求在婚姻关系存续期间分割夫妻共同财产,或者依据《民法典》第1092条规定请求在离婚分割夫妻共同财产时对该方少分或者不分的,人民法院应予支持。

鉴于该共有以夫妻关系为基础,以夫妻关系的存在为前提,而离婚就是夫妻关系的消灭,那么对于财产的共同共有基础也将随之消灭。因此,离婚时夫妻共同财产也应当同时得到分割。实践中,如果协议离婚的夫妻双方仅就是否离婚达成一致意见,而对财产分割、子女抚养问题未能协商一致的,民政部门通常不予以发放离婚证。而可能直接告知当事人向法院起诉,由法院判决离婚,并由法院在离婚判决中对其夫妻共同财产进行分割,并对子女抚养作出裁判。当然,夫妻共同财产中暂时存在客观不宜分割的情况或当事人一方隐匿财产导致无法分割等情况的除外。

二、婚姻关系存续期间请求分割共有财产的情形

《民法典》第1066条规定,婚姻关系存续期间,夫妻共同财产分割事由如下:(1)一方有隐藏、转移、变卖、毁损、挥霍夫妻共同财产或者伪造夫妻共同债务等严重损害夫妻共同财产利益的行为;(2)一方负有法定扶养义务的人患重大疾病需要医治,另一方不同意支付相关医疗费用。出台此项规定的合理性在于:在第一种情形下,如果法院还不允许对共同财产进行分割,只会导致共同财产不断减少,最终在婚姻关系结束时给另一方的财产造成不可挽回的损失;在第二种情形下,如果不允许分割共同财产,对于负有法定扶养义务的当事人的情

感将造成重大损害,也不利于婚姻关系的维持。当然,即使基于上述两种情形允许夫妻在婚内对共同财产进行分割,其重要的前提是"不损害债权人利益"。所谓"不损害债权人利益",可以理解为共同财产分割后,剩余的共同财产仍可以清偿债务,或夫妻双方对于共同债务仍然负担连带责任。

除此之外,还存在一些特殊的夫妻共同财产,没能在离婚时进行分割。如婚姻关系存续期间,夫妻一方作为继承人依法继承的遗产,在继承人之间尚未实际分割,起诉离婚时另一方请求分割的,人民法院通常告知当事人在继承人之间实际分割遗产后另行起诉。应当指出的是,首先,该继承的财产不是《民法典》第1063条规定的"遗嘱或者赠与合同中确定只归一方的财产"。根据我国《民法典》第1063条第3项的规定,遗嘱或者赠与合同中确定只归一方的财产为夫或妻的个人财产,不存在分割的问题。其次,根据《最高人民法院第八次全国法院民事商事审判工作会议纪要(民事部分)》,遗产在继承人之间尚未实际分割的,应视为所有继承人共同共有,各继承人不分份额地对共有物享有所有权。只有对遗产进行分割,各个继承人对于分割给自己的部分独占性地享有所有权时,这部分财产才成为夫妻共同财产,可以请求分割。

三、离婚后请求分割财产

实践中,常常遇到离婚时部分夫妻共同财产没有进行分割的情形。比较常见的情形有:(1)一方隐藏、转移夫妻共同财产,使本属于夫妻共同所有的财产在离婚时没有被发现;(2)一方伪造债务,使实际分割的财产少于应当分割的夫妻共同财产。对于这些情形,即使已经离婚,另一方仍可以起诉请求再次分割夫妻共同财产。《婚姻家庭编解释(一)》第83条规定:"离婚后,一方以尚有夫妻共同财产未处理为由向人民法院起诉请求分割的,经审查该财产确属离婚时未涉及的夫妻共同财产,人民法院应当依法予以分割。"所以,离婚并不意味着财产分割的终结,只要属于应当分割的夫妻共同财产,一旦被发现,一方即可提起诉讼,法院同样会依法给予保护。

四、协议离婚后就财产分割约定反悔

实践中,可能会遇到因感情用事或者其他原因签订了离婚财产分割协议之后当事人一方又反悔,并希望重新进行财产分割的情况。我国《婚姻家庭编解释(一)》第70条规定,夫妻双方协议离婚后就财产分割问题反悔,请求撤销财产分割协议的,人民法院应当受理。人民法院审理后,未发现订立财产分割协议时存在欺诈、胁迫等情形的,应当依法驳回当事人的诉讼请求。

根据上述法律规定,需要注意以下几点:(1)可以提起诉讼的前提是协议离婚而不是诉讼离婚;(2)无论当事人出于何种原因提起诉讼,只要在协议离婚后向法院申请变更、撤销财产分割协议的,法院应当受理;(3)当事人只能因在欺诈、胁迫等情形下签订离婚财产分割协议而诉讼请求重新分割财产的才会得到法院的支持,否则法院会依法判决驳回变更、撤销财产分割协议的诉讼请求。这也提示我们,在签订离婚财产分割协议的时候要足够审慎理智,离婚财产分割协议一旦生效,即使反悔也无法得到法院支持。

技巧五 了解财产分割时的经济补偿与经济帮助

在《民法典》婚姻家庭编的法域内,经济补偿与经济帮助在概念上是有区别的。经济补偿的对象是对家庭贡献大的一方,如在抚育子

女、照顾老人、协助另一方工作等方面付出较多的一方。经济帮助的对象是生活困难的一方。两者除了对象不同,前提情形也有诸多不同,下面分别具体说明。

一、经济补偿

《民法典》第1088条规定,夫妻一方因抚育子女、照料老人、协助另一方工作等负担较多义务的,离婚时有权向另一方请求补偿,另一方应当给予补偿。本条是对家务劳动价值予以认可的规定。本条在《婚姻法》第40条的基础上进行了修改,取消了离婚经济补偿只在约定财产制下适用的规定,将经济补偿范围扩大到法定财产制和约定财产制同样适用。增加了补偿的具体办法"由双方协议;协议不成的,由人民法院判决"的规定,以当事人自行协商决定为先,贯彻私人事务领域的意思自治原则。《婚姻家庭编解释(二)》第21条规定,离婚诉讼中,夫妻一方有证据证明在婚姻关系存续期间因抚育子女、照料老年人、协助另一方工作等负担较多义务,依据《民法典》第1088条规定请求另一方给予补偿的,人民法院可以综合考虑负担相应义务投入的时间、精力和对双方的影响以及给付方负担能力、当地居民人均可支配收入等因素,确定补偿数额。

离婚时请求经济补偿需要特别注意以下要点:(1)不再以夫妻约定财产制为适用的前提。夫妻双方不必再以书面形式约定婚姻关系存续期间所得的财产归各自所有,这已不是一方给予另一方补偿的前提条件。夫妻没有实行约定财产制,也能适用离婚经济补偿制度。(2)夫妻必须有一方在共同生活中对家庭付出了更多的义务。这是适用离婚经济补偿制度的原因条件,是离婚经济补偿制度的核心。一方付出较多的义务,包括抚养教育子女,照料、赡养老人,支持协助另一方工作等各个方面。这些方面的付出既可以是付出了更多的钱财,也可以是付出了更多的劳动或精力。如一方协助另一方工作而承担所有的家务,也应认定为付出了较多的义务,不能仅仅将付出较多的钱财理解为多付出义务。(3)提出的时间是离婚时,必须是离婚时由多付出义务的一方向另一方提出补偿请求。即使一方向另一方付出了更多的义务,没到离婚时也不能请求补偿。因为婚姻关系存续期间,夫妻双方的付出都属于相互扶养的性质。当然,如果一方主动补偿给对方无疑是受法律支持的,但性质上不属于离婚经济补偿。(4)离婚经济补偿数额的确定应当在查明夫妻双方各自财产状况以及一方多付出义务情况的基础上,按照权利与义务对等的原则进行确定。一般来说,付出的义务越多,所获得的补偿就越多,但同时也要根据双方的财产状况、经济能力加以修正。(5)提出的主体必须是婚姻中的一方当事人,给付的主体是婚姻中的另一方当事人,与第三人无关。

二、经济帮助

《民法典》第 1090 条规定:"离婚时,如一方生活困难,有负担能力的另一方应当给予适当帮助。具体办法由双方协议;协议不成时,由人民法院判决。"《民法典》通过此条修订了离婚时的经济帮助制度。《婚姻家庭编解释(二)》第 22 条明确规定,离婚诉讼中,一方存在年老、残疾、重病等生活困难情形,依据《民法典》第 1090 条规定请求有负担能力的另一方给予适当帮助的,人民法院可以根据当事人请求,结合另一方财产状况,依法予以支持。在法律上就建立了一种相互信赖、相互扶助的特殊社会关系。婚姻关系终结后,仍要求一方对生活困难的另一方从其个人财产中给予适当的帮助,实质是夫妻间扶养义务的延续。分割夫妻财产实质上是将共同财产分割后使之成为个人财产,而经济帮助是离婚时一方用个人财产对生活困难的另一方给予的适当帮助。两者处分的财产明显不同,一个是夫妻共同财产,另一个是个人财产。

需要注意的是,提出离婚经济帮助的只能是离婚时生活困难的一方。因此,分割共同财产与给予经济帮助有先后顺序,即先分割财产,一方分得财产后仍然困难的,方可判决对方用分得的财产或婚前个人财产给予其适当的经济帮助。

经济帮助的适用条件有:(1)一方存在年老、残疾、重病等生活困难情形。(2)提出的时间必须是离婚时,离婚时一方困难的可以请求帮助,离婚后发生困难的不可以请求经济帮助。(3)提供帮助的一方有相应的负担能力,需要在有余力的前提下帮助另一方。经济帮助的方式主要是:(1)一定期限的房屋无偿使用权;(2)适当数额的房屋租金;(3)通过判决设立一定期限的居住权;(4)其他符合实际的方式。

第三章

离婚损害赔偿请求技巧

我国《民法典》第1091条规定:"有下列情形之一,导致离婚的,无过错方有权请求损害赔偿:(一)重婚;(二)与他人同居;(三)实施家庭暴力;(四)虐待、遗弃家庭成员;(五)有其他重大过错。"该条是我国法律关于离婚损害赔偿的具体规定。《婚姻家庭编解释(一)》就离婚损害赔偿的法律适用问题也作出了细化规定。上述法律和司法解释共同构建了我国目前的离婚损害赔偿制度。

所谓离婚损害赔偿,顾名思义,是指在离婚时或离婚之后,无过错方在法律规定的范围内有权向导致离婚的过错方请求损害赔偿。但是无过错方主张损害赔偿的时间是有一定的限制的,根据无过错方是原告还是被告的不同,其主张损害赔偿的时间也不同。《婚姻家庭编解释(一)》第88条对此作出了具体的划分:(1)符合《民法典》第1091条规定的无过错方作为原告基于该条规定向人民法院提起损害赔偿请求的,必须在离婚诉讼的同时提出。(2)符合《民法典》1091条规定的无过错方作为被告的离婚诉讼案件,如果被告不同意离婚也不基于该条规定提起损害赔偿请求的,可以就此单独提起诉讼。(3)无过错方作为被告的离婚诉讼案件,一审时被告未基于《民法典》第1091条规定提出损害赔偿请求,二审期间提出的,人民法院应当进行调解;调解不成的,告知当事人另行起诉。双方当事人同意由第二审人民法院一并审理的,第二审人民法院可以一并裁判。

离婚损害赔偿制度可以制裁有过错方,保护无过错方,维护婚姻当事人的合法人身、财产权利。这项制度的确立有两个目的:一是惩罚。重婚、虐待、家暴都是违法行为,甚至可能构成犯罪,其本身就是法律所禁止的。行为人因违法行为对受害人进行了侵害,其就应受到相应的惩罚,为自己的行为承担责任,才符合公平正义的理念。二是救济。受害人因另一方的行为受到了身体上或者精神上的伤害,得到相应的赔偿有利于身体的恢复和精神的安慰,是法律给弱势一方的保护。此外,离婚损害赔偿制度也反映了婚姻义务的本质要求,明确了婚姻当事人所承担的婚姻义务和道义责任,为婚姻无过错方的合法权益提供了法律保障,有效地抑制了重婚、姘居等违法行为,进而达到维护婚姻家庭稳定和社会稳定的目的。

技巧一 确定损害赔偿的事由

夫妻离婚时,一方实施的行为可能会对另一方造成精神或身体上的伤害,那么,是否所有的伤害都可以得到损害赔偿?并非如此。我国《民法典》第1091条规定了5种离婚损害赔偿情形。

一、重婚

重婚是指有配偶又与他人结婚或者明知他人有配偶而与之结婚的行为。离婚时当事人构成重婚,往往是前者。某人已经有了一个婚姻关系,后又与他人缔结了第二个婚姻关系。前者叫前婚,后者叫后婚。重婚有两种形式:一是法律上的重婚。前婚未解除,又与他人办理了结婚登记手续而构成的重婚。只要双方办理了结婚登记手续,不论双方是否同居,是否举行婚礼,重婚即已形成。二是事实上的重婚。前婚未解除,又与他人以夫妻名义同居生活。虽然未办理结婚登记手续,但事实上已构成重婚。这种情况在司法实践中比较难认定,单纯的同居不构成重婚,需要其他辅助证据,如日常以夫妻名义相称、在医院的家属栏签字。

《最高人民法院关于如何认定重婚行为问题的批复》已废止,但可以为我们提供一个参考,即重婚是有配偶的人再与第三者建立夫妻关系。有配偶的人如已和第三者举行了结婚仪式,这固然构成重婚;如没有举行结婚仪式,而两人确是以夫妻关系同居的或者符合事实婚姻的,也足以构成重婚。反之,如两人虽然同居,但只是临时姘居关系,彼此以"姘头"相对待,随时可以自由拆散,或者在约定时期届满后即结束姘居关系的,则只能认为是单纯同居,不能认为是重婚。例如,有配偶的男方到外地处理事务,与原来相识的女方相遇,在逗留该地的短期内,以通奸关系同居,离开该地后,就彼此不再联系,在同居期间也彼此清楚只是临时姘居,这种同居就只能认为是临时同居,不能认为是重婚。至于某一具体案件是否构成重婚,抑或仅是单纯同居,要根据具体案情进行认定。

二、有配偶者与他人同居

根据《婚姻家庭编解释(一)》第 2 条的规定,《民法典》第 1042 条、第 1079 条、第 1091 条规定的"与他人同居"的情形,是指有配偶者与婚外异性,不以夫妻名义,持续、稳定地共同居住。一般而言,姘居不构成犯罪(和现役军人的配偶姘居或长期通奸或造成严重后果的除外)。但近年来,"包二奶""养情人"的现象呈增多趋势,已严重破坏了一夫一妻的婚姻制度,违背社会主义的道德风尚,甚至导致家庭破裂,发生情杀、仇杀、自杀的悲剧,也严重影响了社会的安定团结。因此《民法典》对这种情况进行了调整,第1042条明确规定"禁止有配偶者与他人同居",第1091条还规定了有配偶者与他人同居要承担离婚损害赔偿责任。

关于有配偶者与他人同居,对于当事人来说举证难度较大。证明长期同居,需要证人、视听资料等充分证据,对当事人的举证要求过高,而降低要求又会使赔偿的情况过多,因此需要法官在审理每一起案件时具体情况具体分析。一般情况下,有配偶者与他人同居要满足如下几个条件:(1)双方比较稳定地生活在一起;(2)在一起时间比较长;(3)双方有固定的同居住所;(4)同居的一方本身已有配偶。但对于多长时间构成同居关系,目前尚无法律明文规定,有部分法院认为需要达到3个月以上。在司法实践中,在认定构成同居关系时,法官往往从双方共同生活的时间长短、双方关系的稳定程度等方面进行把握。

三、家庭暴力

何为家庭暴力?《反家庭暴力法》第2条作出了明确规定:"本法所称家庭暴力,是指家庭成员之间以殴打、捆绑、残害、限制人身自由以及经常性谩骂、恐吓等方式实施的身体、精神等侵害行为。"这里需要提示的是,"家庭暴力"并不单指夫妻之间实施暴力,还包括家庭成员以外共同生活的人之间实施的暴力行为。

家庭暴力与一般婚姻纠纷的区别在于,一般婚姻纠纷中也可能会存在轻微暴力,如你推我搡、谩骂,甚至失手而造成对方较为严重的身体伤害,但其与家庭暴力有着本质的区别。家庭暴力的核心是权力和控制。施暴人通过实施暴力行为以达到控制受害人的目的,其发生与发展呈现周期性,通常会导致受害人身体或精神损害。一般婚姻纠纷并不具有上述特征。婚姻纠纷在一定程度上也可能发展为"互殴"的境地,但司法实践中一般不将"互殴"认定为家庭暴力。原因在于:"互殴"属于双方均动手且均受到伤害的情况,而家庭暴力中的受害人通常无力反抗,且精神易遭受折磨。法院在审理类似案件时也不会将其认定为家庭暴力,但有可能认定为夫妻双方感情破裂的依据。

根据《民法典》第1079条第3款第2项,实施家庭暴力或虐待、遗弃家庭成员的,经调解无效的,应准予离婚,那么,实践中实施家庭暴力可准予离婚的情形是否包括除身体暴力以外的其他暴力行为,如性暴力、精神暴力和经济控制?《最高人民法院关于办理人身安全保护令案件适用法律若干问题的规定》第3条进一步规定:"家庭成员之间以冻饿或者经常性侮辱、诽谤、威胁、跟踪、骚扰等方式实施的身体或者精神侵害行为,应当认定为反家庭暴力法第二条规定的'家庭暴力'。"在司法实践中,认定家庭暴力的成立也需要充分证据,而性暴力、精神暴力或经济控制从一定程度而言很难取证证明,因此,遭受家庭暴力的一方能否及时保留证据对于法院是否认定家庭暴力和准予离婚起到关键性的作用。[1]

四、虐待、遗弃家庭成员

《民法典》婚姻家庭编中所谓的虐待是指以作为或不作为的形式,歧视、折磨、摧残家庭成员,使其在精神上、肉体上蒙受损害的行为。

---

[1] 调查发现,以家庭暴力为由提起离婚诉讼的案件中,女方以存在家庭暴力为由提起离婚诉讼的案件占98.9%,其中,能提供家庭暴力证据的有36件,占14.5%,认定实施了家庭暴力并准予离婚的案件仅占9.2%。参见赵大杰、李玉兰:《离婚诉讼中家暴证据之认定与处断——基于249份离婚判决书的实证分析》,载夏吟兰、龙翼飞主编:《家事法实务》,法律出版社2018年版,第326页。

作为表现在打骂、恐吓、限制人身自由等；不作为表现在不给衣食、患病不提供治疗等。

遗弃是指家庭成员中负有赡养、抚养、扶养义务的一方，对需要赡养、抚养或扶养的另一方，不履行其应尽义务的违法行为。例如，父母不抚养子女，成年子女不赡养父母，夫妻之间不抚养对方等。在上述情况下，无过错方也有权请求损害赔偿。

五、依"忠诚协议"可否主张损害赔偿

上述4种情形均在《民法典》第1091条有明确规定，夫妻一方出现上述任一情形时，无过错方均有权请求损害赔偿。但鉴于现如今离婚率的飙升，为了让自己的婚姻更稳固或者说为避免自己在失败的婚姻中难堪，很多夫妻选择签订"忠诚协议"的方式捆绑对方，约定某种情形下的损害赔偿。如有夫妻明确约定"若一方出现婚外情行为，则应向另一方赔偿金额50万元"，该协议是否有效？也是实践中争议的焦点。

关于"忠诚协议"效力的认定，当前并无明确的立法规定，司法实践中各地法院的审判标准也不统一，认定"忠诚协议"有效和无效的法院判决基本各占一半。即使是在学理讨论上，"忠诚协议"是否具有法律效力，也争议颇多。

第一种观点认为"忠诚协议"属于当事人的真实意思表示，内容在不违反法律、行政法规的强制性规定的时候应当有效。但是，即使法院裁判支持"忠诚协议"的效力，是否按照协议约定判决损害赔偿金？通常情况下，为了体现出"忠诚协议"的惩罚性，损害赔偿金多约定为一个"天文数字"，如果法院全部支持则显然会影响另一方的实际生活，如不支持则与法院认定"忠诚协议"的履行力存在冲突。但根据《民法典》第1043条第2款"夫妻应当相互忠实"以及第1091条"重

婚、有配偶者与他人同居的,无过错方有权请求损害赔偿"的规定,夫妻一方存在婚外情,违反夫妻忠实义务,情节达到"重婚"和"与他人同居"等严重程度导致离婚的,无过错方才享有损害赔偿请求权。同时,关于精神损害赔偿的数额,根据《婚姻家庭编解释(一)》第 86 条的规定予以认定,即需要结合过错方的过错程度、其过错行为造成的后果、过错方承担责任的经济能力以及当地平均生活水平等进行认定。根据上述规定,有些法院在处理"忠诚协议"这一类案件时也可能综合考虑以上因素进一步调整双方协议约定的损害赔偿金数额。当然,也并不排除有些法官以尊重当事人意思自治为由全部支持损害赔偿金的可能。

即使法院裁判认定"忠诚协议"有效,主张按照"忠诚协议"赔偿的一方当事人也须承担举证责任,即提供充分证据证明对方具有违反"忠诚协议"的行为。若其提供的证据无法认定对方的行为违反"忠诚协议",则法院对该证据不予采信的可能性比较大,也就无法按照"忠诚协议"约定裁定赔偿损失。

第二种观点认为"忠诚协议"无效。认为"忠诚协议"无效的主要理由在于:(1)夫妻双方签订的忠诚协议违反了《民法典》婚姻家庭编的基本原则,违反了婚姻当事人婚姻自主的权利,因此,"忠诚协议"并没有法律效力。即使《民法典》第 1043 条明确规定了夫妻双方有相互忠实的义务,但其只是原则性且宣示性的规定,并非强制性规定。《婚姻家庭编解释(一)》第 4 条"当事人仅以民法典第一千零四十三条为依据提起诉讼的,人民法院不予受理;已经受理的,裁定驳回起诉"的规定也进一步明确了这一点。(2)"忠诚协议"的缔约双方欠缺缔约意图,即使双方签订了协议也只是道德、情感上的约束,属于道德义务,并不应赋予法律效力。换言之,夫妻之间的忠实感情问题适合交由婚姻自治和婚姻家庭道德来解决,除非违反忠实义务的行为已经严重到属于我国《民法典》第1091条所规定的情形。

还有裁判观点虽然否定了"忠诚协议"的效力,但其适用的法律依据存在差异性。例如,夫妻双方签订的"忠诚协议"涉及以离婚为条件的财产分割,则应适用《婚姻家庭编解释(一)》第69条的规定予以认定,即如果双方协议离婚未成,一方当事人在离婚诉讼中反悔的,法院应当认定该财产分割协议并未生效,而根据实际情况依法对夫妻共同财产进行分割。

总之,夫妻之间签订"忠诚协议"的法律效力问题无论在理论界还是司法实践中,一直以来都具有很大的争议性。即便如此,实践中依旧有很多夫妻未雨绸缪,居安思危,双双签订"忠诚协议"以表决心。就另一角度而言,即使"忠诚协议"无法律效力,但该协议的签订从一定程度上可以起到稳定婚姻关系的效果。当然,也有夫妻认为该协议可能导致双方之间的不信任,反而会适得其反。这就需要夫妻双方根据家庭情况进行衡量作出决策,以实现最终的家庭和谐。

技巧二 明确提出离婚损害赔偿的主体和时间

一、有权获得离婚损害赔偿的主体

根据《民法典》第1091条的规定,有权请求离婚损害赔偿的,应该是婚姻关系中的无过错方。那么,究竟不存在何种错误才能被视为无过错方?对此不能作望文生义的理解,将婚姻生活中的些许错误都视为"过错"。原则上夫妻一方只要不具备《民法典》第1091条规定的明确过错,都应被视为无过错方。《婚姻家庭编解释(一)》第87条规定,承担损害赔偿的主体为离婚诉讼中无过错方的配偶。第90条进一步明确,夫妻双方均有《民法典》第1091条规定的过错情形,一方或者双方向对方提出离婚损害赔偿请求的,人民法院不予支持。因此,根据我国现行规定,离婚损害赔偿法律关系的主体仅限于婚姻关系中无过错方和其配偶。双方的其他亲属或家庭成员,以及与有配偶一方同居或重婚的第三人等,均不构成权利人或义务人。如此一来,可以主张离婚损害赔偿的,仅能为夫妻中的无过错方。但如果配偶一方实施了《民法典》第1091条的过错行为,配偶对方也实施了上述过错行为的,双方皆不得请求对方承担损害赔偿责任。还需要注意的是,不是只有原告才可以请求离婚损害赔偿。比如,过错方作为原告提出离婚,无过错方作为被告,但无过错方可以在同意离婚的同时提出离婚损害赔偿请求。

二、请求离婚损害赔偿的时间限制

根据《婚姻家庭编解释(一)》第88条和第89条的规定,基于无过错方诉讼地位的不同和离婚途径的不同,离婚赔偿请求权的行使时间也不同:(1)符合《民法典》第1091条规定的无过错方作为原告基于该条规定向人民法院提起损害赔偿请求的,必须在离婚诉讼的同时提出。(2)符合《民法典》第1091条规定的无过错方作为被告的离婚诉讼案件,如果被告不同意离婚也不基于该条规定提起损害赔偿请求的,可以就此单独提起诉讼。(3)无过错方作为被告的离婚诉讼案件,一审时被告未基于《民法典》第1091条规定提出损害赔偿请求,二审期间提出的,人民法院应当进行调解;调解不成的,告知当事人另行起诉。双方当事人同意由第二审人民法院一并审理的,第二审人民法院可以一并裁判。(4)当事人在婚姻登记机关办理离婚登记手续后,以《民法典》第1091条规定为由向人民法院提出损害赔偿请求的,人民法院应当受理。但当事人在协议离婚时已经明确表示放弃该项请求的,人民法院不予支持。

技巧三 掌握离婚损害赔偿的数额

《婚姻家庭编解释(一)》第86条规定,离婚损害赔偿包括物质损害赔偿和精神损害赔偿,涉及精神损害赔偿的,适用《最高人民法院关于确定民事侵权精神损害赔偿责任若干问题的解释》的规定。那么,这两种损害赔偿方式应如何理解?

一、物质损害赔偿

离婚损害的物质赔偿主要是配偶存在家庭暴力、虐待、遗弃、重婚、与他人同居的情况下对受害人造成的物质损害,如医药费、住院费、护理费等实际损失的赔偿。受害人需要提供相应的证据如票据,向对方索赔。

二、精神损害赔偿

《最高人民法院关于确定民事侵权精神损害赔偿责任若干问题的解释》第5条对影响精神损害赔偿数额的因素作出了规定:(1)侵权人的过错程度,但是法律另有规定的除外;(2)侵权行为的目的、方式、场合等具体情节;(3)侵权行为所造成的后果;(4)侵权人的获利情况;(5)侵权人承担责任的经济能力;(6)受理诉讼法院所在地的平均生活水平。

侵权人的过错是根据侵权人的动机、侵权持续的时间、对社会的危害程度等来判断。侵权人的过错、侵权行为造成的后果是确定赔偿数额的重要因素,如果因为侵权行为导致受害人身体出现永久的伤害,尤其是精神出现问题,导致离婚后获得收入难度加大,甚至再婚困难的,法院都将会判决增加精神损害赔偿的数额。此外,侵权人承担责任的经济能力与受理诉讼法院所在地的平均生活水平,同样可以作为赔偿数额的参考。这主要是因为根据当地生活水平确定赔偿数额比较合理,当事人更容易接受。而侵权人承担责任的经济能力,直接决定判决的执行效果,如果损害赔偿数额过高,侵权人无力支付,则会加大执行的难度。当然,关于精神损害赔偿的案件,不同地区的法院判决差别比较大,法官需要根据以上6项因素,充分考虑对侵权人的惩罚与被侵权人的救济,确定合适的赔偿数额。

第四章

离婚诉讼技巧

技巧一　离婚诉讼证据的收集与运用

一、离婚诉讼中的证据概述

诉讼中,双方各有各的主张,这个时候口说无凭,证据则显得至关重要。这就需要当事人提供足够的证据让法官相信自己所陈述的事实是真实的,从而让法官支持自己的诉讼请求。

在离婚案件中,当事人因为对诉讼和法律较为陌生,很少有收集证据的意识与习惯,也往往不会收集、保存、固定证据,更不知道什么样的证据更容易被法官采信。与一般案件不同,离婚案件涉及的多为自家"家务事",且大多涉及离婚双方的个人隐私,法官对案件事实根本无从知晓,审理案件只能围绕"证据"进行,因此离婚案件的当事人对双方感情状况以及较为私密事情的举证就显得极其重要。民事诉讼一般秉持"谁主张,谁举证"的原则,即当事人一方要提供证据来支持自己所主张的观点,若当事人一方不能在举证期限内提供相应的证据,往往要承担举证不能的责任,自己的诉讼请求也就无法得到法院的支持。在诉讼中没有证据，往往导致"有道理"的一方因为无法证明自己的主张而成为"没有道理"的一方，因此，当事人应当重视证据的收集。

离婚案件既包含人身关系，也包含财产关系，证据在财产分割和损害赔偿方面是极其重要的，但举证通常十分困难、复杂。例如，离婚损害赔偿诉讼中，无过错方以过错方重婚、与他人同居等事由请求赔偿时，举证更为困难。由于过错方与他人重婚、与他人同居基本上都是隐蔽的，无过错方既无从知晓也无从发现，有的只是捕风捉影的描述或道听途说的传闻，很难取得有效的证据。即使通过跟踪、拍照、录音、捉奸等方法掌握了一些证据和线索，也往往因其合法性、关联性等原因而难以被法庭认定和采纳，无过错方的合法权益也就无法得到有效的保护。又如，在财产分割中，若一方将财产秘密转移和隐匿，如果另一方不及时核实夫妻双方的共同财产，不注意收集相关证据，则可能在离婚诉讼遭遇对自己不利的后果。下面就详细介绍一下目前我国有关证据的相关规定，以及在离婚案件中如何对各种类型的证据进行收集和运用。

（一）离婚诉讼中的证据

根据《民事诉讼法》第66条的规定，民事诉讼证据有以下几种：(1)当事人的陈述；(2)书证；(3)物证；(4)视听资料；(5)电子数据；(6)证人证言；(7)鉴定意见；(8)勘验笔录。在离婚案件中，大部分证据类型都会被频繁使用，故对各类型证据进行简要介绍。

1. 当事人的陈述

当事人是事件的亲历者，更是离婚案件的主体，对自身的婚姻状况以及离婚缘由比任何人都清楚。当事人的陈述是查明离婚案件事实的重要证据之一，因为它往往能反映案件最真实的情况，但是当事人不能仅寄希望于自己简单的陈述就能让法官相信自己所述为案件事实。

鉴于当事人是案件最直接的利益相关人,当事人往往会仅陈述对自己有利的事实,可能存在夸张的成分,甚至有些当事人还会进行虚假陈述,歪曲案件事实,所以当事人陈述的真实性和全面性都有待考量。因此,当事人需要收集并提供其他证据,来佐证自己陈述的事实。

2. 书证

书证是指以文字、符号、图画所记载或表现的内容、含义来证明案件事实真相的书面材料。在离婚案件中,书证经常作为证据被提供,使用频次十分高。常见的书证有结婚证、出生证明、"忠诚协议"、公证书、保证书、遗嘱、借条、情书等,但是很多情况下书证会存在瑕疵,从而影响其作为证据的可采性以及证明力。因此,当事人在制作书证的时候要严格谨慎,使用书证时要事前审查书证是否存在瑕疵,如有瑕疵,会导致其在诉讼中无法证明欲证明的事实。如当事人提交的结婚证是花钱买来的假证,则该结婚证因来源不合法而无法作为书证。还有的当事人不注意书证的内容,会出现日期写错或者没有当事人签名、捺手印等瑕疵,这也会使书证的证明力大打折扣,甚至起不到证明案件事实的作用。

另外,书证的内容也可能存在瑕疵或重大缺陷,在离婚纠纷中争议最多的就是离婚协议书中财产分割条款。离婚协议的核心是解决欲离婚双方之间的情感以及财产纠葛,需要将约定的内容尽量明确具体,具有可操作性。离婚协议一般包括三项内容:第一,夫妻离婚的合意;第二,财产分割的合意;第三,子女抚养问题的合意。但有的当事人订立的离婚协议内容过于笼统,直接在财产分割条款上写"夫妻共同财产一人一半"。看似已经具体明确,但其实存在很多问题,如夫妻共同财产有哪些?存款、债券各有多少?房子、车子、家具、电器怎么分?如果只是这样简单笼统地写一句,一来不具有可操作性,怎么才算一人一半？二来财产不明容易导致后续纠纷的产生,如一方故意遗漏、隐匿、转移财产,另一方在离婚之后发现对方上述行为还须重新诉请法院要求对未分割的财产进行分割。

3. 物证

物证是指能够证明案件真实情况的物品和痕迹。物证因不受主观因素以及诉讼环境的影响,具有较强的客观性和真实性,从而具有较强的证明力,因此,在诉讼中物证证实的内容也更易被法官采信。但是,在离婚诉讼中能够留存并使用的物证较少,常见的物证有毛发、照片等,这些物证在证明夫妻感情破裂或在损害赔偿请求中运用较多。

4. 视听资料

视听资料是指利用录音、录像、光盘、电影胶片等反映的图像和声音以及电脑储存的资料来证明案件真实情况的证据。随着录像机等电子设备的普及以及当事人保留证据意识的提高,离婚案件中越来越多的视听资料证据,如 MP3 录音、录音笔录音、相机录像被当事人作为证据提交法庭。

视听资料证据相较传统证据有较为鲜明的特色:(1)形象性与直观性。不论是录像还是录音,都可以图像或声音的形式直观反映当时真实的情况或者当事人的真实意思表示。特别是离婚案件中当事人的自述,往往可以定性为自认,即对案件事实的承认。一旦当事人对案件某一事实的自述或承认出现在视听资料中,证明力和可信度是很高的,当事人若想推翻在视听资料里的自认,须另行举出反证,证明难度较大。(2)取证手段的秘密性。在离婚案件中,绝大多数视听材料都是围绕着对方收集的,当事人获取视听资料证据往往不能使对方所察觉和知晓,只能采取秘密手段。一旦对方有警惕心,获得此类证据就具有一定的难度。(3)取证时间的阶段性。当事人一般只有在提起诉讼或与对方谈判离婚之前或之时,才能取得此类证据。(4)合法性要求程度高。《最高人民法院关于适用〈中华人民共和国民事诉讼法〉的解释》(以下简称《民事诉讼法解释》)第106条规定:"对以严重侵害他人合法权益、违反法律禁止性规定或者严重违背公序良俗的方法形成或者获取的证据,不得作为认定案件事实的根据。"视听资料收集的内容大多涉及当事人的隐私,因此证据收集是否合法的问题也就成为关注的焦点。

证据收集是否合法,核心在于是否侵犯了他人合法权益或者违反了法律的禁止性规定,这就需要进行法益的比较与衡量。比如,当事人安装摄像头或者录音、录像设备在自己家里获得的证据,不构成对他人合法权益的侵犯,该证据就是合法的。但如果将各类电子设备安装在第三人家里或者办公室,则侵害了第三人的隐私权,因此取得的证据是无效的,无法作为证据使用,更无法证明案件事实。又如,通过非法手段获取的在第三人居室内的对方当事人与第三人亲昵的照片也不具备合法性,但在公共场合获取的两人亲昵的照片,是具有合法性的。再如,通过法律禁止出售的窃听设备获得的证据也不具备合法性,这是因为收集证据的手段本身不合法。诸如此类的还有很多,不同的取证手段会影响证据的证明效力,故当事人在获取视听资料证据时要注意合理、合法。

5. 电子数据

电子数据是2017年修正的《民事诉讼法》新增加的证据类型。作为证据类型的电子数据,是以电子、电磁、光学等形式或类似形式储存在计算机中的可证明案件事实的信息,既包括计算机程序及其所处理的信息,也包括其他应用专门技术设备检测得到的信息资料。目前,常见的电子数据有电子邮件、短信、微信等软件的聊天记录等,在实践中电子证据的保存和认定都比较严格,因为容易出现虚假证据,需要慎重对待。

6. 证人证言

证人证言是指证人就自己所了解的案件事实向法院和当事人所作的陈述，证人证言可以第三人的视角多维度、较客观地还原案件事实。我国现阶段诉讼中证人证言主要存在两个问题：一个是证人作证积极性不高且出庭率较低；另一个是证人证言的证明力不高。我国老百姓人情观念较重，不愿意作证并认为出庭作证会得罪人，也就导致很多目击者或者知道事情经过的证人不愿意做证人。

证人证言证明力不高是因为证人带有的主观性，其证言存在一定的倾向性，大多时候难以站在客观的角度叙述事实。在离婚案件中，这一特性表现得更为突出。因为夫妻生活具有私密性，只有平时较为亲近的亲戚朋友才可能了解，这样的证人作证时个人感情色彩大部分会强于和当事人没有身份关系的证人，导致其证言的客观性不足。此外，夫妻生活具有私密排外性，在很多情况下，证人了解的事实来源是一方当事人的分享或抱怨，容易形成"传闻证据"，当事人对证人的转述具有强烈的情感色彩，很大程度会影响证人证言的客观性和真实性，因此部分证人证言的证明力不高，还需要其他证据予以佐证。

7. 鉴定意见

鉴定意见是指具备鉴定资格的鉴定人运用自己的专业知识，根据当事人提交的证据材料，针对专门问题进行分析、鉴定后得出的结论。鉴定意见由与双方当事人没有利害关系的专业人士作出，因此客观性较强、证明力较强，法院的采信度较高。

离婚案件中，常见的鉴定意见有伤残证明、诊断证明、精神状况证明、亲子鉴定意见、房屋价格评估报告等。对于伤残证明及医院的诊断证明，主要运用于一方当事人有家庭暴力、虐待家庭成员行为的案件中。精神状况鉴定证明，主要出现在一方不具备完全民事行为能力的情况。而亲子鉴定,主要出现在一方对子女与自己的血缘关系产生怀疑的情况。房屋价格评估报告等财产类评估报告则是离婚中双方对财产分割中的房产价值无法达成一致,争议较大时选择专业的评估机构对房屋价格出具的评估报告。鉴定机构一般由双方协商选择,也可由律师申请鉴定或者由法院委托鉴定,不同的鉴定项目价格不同。

8. 勘验笔录

勘验是办案人员对与事故有关的现场、物品、人身或尸体等内容进行实地勘查与检验的行为,勘验笔录是对勘验行为的书面记载。离婚案件涉及的事实基本为夫妻双方的家务事,勘验笔录这一证据形式使用情况较少。但一方当事人存在家庭暴力或虐待家庭成员的行为,而另一方在受到家庭暴力或虐待时报警的,通常会有办案民警进行现场记录,从而产生勘验笔录证据。

(二)什么样的证据是有效证据

一般而言,证据只有在法庭上经过控辩双方的质证才能成为有效证据。法律上对证据的形式和要求比较严格,很多我们现实生活中认为可以作为证据的文件、材料,法院可能并不认可。比如,当事人的协议丢失,无法提供原件拿到法庭上接受质证,这样的证据是没有效力的。再如,当事人请案外人作为证人写的一份证明,如果证人无法定可以不出庭的理由而不到法庭接受质证,这份证明也是不被法庭认可的。那一份有效的,并能证明案件事实的证据应该具备哪些条件?通说认为证据应当具有"三性",即合法性、客观性和关联性。

1. 合法性

证据的合法性,是指证据必须按照法定程序收集和提供,必须符合法律规定的条件。证据的合法性判断标准有如下几点:(1)证据的主体合法,即要求提供证据的主体符合法律的要求。比如,生理上、精神上有缺陷或者年幼,不能辨别是非、不能正确表达的人不能作为证人。证人必须是自然人,法人及非法人团体不能作为证人。(2)取得证据的程序、方式合法。合法性证据的取得必须遵循法定的程序和方式。以违反法律禁止性规定或者侵犯他人合法权益的方法取得的证据,不能作为认定案件事实的依据。(3)证据的形式符合法律规定,也就是证据的有形载体必须符合法定的要求。比如,书证遵循法定的格式,需有当事人的签名;鉴定意见要求写明鉴定人的姓名、职业、所依据的材料、分析的过程,参加鉴定的鉴定人签名并加盖鉴定机关印章。(4)证据属于法定的种类,上文简述的8个种类就是证据的法定形式。(5)证据必须经过质证。除法律规定免证的内容和证据,没有经过质证的证据不能作为定案依据。比如,物证必须当庭出示,证人无法定理由须到庭接受询问。

2. 客观性

客观性是指证据必须是客观存在的事实。法庭一般根据案件的具体情况,从以下几个方面审查证据的客观性:(1)证据形成的原因;(2)发现证据时的客观环境;(3)证据是否为原件、原物,复制件、复制品与原件、原物是否相符;(4)提供证据的人或者证人与当事人是否具有利害关系;(5)影响证据真实性的其他因素。

3. 关联性

证据的关联性,又称证据的相关性,是指作为证据内容的事实与案件事实之间存在的客观联系。关联性的意义在于证明力,一个证据能否证明案件事实,要判断该项证据与案件事实是否具有关联性,主要需结合当事人提出该证据的证明目的,考察该证明目的是否有助于证明本案中的争议事实,并考察当事人提出的证据能否证明待证事实。如果特定证据的证明目的并非指向本案的待证事实,则该证据不具有关联性。没有关联性的证据就是与本案无关的证据,哪怕其真实、合法、客观,也不会被法庭采纳。

当事人在收集提交证据的时候要注意证据的合法性、客观性和关联性,从而增加证据的证明力,以利于法庭支持自己的诉讼请求。

二、财产证据的收集

离婚案件中,最重要的争议就是夫妻共同财产的分割。因此,当事人在明确自己确定要离婚并且采取诉讼离婚的手段时,就要特别注意对与认定夫妻共同财产相关的证据的收集和留存。当事人在生活或者诉讼中自己可以调查证据,在诉讼中也可以请求法院调取证据。很多财产证据材料因为涉及对方当事人或者第三人的个人隐私及信息,有关机构不会直接提供给当事人,但是具有公权力的法院调取证据时,有关机构会予以配合。因此,当事人收集证据时要灵活掌握自己收集、律师收集、法院调查等多种手段,从而最大限度地保护自己的利益。

(一)房产证据

房产分割时,当事人通常需要提交《商品房买卖合同》《房屋按揭贷款合同》《销售不动产统一发票》《房屋所有权证》《契税发票》等证据。如果是宅基地,还需要提供《土地使用权证》《房屋所有权证》等证据。因为房产价值比较大,而现在全国房产还没有做到完全联网,所以如果婚姻中的一方不知另一方在全国其他地方有多少房产,通过法院也很难询到,而法院只能根据当事人提供的财产线索查出限定地域范围内的全部房产,故笔者建议当事人在婚姻关系存续期间一定要注意保管各类证件,也要多关注对方名下财产的变化情况。

(二)存款

存款证据需要提交银行卡、存折或者存取款明细,但是银行为保护客户的隐私,会拒绝为户主以外的人提供上述信息。在案件审理过程中，当事人可以请求人民法院调取银行信息，但是人民法院调取银行信息的前提是需要当事人提供一定的财产线索，如银行卡号、开户行等有效信息。

（三）公司股权

当事人持身份证、法院相关证明或者律师持介绍信、律师证、授权委托书、案件受理通知书及市场监督管理部门要求的证件，可以向公司所在地的市场监督管理部门调取涉案公司的工商信息。如果公司财务不规范，存在账目不实的情况，当事人可以申请人民法院委托专门机构对公司财产进行审计和评估。

（四）保险

与保险相关的证据通常为保险费收据、保险单、保险合同、保险凭证等。当事人可以请求人民法院向保险公司调取，申请时需提供保险公司名称、地址、保险单号等有效信息。

（五）车辆

当事人需要提供《机动车统一销售发票》《机动车行驶证》等证据，车辆证据的调取与股权类似，当事人持身份证、法院相关证明或者律师持介绍信、律师证、授权委托书、案件受理通知书及车辆管理部门要求的证件，可以向当地车辆管理部门调取车辆有关信息。

（六）工资

能证明工资的证据可以为工资条、工资单、工资银行卡明细、工资收入证明、《劳动合同》等。当事人可以申请法院向对方工作单位调取工资信息，也可以由律师持《律师事务所调查专用介绍信》或者法院的调查令调取证据。

（七）贵重物品、首饰、家具等

该类财产的证明需要当事人出示购买发票、收据或凭证。但婚姻关系存续期间可能少有人能够将此类证据保存完整,如无此证据,可以提供录音、录像或者证人证言予以证明。依据《最高人民法院关于适用〈中华人民共和国民事诉讼法〉的解释》(2022 修正)第 90 条第 2 款的规定,在作出判决前,当事人未能提供证据或者证据不足以证明其事实主张的,由负有举证证明责任的当事人承担不利的后果。对个人财产还是夫妻共同财产难以确定的,主张权利的一方有责任举证,当事人举不出有利证据,人民法院又无法查实的,按夫妻共同财产处理。因此,在一般情况下此类物品为夫妻共同财产,而主张物品为一方个人财产的当事人需要承担举证责任。

(八)股票等有价证券

与股票相关最直接的证据是《股票账户对账单》《股票交易对账单》。如果无法提交上述证据,可以请求法院调取并提供股票开户机构、对方身份证号码、股票账户号等信息。但如果对上述信息不知情,则可申请法院向中国证券登记结算有限公司查询当事人的股票交易明细和开户证券公司,再进一步调查当事人的具体对账单,最终可以查出对方账户的余额。其他有价证券也可以请求法院向相关管理机构查询,但需提供必要的财产线索。

三、损害赔偿证据的取证

根据《民法典》第 1091 条的规定,无过错方在离婚时有权请求过错方支付离婚损害赔偿的情形有以下 5 种:重婚;与他人同居;实施家庭暴力;虐待、遗弃家庭成员的;有其他重大过错。无过错一方如果想请求过错方支付离婚损害赔偿,需要提交相应证据证明过错方存在上述情形之一。在婚姻生活中一旦发现对方出现了类似行为就需要注意收集相关证据,才能有在离婚时获得损害赔偿的可能。

(一)关于"婚外情"的取证

需要明确离婚损害赔偿中的"重婚""有配偶者与他人同居"与我们日常说的"婚外情""出轨"并不是一个概念。《婚姻家庭编解释(一)》第2条规定:"民法典第一千零四十二条、第一千零七十九条、第一千零九十一条规定的'与他人同居'的情形,是指有配偶者与婚外异性,不以夫妻名义,持续、稳定地共同居住。"同居要求有配偶者与婚外异性在一定期限内有连续、稳定共同生活的事实,而"婚外情"可以发生在很短的时间内,即使能够证明配偶与第三者有子女,也不能必然证明二人有同居的关系。

如果没有其他证据予以佐证,法官认定对方当事人存在法定离婚损害赔偿事由的可能性将大大降低。换言之,若离婚中过错方不存在重婚或与婚外异性同居的行为,而仅是有"出轨"等类似行为的,当事人花过多的精力和金钱去调查另一方是否存在"婚外情"是没有必要的,但如果取证方便,即能够获取证明对方明显存在"出轨""婚外情"等行为的证据时,建议当事人收集较多的有利证据。

通过"偷拍"或"偷录"等方式取得的证据,是否具有法律效力?《民事诉讼法解释》第104条第2款规定:"能够反映案件真实情况、与待证事实相关联、来源和形式符合法律规定的证据,应当作为认定案件事实的根据。"第106条规定:"对以严重侵害他人合法权益、违反法律禁止性规定或者严重违背公序良俗的方法形成或者获取的证据,不得作为认定案件事实的根据。"可见,证据的收集是否合法,主要看是否侵犯了他人的合法权利。如果在自己家里安装摄像头、窃听器,获得的"婚外情"证据是合法的,但是如果在第三人家里安装摄像头、窃听器取得的证据,会因为侵犯他人的合法住宅权利、隐私权等而被认定为不具有合法性及证据效力。

同理,如果是"捉奸"证据,从司法实践来看,在自己家拍摄的照片,只要不传播、不涉及侵犯第三人的合法权利,被法院认可的可能性较大。但是如果闯进别人家或者酒店,就是通过非法方式收集证据,该证据将不会被采纳。又如果在公共场合"偷拍""偷录",一般而言会认为行为人已经放弃了一部分隐私权,故由此获得的证据一定程度上可能会被法院所认可并采纳。

"偷拍"、"偷录"与"捉奸"证据的采集对专业要求高,取证难度大,存在较大的风险,因此不建议准备此类证据。在准备取得此类证据之前,建议咨询专业人士,保护好自己的人身安全。

(二)关于"家庭暴力与虐待家庭成员"行为的取证

家庭暴力、虐待行为通常是在比较私密的空间中发生的,仅凭伤情或者医院开具的验伤报告不足以让法官认定是否遭受到了家庭暴力或虐待,是否遭受到了对方的家庭暴力或虐待,这就需要有其他证据予以佐证。遭受家庭暴力或虐待的当事人报警之后,公安机关出警予以调解并且会出具《警署接报回执单》《报警备案申请》等材料,还会进行询问并制作询问笔录,从而佐证当事人的确受到了家庭暴力或者虐待。鉴于此,当事人在法庭上可以将上述公安机关出具的材料以及医院出具的治疗单据、验伤报告等证据同时举证,法官认定对方存在家庭暴力或虐待行为的可能性就会大大增强。

(三)关于"遗弃家庭成员"行为的取证

遗弃家庭成员,是指家庭成员中负有抚养、赡养或扶养义务的一方,对年老、年幼、患病或其他没有独立生活能力,且需要被抚养、赡养或扶养的家庭成员,故意不履行抚养、赡养或扶养义务的行为。日常生活中,受害人在发现有履行义务的一方有不愿意履行义务的想法时,应首先及时和对方进行沟通,动之以情。一旦对方不再履行义务,受害人向其催促的同时,可以寻求其他近亲属、朋友以及居委会、村委会等的关注与帮助,及时解决生活所需。当自己掌握对方不履行义务的证据后,就可以向法院提起诉讼,要求对方履行义务。

但当事人一方未履行相应抚养、赡养或扶养义务的"遗弃"行为,造成较为恶劣的结果,如家庭成员死亡、严重残疾时,当事人的行为可能会构成《刑法》第261条规定的"遗弃罪",即对于年老、年幼、患病或者其他没有独立生活能力的人,负有扶养义务而拒绝扶养,情节恶劣的,处5年以下有期徒刑、拘役或者管制。在生活中,被遗弃的一方通常是患病的新生儿、无民事行为能力或者限制民事行为能力的幼童、智力残疾的成年人或老人,这类家庭成员往往也没有能力去收集证据,并且他们被遗弃后极易出现人身健康和生命安全问题,当事人一方的"遗弃"行为涉嫌构成"遗弃罪"时,公安机关会介入进行侦查,并移送公诉部门进行公诉,因此,收集证据的责任主要由公权力机关承担。

四、转移、隐匿夫妻共同财产的应对方式

(一)不动产转移、隐匿的常见手段及应对

不动产是指土地、建筑物及其他附着于土地上的定着物。不动产一般价值较大,购买、过户等手续所耗时间较长,本身不能轻易转移,但也正是因为不动产的价值过大,离婚过程中会出现一方转移、隐匿不动产的行为。实践中,转移、隐匿不动产的方式主要有以下几种。

1. 将产权过户给第三人

如果该房产系夫妻双方共有且产权证上登记两人姓名的,原则上一方是不能擅自过户房产给第三人的。房地产交易中心通常不会在只有一方同意的情况下为其办理过户手续,只有不动产权所有人均到场或者一方持有另一方的授权委托书才可以给第三方办理过户手续。

因为夫妻的身份证件往往放置在一起，另一方可能会偷偷拿双方的证件，或者伪造授权委托书进行过户登记。但如果夫妻共有的房产只在一方名下，那么一方将房产过户给第三人就更加容易。然而这种方式并不高明，因为交易过程及交易对象在房地产交易中心都有记录，对方当事人到房地产交易中心一查便知。但是一方可以将房产过户之后取得的现金进行消费、转移，即使查出过户，另一方也很难追回现金。

此时，就需要夫妻另一方及时反应，一旦在离婚时发现对方存在擅自过户房产的情况，要及时到房地产交易中心查询交易的时间以及交易的对象。确定交易时间的原因是如果时间短暂，另一方可能还没有将现金转移或挥霍，有追回的可能。确定交易对象，是要看交易的另一方是否具有恶意，是否知道或应当知道交易的房产为夫妻共同财产的事实。如果交易的第三方是善意的，那么他可能会因善意取得而获得房产，被隐瞒的一方只能请求擅自过户的一方给予金钱赔偿；如果交易的第三方是恶意的，那么可以请求法院判决合同无效，追回房产；如果交易的第三方是擅自过户一方的父母，则法院根据案件情况有可能会判决交易行为无效，当然具体的裁判结果需要由法官根据案件事实进行裁量。

2. 以他人名义购房

在夫妻关系存续期间，一方以第三人的名义购买房产，但其却是房产的实际所有者，等到离婚之后，其再将该房产过户到自己名下的情况，建议对方当事人查询转移财产方银行账户中的资金流向，回忆其在此期间财务上有无重大支出或异常，在确有把握且有条件的情况下，可查询打入房地产公司购房款的银行账户信息。此外，调查的重点建议放在当事人与房产名义产权人的关系上。因为房产价值巨大，对方当事人一般不会以朋友的名义购买，最常见的是以父母或兄妹的名义购买。因此,如果转移财产方并不宽裕的父母或兄妹突然拥有较大价值的房产,就有可能存在上述情况。

综上,对于房产这样价值较大的不动产而言,其隐匿、转移的时间往往较长,过程中动静也会比较大,想偷偷隐藏尚需借助外力,所以不容易无声无息,也很有可能会露出蛛丝马迹。因此,建议当事人平时要细心观察,遇到另一方转移财产时要积极应对,总能找到突破口。

(二)动产转移、隐匿的常见手段及应对

动产,是指能够移动而不损害其经济用途和经济价值的物。动产形式多种多样而且便于转移,因此建议在平时多留意。

隐匿、转移银行存款的方式,往往是将自己名下银行卡内的钱转移到第三人人名下,或者直接取出现金交给第三人保管,然后在离婚过程中声称钱已经全部用于家庭生活消费。

对于这种情况,我们要如何应对?因为涉及个人隐私,法律规定只有特定机构在特定情形下才有权查询个人银行账户信息。例如,公安部门、检察机关、税务部门、国家安全部门、人民法院等在办案或执行职务需要时可查询个人银行账户信息,而当事人以及律师都无权查询他人的银行存款。因此,建议在平时注意收集对方取款的凭条,注意掌握对方储蓄的信息,特别是开户银行以及资金账号。这主要是因为在案件审理中一方向法院申请调查取证,法院一般会有以下几种处理情况:(1)一方在明确知道另一方银行开户行以及银行账号时向法院申请查询,法院一般都会准许。(2)一方仅知道开户行,不知道账号,理论上也是可以查询的,但法院是否接受申请以及查询与否并无统一定论。(3)当事人既不知道银行账号也不知道开户行,法院一般是无法调查的。此外,如果存款已经转入第三人账户,法院通常不会直接接受调查的申请,需要通过现有的证据来审查是否需要进一步的调查。在第(2)种和第(3)种情况下,要说服法院接受自己的申请是

有难度的,需要有足够的理由和证据让法官相信对方当事人有转移财产的嫌疑,必须调查对方当事人的银行账户才能查清事实。

(三)股市资金的隐匿转移及应对

由于炒股必须借助银行开户,故股票资金转移隐匿与银行存款的转移隐匿有相通之处。当事人会通过隐匿炒股信息,不透露给另一方炒股的股东代码、资金号或证券公司来隐匿财产,也有可能将股票抛售后套取现金,然后进行转移、隐匿。与银行存款的取证相比,股市信息的查询相对宽松。一般而言,凭法院调查令可到相关证券管理、经营机构查询。届时,只要持有资金对账单,便可获知一方资金数额及流量,对于转移的取证也相对便利。

(四)股权的隐瞒及应对

目前,夫妻共同投资经营公司的情形也十分常见,由于公司股权的市场价值往往较高,且增值潜力大,也因此成为离婚诉讼中争议的焦点。股权转移或隐瞒的情况,相较其他财产查询较为便利,比如,可通过工商行政管理局进行查询,甚至通过国家企业信用信息公示系统、天眼查、企查查等网站也可以查询,但需要注意的是隐名股东转让股权的情形可能无从下手。

(五)贵重物品的转移及应对

离婚时双方往往矛盾集中,长期处于"冷战"状态,当矛盾激化到一定程度,一方可能会趁另一方不备,将家里的金条、贵重首饰、名贵家具、奢侈品等贵重物品转移到别处,另一方也很难证明存在这些夫妻共同财产。

此时应做到:第一,注意收集和保管家具、电器、奢侈品的购买发票;第二,如果预感另一方在离婚过程中可能存在转移、隐匿财产的可能时,请几位朋友到家里,用摄像机将家电等物品拍摄后,请朋友作证词,在家庭财产清单上签字;第三,发现财产被转移后,立即报警,获得报警回执,加大法院采信力度。

五、转移、隐匿夫妻共同财产的救济方式

(一)平时注意收集保存证据

平时生活中应当注意收集相关证据:(1)对房屋等不动产或其他需要进行所有权登记的财产,建议将自己的名字写入产权证书。若无法在产权证上加名的,建议双方达成财产协议。(2)注意掌握对方开户银行以及资金账号,收集对方的大额储蓄信息、取款的凭条或信用卡刷卡记录。既把握动向,又可以证明其间接置业的出资事实。(3)掌握家庭平时正常的生活开支及另一方资金的流向情况,以便进行必要的抗辩。(4)注意收集和保管购买财产的发票。预感到一方可能转移、隐匿财产时,建议请第三方来家进行核查并列出财产清单,请第三方签字确认或请公证机关进行公证。一旦发现家中财产被转移,也可立即报警,以便固定证据。

(二)申请法院调查取证

及时申请法院调查取证是解决举证难的一个重要手段。《民事诉讼法》第67条第2款规定:"当事人及其诉讼代理人因客观原因不能自行收集的证据,或者人民法院认为审理案件需要的证据,人民法院应当调查收集。"《民事诉讼法解释》第94条规定:"民事诉讼法第六十七条第二款规定的当事人及其诉讼代理人因客观原因不能自行收集的证据包括:(一)证据由国家有关部门保存,当事人及其诉讼代理人无权查阅调取的;(二)涉及国家秘密、商业秘密或者个人隐私的;(三)当事人及其诉讼代理人因客观原因不能自行收集的其他证据。当事人及其诉讼代理人因客观原因不能自行收集的证据,可以在举证

期限届满前书面申请人民法院调查收集。"由于银行存款、股票、证券、基金、股权等都属于个人隐私的范围,当事人、代理人无法通过自身获取;房屋产权证信息、汽车登记信息、股权变更登记信息等也为国家相关部门所保存,因此,离婚案件的当事人若认为对方存在转移、隐匿财产的行为,可以申请法院调查取证。

(三)随意处分夫妻共同财产的效力

根据《民法典》第1062条的规定,夫妻共同财产原则上由双方共同共有,夫妻对共同财产有平等的处理权,且《民法典》第1060条第1款法律赋予夫妻日常家事代理权,即一方因家庭日常生活需要实施的民事法律行为,对双方发生效力。同时,《婚姻家庭编解释(二)》第6条、第7条进一步明确恶意处分、挥霍等特殊情形的处理:网络打赏若超出家庭一般消费水平,视为挥霍夫妻共同财产,配偶可主张婚内分割或离婚时少分财产;一方为重婚、与他人同居或其他违反忠实义务等目的,将共同财产赠与他人或以明显不合理价格处分,另一方主张行为无效的,法院应予支持。

但是,法律同时作出了例外的规定。《婚姻家庭编解释(一)》第28条第1款规定:"一方未经另一方同意出售夫妻共同所有的房屋,第三人善意购买、支付合理对价并已办理不动产登记,另一方主张追回该房屋的,人民法院不予支持。"可见,当买房者并不知道卖房者对所出售的房屋没有事实上的处分权,买卖双方之间不存在恶意串通,而是基于合理的信赖购买房屋并办理了产权登记手续的,买方有权取得该房屋的所有权。这是因为法律为了保护交易安全,作出了有利于买方的规定,而房屋的共有人不得主张追回该房屋,但可以向另一方主张分割卖房款。这在法律上被称为"善意取得"制度。

一般来说,善意取得制度需要同时具备三个要件:(1)交易第三人(买方)必须是善意的,即不知道且不应当知道卖方对交易标的(如房屋)没有所有权或处分权。(2)第三人支付了合理的对价。善意取得制度中,原所有权人与第三人都是没有过错的,法律之所以选择优先保护第三人的利益,是因为法律认为第三人的利益重于原所有权人的权利。如果第三人是通过赠与或者以明显低于市场价格的方式取得交易标的的,则法律对其的保护就让位于对原所有权人的保护。(3)完成了权利的转移公示,即办理了产权过户登记手续。如果尚未办理房屋过户登记手续,在法律上房屋的所有权并没有转移,即房屋仍归原产权登记人所有。目前,《婚姻家庭编解释(一)》只对"一方未经另一方同意出售夫妻共同共有的房屋"的情形适用善意取得作出了规定,对于一方未经另一方同意处分夫妻共同共有的其他财产是否可参照适用该制度有待商榷。

那么,是不是说只要一方未经另一方同意出售夫妻共同共有的房屋,第三人是善意的,那么另一方的合法权益法律就不再保护了?当然不是。出售房屋所获得的价款,作为夫妻共有房屋的替代物,属于夫妻的共同财产,在离婚时应当进行分割。

(四)离婚后仍可取证,保留分割财产权利

离婚后也可以起诉请求再次分割夫妻共同财产。《民法典》第1092条规定:"夫妻一方隐藏、转移、变卖、毁损、挥霍夫妻共同财产,或伪造夫妻共同债务企图侵占另一方财产的,在离婚分割夫妻共同财产时,对该方可以少分或不分。离婚后,另一方发现有上述行为的,可以向人民法院提起诉讼,请求再次分割夫妻共同财产。"《婚姻家庭编解释(一)》第84条规定:"当事人依据民法典第一千零九十二条的规定向人民法院提起诉讼,请求再次分割夫妻共同财产的诉讼时效期间为三年,从当事人发现之日起计算。"根据上述规定,离婚并不意味着"一了百了",当事人仍然可以留意对方在离婚前以及离婚时是否隐匿转移财产的取证权。一旦发现证据,即可以自发现之次日起2年内

提起诉讼,法院同样会依法给予保护。但需要注意的是,若一方并非基于《婚姻家庭编解释(一)》第84条的规定提起诉讼,而是依据《婚姻家庭编解释(一)》第83条的规定请求分割离婚时未涉及的夫妻共同财产时,原则上不受诉讼时效的限制,但共有物已由善意第三人取得或已被侵权行为改变共有权属状态时,适用3年诉讼时效。

技巧二　掌握法律文书的写作格式

一、婚前财产协议书

婚前财产协议是男女双方对结婚前各自所有的财产进行所有权约定的协议。男女双方对各自婚前财产所有权进行明确的约定,是不受结婚与否的限制,在婚前、婚后均可办理,也不受财产登记与否的限制。婚前财产协议公证则是公证机构依法对夫妻或未婚男女双方就各自婚前财产和债务的范围与权利归属问题所达成协议的真实性、合法性予以证明的行为。通过公证机构对上述婚前财产协议进行证明,以增强未婚男女对双方婚前个人财产或债务等内容进行约定的公信力。那么,如何办理婚前财产协议公证?

第一步,当事人要准备好以下几种材料:

(1)个人的身份证明:身份证、户口簿、未婚申请人的未婚证明(该证明由申请人单位人事部门或户籍所在地街道办事处出具)、已婚申请人的结婚证。

(2)与约定内容有关的个人财产所有权证明:以房产为例,有产权证的带房产证,未拿到产权证的可以带购房合同和付款发票。

(3)双方协商一致达成的婚前财产协议书。协议书的内容一般包括:当事人的姓名、性别、职业、住址等个人基本情况,财产的名称、数量、价值、状况、归属,上述婚前财产的使用、维修、处分的原则等。

第二步，当事人准备好上述材料后，必须共同亲自到公证处提出婚前财产协议公证申请，填写公证申请表格。委托他人代理或独自一人来办理婚前财产协议公证，公证机构将不予受理。

婚前财产协议书是公证的核心，下面是两份婚前财产协议书的范本（仅供参考）：

婚前财产协议书（一）

甲方：（写明个人身份情况，包括姓名、性别、民族、出生年月、籍贯、住址、身份证号码、联系方式等）

乙方：（同上）

鉴于：

1. 甲、乙双方自愿相识相恋，并打算根据《中华人民共和国民法典》等相关法律规定登记成为合法夫妻。

2. 双方已经充分知晓对方的婚前财产（男方、女方婚前财产详见本协议附件）。

3. 订立本协议时，双方根据意思自治，已充分了解各自权利及订立本协议的后果。

4. 双方知晓且明确知道本协议内容，签署本协议未受到任何胁迫和欺诈。本协议是基于公平、自愿的原则，按照双方的意志对双方的婚前财产和债务进行明确。

双方在此订立协议如下：

一、关于婚前财产的约定

详细描述婚前财产的范围和形式以及其归属的约定（具体略）。

二、债务

夫妻双方现有的债务以及约定为个人承担还是共同承担（具体略）。

三、其他

1. 在履行本协议过程中出现的纠纷,双方应协商解决。协商不成,任何一方可向×××人民法院起诉。

2. 本协议及其附件一式三份,甲、乙双方各执一份,公证机关留存一份,三份具有同等法律效力。

3. 本协议自双方签字后生效。

甲方:　　　　　　　　乙方:

　年　月　日　　　　　年　月　日

附件:男方/女方婚前财产清单

一、不动产:(略)

二、投资其他公司的股权:(略)

三、基金:(略)

四、股票:(略)

五、期货:(略)

六、存款:(略)

七、车辆:(略)

以上财产合计约××元(暂估)。

婚前及婚后财产协议书(二)

协议人(男方):(写明个人身份情况,包括姓名、性别、民族、出生年月、籍贯、住址、身份证号码、联系方式等)

协议人(女方):(同上)

为明确婚前双方财产所有权、债权债务承担及其他与财产权益相关的法律事宜,经双方平等自愿协商,特作如下协议:

一、双方婚前各自名下的财产,不论双方在订立本协议后是否结婚,均归各自所有,另一方无论在任何条件下,均无权主张分割。

截至协议签订时,男方名下已有的婚前财产,包括但不限于以下财产:

(一)不动产:(略)

(二)动产:(略)

截至协议签订时,女方名下已有的婚前财产,包括但不限于以下财产:

(一)不动产:(略)

(二)动产:(略)

二、协议人双方婚后实行财产分别制,即婚后各自的财产收入所得、购置的动产不动产、婚前财产婚后所得收益等均归各自所有,包括但不限于以下婚后所得:(略)

以上一方财产所得,另一方无权以"夫妻共同财产"为由主张分割,完全由取得一方占有、使用、收益和处分,行使完全的财产所有权。基于一方名义购得的财产所附权利义务完全由该方享有和承担,与另一方无关。如在以一方名义购置不动产时,可由一方以自己名义签订买卖合同及贷款协议,该不动产所有权利义务以及产权完全由一方享有和承担,与另一方无关;若有必要,另一方有义务协助购买方办理抵押贷款手续。一方婚前婚后的房屋贷款还贷部分,另一方不得再作为共同财产予以分割。

三、婚前婚后,双方各自的债权债务由各自享有和承担。若在婚后借债,任何一方在形成债务时,有向债权人告知"夫妻婚内财产分别制"的义务。即明确告知债权人,所借财物还债责任仅由借款借物人一人承担,与配偶无关,配偶不承担连带责任。并保证债权人在知悉此事实前提下出借财物。否则,若由于保护善意第三人利益原因,致使非借款借物一方承担连带责任时,出借方应按另一方承担和履行连带义务的双倍向另一方支付补偿金。

四、为保证双方婚后共同生活所需经济支持,双方婚后可就夫妻共同财产的范围、用于存放共同财产的银行账户等事项进行书面约定。该书面约定作为本协议的附件,同本协议具有同等效力。

五、双方所生子女的开支由双方承担,具体承担的数额和比例可由双方在子女出生后另行书面约定。该书面约定作为本协议的附件,同本协议具有同等效力。

六、在履行本协议的过程中若发生争议,双方应协商解决。协商不成,任何一方均有权向本协议签订地的法院起诉。

七、本协议一式三份,双方各执一份,公证处存档一份,自双方签字后生效,三份具有同等法律效力。

八、本协议于×××年××月××日签订于××公证处。该公证处地址为:

协议人(男方):　　　　　　协议人(女方):

　　年　　月　　日　　　　　年　　月　　日

二、离婚协议书

协议离婚必须办理离婚登记,办理离婚登记时需要带一份《离婚协议书》,以表示夫妻双方已对夫妻共同财产、债务以及子女抚养等相关事项进行了约定。《离婚协议书》中除写明双方的基本情况,如姓名、性别、年龄、住所和双方结婚证的号码外,还应当写明:(1)双方当事人自愿离婚的意思表示;(2)子女抚养即离婚后子女抚养权归属以及抚养费的负担与给付方式;(3)共同财产分割,包括住房、家中物品、存款、债权等财产的分割;(4)夫妻共同债务的负担;(5)其他事宜,如夫妻一方生活困难的经济帮助或者其他双方认为有必要在协议书上明确的内容。

下面是一份离婚协议书的范本(仅供参考):

离婚协议书

男方：×××,男,____族,××××年××月××日生,住_____,身份证号码：_____。

女方：×××,女,____族,××××年××月××日生,住_____,身份证号码：_____。

男方×××与女方×××于××××年××月认识,于××××年××月××日登记结婚,婚后于××××年××月××日生育一儿子(女儿),名×××。双方感情完全破裂,没有和好可能,现经夫妻双方自愿协商达成一致意见,订立离婚协议如下:

一、男女双方同意离婚

二、子女抚养、抚养费及探望权

儿子(女儿)×××由×方抚养,随×方生活,×方(另一方)承担抚养费(含生活费、教育费),并承担其医疗费用的一半。前述各项费用承担至儿子(女儿)年满18周岁止。×方应于××××年××月××日前一次性支付×元给×方作为儿子(女儿)的抚养费[或者可以写为:×方每月支付抚养费×元,×方应于每月的1~5日将儿子(女儿)的抚养费交到×方手中或指定的××银行,账号:××××××]。其他费用包括学费、特殊培训等费用待发生时由双方协商,及时支付。

在不影响子女学习、生活的情况下,×方可随时探望×方抚养的子女(或者可以写为:×方每星期休息日可探望子女一次或带子女外出游玩,但应提前通知×方;×方应保证×方每周探望的时间不少于1天)。

三、夫妻共同财产的处理

(1)存款:双方名下现有银行存款共×元,双方各分一半,为×元。分配方式:各自名下的存款保持不变,但男方/女方应于××××年×

×月××日前一次性支付×元给女方/男方。

（2）房屋：夫妻共同所有的位于×××的房地产所有权归男方/女方所有，房地产权证的业主姓名变更手续自离婚后1个月内办理，女方/男方必须协助男方/女方办理变更的一切手续，过户费用由男方/女方负责。男方/女方应于××××年××月××日前一次性补偿房屋差价×元给女方/男方。

（3）其他财产：婚前双方各自的财产归各自所有，男女双方各自的私人生活用品及首饰归各自所有（附清单）。

四、债权和债务的处理

双方确认在婚姻关系存续期间没有发生任何共同债务，任何一方如对外负有债务的，由负债方自行承担（或者具体罗列：男/女方于×××年××月××日向×××所借债务由×方自行承担……）。

五、一方隐瞒或转移夫妻共同财产的责任

双方确认夫妻共同财产在上述第三条已作出明确列明。除上述房屋、家具、家电及银行存款外，并无其他财产。任何一方应保证以上所列婚内全部共同财产的真实性。

本协议书财产分割以上述财产为基础。任何一方不得隐瞒、虚报、转移婚内共同财产或婚前财产。如任何一方有隐瞒、虚报除上述所列财产外的财产，或在签订本协议之前2年内有转移、抽逃财产的，另一方发现后有权取得对方所隐瞒、虚报、转移财产的全部份额，并追究其隐瞒、虚报、转移财产的法律责任，虚报、转移、隐瞒方无权分割该财产。

六、经济帮助及精神赔偿

因×方生活困难，×方同意一次性支付补偿经济帮助金×元给×方。鉴于×方要求离婚的原因，×方应一次性补偿×方精神损害费×元。上述×方应支付的款项，均应于××××年××月××日前支付完毕。

七、违约责任

任何一方不按本协议约定期限履行支付款项义务的,应付违约金×元给对方(按×方式支付违约金)。

八、协议生效

本协议一式三份,男、女双方各执一份,婚姻登记机关存档一份,自婚姻登记机关颁发离婚证之日起生效。

男方:(签名)　　　　　　　　女方:(签名)

　年　　月　　日　　　　　　　年　　月　　日

三、离婚起诉状

若夫妻双方无法协议离婚,那么其中一方就需要向法院提起离婚诉讼,第一步需要向法院提交起诉状,起诉状在离婚诉讼中十分重要,是离婚诉讼的"敲门砖",下面是一份离婚起诉状的范本(仅供参考)。

起 诉 状

原告:(姓名、性别、年龄、民族、职业、工作单位、联系方式和住址等)

被告:(姓名、性别、年龄、民族、职业、工作单位、联系方式和住址等)

案由:离婚纠纷

诉讼请求:

(书写自己要求通过诉讼达到的目的,一般包括:请求判决离婚,子女的抚养、抚养费的承担,对方抚养孩子时自己对孩子探望权的请求,财产的分割,对方有法律明确规定的与他人重婚、与他人同居、实施家庭暴力或虐待、遗弃家庭成员等离婚损害赔偿行为的请求损害赔偿的数额等。)

一、判决原告与被告离婚;

二、婚生儿子/女儿××由原告抚养,被告一次性支付抚养费×元给原告(被告每月支付抚养费至儿子/女儿年满18周岁止);

三、夫妻共同财产依法平均分割(判归原告所有);

四、被告一次性支付精神损害赔偿金×××元给原告。

事实和理由:

陈述原被告结婚、子女出生的具体时间,写明诉讼请求的依据,包括离婚的理由、依据,子女由谁抚养、抚养费如何承担、探望方式的理由和依据,财产情况、分割理由及依据。

离婚理由:应详细叙述夫妻感情确已破裂并无和好可能的事实和依据。主要从婚姻基础、婚后感情、离婚原因、夫妻关系的现状来说明没有和好可能、夫妻感情破裂的事实。如有法定离婚情形时(重婚或与他人同居;实施家庭暴力或虐待、遗弃家庭成员;有赌博、吸毒等恶习屡教不改;因感情不和分居满2年的经人民法院判决不准离婚的,双方又分居满一年的)应特别指出(注意:字数根据具体情况酌定,并无限定,但不宜过于冗长)。为此,原告特依法提起诉讼,请贵院判如所请。

此致
×××人民法院

具状人:×××

年　　月　　日

附:1.起诉状副本×份;
　　2.证据清单×份;
　　3.财产清单×份。

【提示】

1.夫妻在婚姻关系存续期间所得的工资、奖金,生产、经营、投资的收益,知识产权的收益,共同继承或接受赠与所得的财产等,均为夫妻共同财产。

2. 一方的婚前财产，一方因受到人身损害获得的赔偿或补偿，遗嘱或赠与合同中确定只归夫或妻一方的财产，一方专用的生活用品，均为夫妻一方的个人财产。

3. 夫妻可以约定婚姻关系存续期间所得的财产以及婚前财产归各自所有、共同所有或部分各自所有、部分共同所有。约定应当采用书面形式，没有约定或者约定不明确的，按法律规定处理，即"有约定按约定，无约定按法定"。

4. 财产约定归各自所有的，一方对外所负的债务，第三人知道该约定的，以一方所有的财产清偿，第三人不知道该约定的以共同财产清偿。其中"第三人知道该约定的"，需要由夫妻一方对此承担举证责任。

四、离婚撤诉申请书

在离婚诉讼中，可能会出现夫妻双方感情和好，不再离婚的。那申请离婚的原告需要申请撤诉，下面是一份撤诉申请书的范本（仅供参考）。

撤诉申请书

申请人：(姓名、性别、年龄、民族、职业、工作单位、联系方式和住址等)

被申请人：(姓名、性别、年龄、民族、职业、工作单位、联系方式和住址等)

案由：离婚纠纷

申请人于××××年××月××日向贵院起诉×××离婚纠纷一案，贵院已受理。因(写明原因)，现决定撤回起诉。

望批准。

此致

×××人民法院

申请人：×××

年　月　日

五、缓交、减交、免交诉讼费申请书

在离婚诉讼中，当事人可能因为没有可以支配的财产，需要申请缓交诉讼费，下面是一份缓交诉讼费申请书的范本(仅供参考)。

缓交诉讼费申请书

××人民法院

申请人：(姓名、性别、出生日期、住址等)

本人于××××年××月××日收到限期交费通知书，应当预交诉讼费×元。由于(不能缴纳的原因)，无力按时缴纳诉讼费，特申请缓交诉讼费×元×天，请予批准。上述情况如有不实，本人愿承担全部法律责任。

申请人：×××

年　月　日

附：(证明文件)

六、离婚上诉状

当事人对一审裁判准予双方离婚或不离婚，再或者是对夫妻共同财产分配结果等不服的，可以提起上诉，下面是一份民事上诉状的范本(仅供参考)。

民事上诉状

上诉人:(姓名、性别、年龄、民族、职业、工作单位、联系方式和住址等)

被上诉人:(姓名、性别、年龄、民族、职业、工作单位、联系方式和住址等)

上诉人因与被上诉人离婚纠纷一案,不服人民法院(201×)×民初字第×××号的民事判决,提出上诉。

上诉请求:

书写自己要求达到的目的,包括:请求判决离婚,子女的抚养、抚养费的承担、对方抚养时探望权的请求,财产的分割,本人生活困难时请求对方给予经济帮助的方式或数额,对方有重婚、与他人同居、实施家庭暴力或虐待、遗弃家庭成员等行为时请求损害赔偿的数额等。例如:

1. 撤销人民法院(201×)×民初字第×××号民事判决;

2. 请求改判上诉人家庭财产及债务的归属;

3. 请求改判婚生子/女××由上诉人抚养,被上诉人每月支付××元抚养费至××18周岁为止。

事实和理由:

上诉人与被上诉人离婚纠纷一案已经由××人民法院作出一审判决。该判决认定事实不清,适用法律不当,依法应予撤销,事实及理由如下:

陈述一审中认定事实及适用法律中的错误等。

综上所述,原判认定事实不清,适用法律不当,请求二审法院依法撤销一审判决,予以改判。

此致
××人民法院

上诉人：×××
年　月　日

附：1. 本诉状副本×份；
　　2. 证据清单×份。

【提示】

婚前财产在婚后的形式转化，不影响该财产的性质。夫妻一方用婚前存款在婚后购置的房屋，仍然属于购置方的个人财产，如果对方没有出资，则不能主张享有房屋的份额。

七、离婚再审申请书

民事再审申请书，是指当事人及其法定代理人认为已经发生法律效力的判决、裁定、调解书有错误，向人民法院提交的请求变更或者撤销原判决、裁定、调解书，对案件进行重新审理的法律文书。根据《民事诉讼法》第210条、第211条和第212条的规定，当事人对已经发生法律效力的判决、裁定，认为有错误的，可以申请再审。当事人对已经发生法律效力的调解书，提出证据证明调解违反自愿原则或者调解协议的内容违反法律的，可以申请再审。当事人申请再审的，应当提交再审申请书等材料。

当事人提交民事再审申请书，首先必须符合法律规定的条件。这些条件主要包括主体、对象及法定事由等。并不是对所有的判决均可以提起再审，具体来看，申请再审需要符合以下条件：

（1）提出再审申请的主体是依法享有申请再审权利的公民、法人和其他组织，如民事诉讼当事人、法定代表人、法定代理人依法均享有再审申请权。

（2）申请再审的对象必须是生效判决、裁定和调解书。对适用第一审、第二审程序作出的生效判决、调解书及对不予受理、管辖权异议、驳回起诉的裁定可以申请再审。对依法律规定不准上诉的判决、裁定，不准申请再审，主要是指按照督促程序、公示催告程序、企业法人破产还债程序审理的案件，依照审判监督程序审理后维持原判的案件，以及已经发生法律效力的解除婚姻关系的案件。

(3) 申请再审必须具有法定事由。当事人认为生效判决、裁定、调解书有错误的，可以申请再审。根据法律规定，当事人的申请符合下列情形之一的，人民法院应当再审：①有新的证据，足以推翻原判决、裁定的；②原判决、裁定认定的基本事实缺乏证据证明的；③原判决、裁定认定事实的主要证据是伪造的；④原判决、裁定认定事实的主要证据未经质证的；⑤对审理案件需要的主要证据，当事人因客观原因不能自行收集，书面申请人民法院调查收集，人民法院未调查收集的；⑥原判决、裁定适用法律确有错误的；⑦审判组织的组成不合法或者依法应当回避的审判人员没有回避的；⑧无诉讼行为能力人未经法定代理人代为诉讼或者应当参加诉讼的当事人，因不能归责于本人或者其诉讼代理人的事由，未参加诉讼的；⑨违反法律规定，剥夺当事人辩论权利的；⑩未经传票传唤，缺席判决的；⑪原判决、裁定遗漏或者超出诉讼请求的；⑫据以作出原判决、裁定的法律文书被撤销或者变更的；⑬审判人员审理该案件时有贪污受贿，徇私舞弊，枉法裁判行为的。

(4) 再审申请必须在法定期限内提出。根据《民事诉讼法》第216条，"当事人申请再审，应当在判决、裁定发生法律效力后六个月内提出；有本法第二百一十一条第一项、第三项、第十二项、第十三项规定情形的，自知道或者应当知道之日起六个月内提出"。

(5) 申请人必须向有管辖权的人民法院提交再审申请书。当事人对已经发生法律效力的判决、裁定，认为有错误的，可以向上一级人民法院申请再审。当事人一方人数众多或者当事人双方为公民的案件，也可以向原审人民法院申请再审。

当事人及其法定代表人、法定代理人向人民法院提交民事再审申请书，导致当事人申请再审的诉讼时效中断。人民法院对再审申请书审查期间，原生效判决、裁定和调解书不停止执行。经人民法院审查，认为再审申请符合法定条件的，予以立案，作出再审裁定，中止原裁判和调解书的执行。

下面是一份民事再审申请书的范本（仅供参考）。

民事再审申请书

申请人：（姓名、性别、年龄、民族、职业、工作单位、联系方式和住址等）

被申请人：（姓名、性别、年龄、民族、职业、工作单位、联系方式和住址等）

申请人对×××人民法院于××××年××月××日作出的×××号民事判决书不服，申请再审。（应注意：原裁判的编号、案由等情况要写清楚、准确，以便于人民法院查找原案卷并核查案情。）

请求事项：

要明确具体、合理合法，是由事实和法律推导出的结果。简要明确地提出请求人民法院对本案进行再审，变更或撤销原裁判。

事实与理由：

首先，明确而具体地写明原裁判的错误，包括全局性错误或局部性错误，事实认定错误或适用法律错误或程序性错误。其次，全面、客观、准确地陈述案件的有关事实。再次，针对原审中在认定事实方面的错误，列出具体的人证、物证、书证及其他证据材料，予以澄清。说明原裁判或调解书存在的法律错误，并引用相应法律规定加以证明。

最后,基于所述事实和证据,根据法律有关规定,归结原裁判错误所在,进而提出申请再审的具体请求。

此致

××××人民法院

申请人:×××

××××年××月××日

附:1.原审裁判书或调解书;
　　2.证明原裁判有错误的相应证据。

八、财产保全申请书

离婚诉讼涉及的财产保全是指依据《民事诉讼法》的有关规定,夫妻双方、利害关系人因情况紧急,不立即申请财产保全将会使当事人合法权益受到难以弥补的损害的,当事人可以在诉讼前或诉讼中向人民法院申请采取财产保全措施。申请财产保全既有利于防止夫妻共同财产被隐匿、转移,也利于解除判决后执行的后顾之忧。下面是一份财产保全申请书的范本(仅供参考)。

财产保全申请书

申请人:(姓名、性别、年龄、民族、职业、工作单位、联系方式和住址等)

被申请人:(姓名、性别、年龄、民族、职业、工作单位、联系方式和住址等)

申请事项:

请求法院依法查封、扣押、冻结被申请人×××财产。

事实与理由:

现申请人与被申请人离婚纠纷一案已被贵院依法受理,为防止被申请人恶意转移财产、逃避债务,保证申请人利益不受损害,便于和保证日后裁判文书的顺利执行,申请人依据我国《民事诉讼法》第一百零三条及《最高人民法院关于人民法院民事执行中查封、扣押、冻结财产的规定》第十二条之规定向贵院提出财产保全申请,请求查封、扣押、冻结被申请人价值×××元人民币的财产。申请人根据《民事诉讼法》及贵院的要求,向贵院提供了财产保全担保。

上述请求,请贵院予以支持为盼!

此致

××人民法院

申请人:×××

××××年××月××日

附:被申请人的财产线索。

九、调查取证申请书

在离婚诉讼中,当事人可以申请法院调取证据,下面是一份申请法院调查取证申请书范本(仅供参考)。

申请法院调查取证申请书

申请人:(姓名、性别、年龄、民族、籍贯、工作单位、现在住址、联系方式等)

请求事项:

列举申请人希望法院帮助调查的证据,例如,请求人民法院依职权查询本案被告在××银行,账号为××的银行存款数额。

事实和理由:

详细陈述调取证据的理由,尤其是与本案诉讼的关系及申请人无法调取的原因,例如,申请人与×××离婚纠纷一案已诉至人民法院,现正在审理过程中。申请人与×××共同生活期间,经济上完全由×××管理。现×××声称,共同生活期间,没有留下任何存款,而事实上,申请人的工资、奖金等全都交给×××,申请人在家中曾见过××银行的存折,但并未看到过具体内容。基于所述事实,根据《中华人民共和国民法典》和《中华人民共和国民事诉讼法》之规定,为维护申请人的合法权益,特向人民法院申请查询×××在××银行的存款情况。

此致
××××人民法院

申请人:×××
××××年××月××日

附:申请调查的证据的地址。

十、强制执行申请书

强制执行,是指人民法院按照执行根据,运用国家司法执行权,依据执行程序,强制义务人履行义务,以实现生效法律文书确定内容的诉讼活动。通常,案件进行到最后,对当事人而言,最希望的是依照判决或者调解协议等拿到自己应得的赔偿额。从这个意义上讲,裁判结果能否顺利执行是案件能否最终结束的标志。现实中,由于对方当事人对判决不予履行,导致案件不得不进入强制执行程序。这时,就需要当事人向法院提交强制执行申请书以申请强制执行,实现自身的合法权益。

执行程序中,实体权利人称为执行权利人,实体义务人称为被执行人。执行权利人提交强制执行申请书,必须符合法律规定的条件:(1)申请人必须是生效法律文书中确定的实体权利享有人或者是其权利承受人,如已死亡的实体权利人的继承人。(2)必须以具有给付内容的生效法律文书作为执行根据。我国法律规定,可以作为执行根据的有人民法院制作的生效判决、裁定、调解书、支付令、罚款决定书,确认和执行外国法院判决、外国仲裁机关裁决的裁定,仲裁机构制作的裁决书、调解书,仲裁机构提交人民法院作出的财产保全裁定书,公证机关依法赋予强制执行效力的债权文书,行政机关制作的依法由人民法院执行的行政处罚决定书和行政处理决定书。(3)执行义务人拖延或者拒绝完成其应履行的义务。(4)执行权利人必须在法定执行时效内提出申请书,申请强制执行的期间为2年。(5)强制执行申请书必须向有管辖权的法院提交,即被执行人住所地或者被执行财产所在地人民法院。

下面是一份强制执行申请书的范本(仅供参考)。

强制执行申请书

申请人:(姓名、性别、年龄、民族、职业、工作单位、联系方式和住址等)

被申请人:(姓名、性别、年龄、民族、职业、工作单位、联系方式和住址等)

请求执行事项:

请求贵院依据(××)字第×号民事判决(或裁决、调解),采取相应执行措施,要求被申请执行人:

写明申请人要求被申请人给付的种类、范围、数量等。

事实与理由:

首先,写明作为执行根据的生效法律文书的基本内容,阐述清楚法律文书中所确认的申请人应享有的权益,被申请人应履行的义务。其次,阐明申请人提出强制执行申请的事实原因和法律根据,应着重写明被申请人拒不履行法律文书所确认的义务的具体情况。如知道被申请人可供强制执行的财产状况,则应写明其经济收入、现有财产状况。

　　此致
××××人民法院

申请人:×××
××××年××月××日

附:1. 生效判决(裁定、调解)书×份;
　　2. 其他相关证据材料如被申请人财产状况证明、被申请人未履行义务的证明材料。

技巧三　明确离婚诉讼的程序

一、立案

(一)立案的条件

　　根据我国《民事诉讼法》第122条的规定,起诉必须符合下列条件:(1)原告是与本案有直接利害关系的公民、法人和其他组织;(2)有明确的被告;(3)有具体的诉讼请求和事实、理由;(4)属于人民法院受理民事诉讼的范围和受诉人民法院管辖。对于离婚诉讼而言,原、被告是婚姻关系的双方,一般不会在离婚诉讼中涉及第三人。离婚诉讼最基础的诉请为请求判决离婚,除此之外一般还涉及子女抚养、夫妻共同财产的分割。

　　即使当事人请求离婚符合上述起诉条件,但存在《民法典》及司法解释规定的特殊情况时,法院也会裁定不予受理:(1)《民法典》第1082条规定的女方在怀孕期间、分娩后1年内或者终止妊娠6个月内,男方不得提出离婚;但是,女方提出离婚或者人民法院认为确有必要受理男方离婚请求的除外。人民法院认为有必要受理男方离婚请求的通常是指女方怀孕、分娩的为非与男方婚生子女。(2)《民事诉讼法》第127条规定:"……(七)判决不准离婚和调解和好的离婚案件,判决、调解维持收养关系的案件,没有新情况、新理由,原告在六个月内又起诉的,不予受理。"原告第二次起诉离婚必须经过6个月的时间,这是法院给夫妻双方的冷静期,希望夫妻双方可以在这6个月内解决家庭矛盾。(3)《婚姻家庭编解释(一)》第87条第3款规定:在婚姻关系存续期间,当事人不起诉离婚而单独依据民法典第一千零九十一条提起损害赔偿请求的,人民法院不予受理。

(二)确定管辖法院

当事人去法院提起离婚诉讼首先需要确定哪个法院有管辖权,法院的管辖权分为地域管辖、级别管辖、集中管辖和特殊管辖。离婚诉讼作为普通民事纠纷一般只需考虑地域管辖和级别管辖。

(1)地域管辖

民事诉讼案件地域管辖一般秉持"原告就被告"原则,即对公民提起的诉讼,由被告住所地人民法院管辖。被告住所地与经常居住地不一致的,由经常居住地人民法院管辖。其中,公民住所地是指公民的户籍所在地。公民的经常居住地是指公民离开住所地至起诉时已连续居住1年以上的地方,住院就医的除外。夫妻双方离开住所地超过1年,一方起诉离婚的案件,由被告经常居住地人民法院管辖。没有经常居住地的,由原告起诉时被告居住地人民法院管辖。但需要注意的是,根据《民事诉讼法解释》第12条第1款"夫妻一方离开住所地超过一年,另一方起诉离婚的案件,可以由原告住所地人民法院管辖"的规定,在上述情况发生时,可以适用"被告就原告"的特殊地域管辖,向原告住所地人民法院提起诉讼。

此外,如果夫妻一方或双方身份比较特殊,为了方便诉讼,法律也作了特殊规定:①双方当事人均为军人的,由军事法院管辖。②在国内结婚并定居国外的华侨,如定居国法院以离婚诉讼须由婚姻缔结地法院管辖为由不予受理,当事人向人民法院提出离婚诉讼的,由婚姻缔结地或一方在国内的最后居住地人民法院管辖。③在国外结婚并定居国外的华侨,如定居国法院以离婚诉讼须由国籍国法院管辖为由不予受理,当事人向人民法院提出离婚诉讼的,由一方原住所地或在国内的最后居住地人民法院管辖。④中国公民一方居住在国外,一方居住在国内,不论哪一方向人民法院提起离婚诉讼,国内一方住所地的人民法院都有权管辖。如国外一方在居住国法院起诉,国内一方向人民法院起诉的,受诉人民法院有权管辖。⑤中国公民双方在国外但未定居,一方向人民法院起诉离婚的,应由原告或者被告原住所地人民法院管辖。⑥双方当事人都被监禁或者被采取强制性教育措施的,由被告原住所地人民法院管辖。被告被监禁或者被采取强制性教育措施1年以上的,由被告被监禁地或者被采取强制性教育措施地人民法院管辖。

(2)级别管辖

我国为四级二审制,由上而下有四个层级的法院:最高人民法院、高级人民法院、中级人民法院、基层人民法院。《最高人民法院关于调整高级人民法院和中级人民法院管辖第一审民商事案件标准的通知》(2015)第4条规定:"婚姻、继承、家庭、物业服务、人身损害赔偿、名誉权、交通事故、劳动争议等案件,以及群体性纠纷案件,一般由基层人民法院管辖。"第5条规定:"对重大疑难、新类型和在适用法律上有普遍意义的案件,可以依照民事诉讼法第三十八条①的规定,由上级人民法院自行决定由其审理,或者根据下级人民法院报请决定由其审理。"

---

① 此处为2012年修正的《民事诉讼法》第38条,2023年修正后为第39条。

由此可见,我国离婚纠纷案件主要由基层法院管辖,对于复杂疑难案件,可能由上级人民法院审理。

(三)注意立案时要提交的诉讼材料

确定管辖法院后,当事人去法院立案应当准备好相关的材料,当事人提起离婚诉讼应该提交法院的材料有以下几种:

第一,起诉状,这是最基本的法律文书。起诉状主要包括的内容有:原、被告的基本情况,诉讼请求和所依据的事实与理由等。具体要求有以下几点:(1)当事人本人及对方的情况要尽量准确、具体,姓名一定书写正确,有些情况不提供对方身份证号码也可以,住址和联系方式一定要书写正确,否则相关诉讼文书可能无法送达。(2)在起诉状中要根据案件情况列明案由,即离婚纠纷、离婚后财产纠纷或探望权纠纷等。(3)在诉讼请求部分,要写明请求法院解决什么问题,如请求法院判决离婚、分割夫妻共同财产。如果财产部分没有争议,可以写明不需要法院处理;如果有离婚损害赔偿请求或者经济帮助请求的,要写明具体要求的金额。(4)在事实部分,要明确写清双方纠纷的原因、经过、现状等;在理由部分,要针对事实,引用相关法条加以阐述,形式上尽量简单明了。(5)要注明"此致"以及致送法院的名称。(6)在起诉状的末尾,还要写明具状人以及提交时间。

第二,结婚证,用以证明原被告之间存在合法婚姻关系。

第三,当事人身份证。

第四,证据清单。主要包含双方具备婚姻关系的证明,如结婚证、子女出生证明。

第五,委托手续,如当事人委托诉讼代理人,需要提交委托人签字或者盖章的授权委托书,授权书需写明委托人、受托人、授权范围及授权时间。

第六,材料要准备原件与复印件,法院会核对原复印件一致。

(四)立案时间

立案的时间并没有特殊限制,但要注意所要去立案法院的工作时间。现实中,有些法院周一到周五每天都可以立案,有些法院出于工作安排考虑在有些特定的时段(如周五上午或下午)是不立案的。因此,最好安排在周一到周四去法院立案,而且最好在 16 时之前,否则立案排队人数过多,法院可能不受理。

(五)立案后的准备

人民法院收到起诉状会现场登记立案,但有些情况较为复杂的需要进行审查,审查后认为符合起诉条件的,会在 7 日内立案并通知当事人。如果认为不符合起诉条件的,会在 7 日内裁定不予受理,原告对裁定不服的,可以提起上诉。离婚诉讼审查后不予受理的可能性较小。法院决定立案之后,会为当事人开具《受理通知书》《诉讼费交纳通知书》,原告当事人自接到交款通知次日起 7 日内持该通知书到指定银行预交诉讼费用,银行收费后会出具《回执单》,当事人将《回执单》交法院财务室换取《人民法院诉讼收费专用票据》。目前,北京市的各个基层法院开具的《诉讼费交纳通知书》上直接附有交款二维码,当事人通过扫描二维码可即时交纳诉讼费,非常便捷。但若当事人逾期不交纳诉讼费用,又不申请缓交诉讼费或申请司法救助,则按自动撤诉处理。案件审理后法院会判决诉讼费用由原、被告双方承担的份额。

完成一系列立案手续后,当事人要牢记自己的案号,并询问立案人员案件何时可以转至具体法庭,之后及时与法庭审判人员联系案件进度事宜。一般来说,立案后 7 天内可以转至法庭。但北京市由于案件数量较多,分配法官时间会较久。因此,当事人可以不定期拨打 12368 诉讼服务电话查询案件进展。北京市各级人民法院会出具《诉讼服务告知书》,当事人也可以通过北京法院审判信息网、北京法院App或微信公众号等平台查询案件进展情况。

二、调解

(一)多元化调解

法院受理案件后,可以由当事人申请或是由法院依职权启动调解程序。但是离婚纠纷案件与其他财产纠纷案件不同,因涉及人身关系以及家庭、社会的稳定等,故《民法典》第1079条第2款规定:"人民法院审理离婚案件,应当进行调解;如感情确已破裂,调解无效的,应当准予离婚。"可见调解是人民法院处理离婚案件的必经程序,人民法院应依职权组织离婚双方进行调解。此外,《民事诉讼法》第97条规定:"人民法院进行调解,可以由审判员一人主持,也可以由合议庭主持,并尽可能就地进行。人民法院进行调解,可以用简便方式通知当事人、证人到庭。"说明人民法院在案件调解中秉持便捷当事人的原则。

此外,当事人还可以申请当地的人民调解委员会进行调解,经过人民调解委员会调解达成调解协议之后,双方当事人认为有必要的,可以自调解协议生效之日起30日内共同向人民法院申请司法确认,人民法院应当及时对调解协议进行审查,依法确认调解协议的效力。经人民法院确认的调解协议与人民法院出具的调解书具有同等法律效力。

通过自行调解、法院调解等多元化调解方式解决离婚纠纷,不仅可以节省当事人以及法院的时间、精力等成本,而且将离婚产生的影响限缩到最小,对当事人来说是方便且快捷的选择。

(二)调解的原则

调解最主要的原则就是自愿、合法,《民事诉讼法》第99条规定:

"调解达成协议,必须双方自愿,不得强迫。调解协议的内容不得违反法律规定。"自愿是指当事人接受调解且签订的调解协议内容是自愿的、可接受的,不能存在被欺诈、胁迫等情形;合法是指当事人签订调解协议的形式及内容不能违反法律法规,不能恶意串通侵害国家、集体、第三人的合法权利。违反自愿、合法原则的调解协议,人民法院将不予认可其效力。

(三)调解的生效

《民事诉讼法》第100条规定:"调解达成协议,人民法院应当制作调解书。调解书应当写明诉讼请求、案件的事实和调解结果。调解书由审判人员、书记员署名,加盖人民法院印章,送达双方当事人。调解书经双方当事人签收后,即具有法律效力。"《民事诉讼法》第101条规定:"下列案件调解达成协议,人民法院可以不制作调解书:(一)调解和好的离婚案件;(二)调解维持收养关系的案件;(三)能够即时履行的案件;(四)其他不需要制作调解书的案件。对不需要制作调解书的协议,应当记入笔录,由双方当事人、审判人员、书记员签名或者盖章后,即具有法律效力。"由上述规定可知,调解书经双方签收后具有法律效力。调解书有强制执行力,如果一方不履行调解书中的义务,另一方可以请求法院强制执行调解书确认的调解协议的内容。

在离婚纠纷中,当事人对已经发生法律效力的解除婚姻关系的调解书不得申请再审,因为在调解书生效之时双方当事人之间的婚姻关系已解除,如果调解协议中涉及财产分割的问题,则人民法院应当进行审查,符合再审条件的,应当立案审理。

三、一审

(一)一审程序

根据《民事诉讼法》的规定,人民法院开庭审理包括开庭准备、法庭调查、法庭辩论、合议庭评议以及宣告判决五个阶段。在各个阶段法院都会说明并引导案件的推进。

《民事诉讼法》第155条规定:"判决书应当写明判决结果和作出该判决的理由。判决书内容包括:(一)案由、诉讼请求、争议的事实和理由;(二)判决认定的事实和理由、适用的法律和理由;(三)判决结果和诉讼费用的负担;(四)上诉期间和上诉的法院。判决书由审判人员、书记员署名,加盖人民法院印章。"

当事人在收到一审判决后需要注意:判决书中是否将诉讼请求完整地记录,并且要根据诉讼请求进行判决,每一项请求都要涉及,不能有遗漏;法官在判决中的说理部分是否条理清晰、有理有据;判决结果是否明确具体。当事人在收到一审判决后不服判决结果的,可以在法定期限内提起上诉,进入二审程序。

(二)审理期限

离婚诉讼案件作为一审普通民事案件,双方的权利义务关系较其他案件简单。《民事诉讼法》第160条规定:基层人民法院和它派出的法庭审理事实清楚、权利义务关系明确、争议不大的简单的民事案件,适用简易程序。适用简易程序的离婚案件,法院可以用简便方式传唤当事人和证人、送达诉讼文书、审理案件,但要保障当事人陈述意见的权利。因此,适用简易程序审理的案件,审理期限相对会短一些,法律规定人民法院适用简易程序审理案件,应当在立案之日起3个月内审结。

离婚诉讼案件,若在诉讼中同时解决夫妻共同财产的分割问题,那么双方的权利义务关系就会较为复杂,这时法院一般会适用普通程序来审理案件。根据《民事诉讼法》第152条的规定,"人民法院适用普通程序审理的案件,应当在立案之日起六个月内审结。有特殊情况需要延长的,经本院院长批准,可以延长六个月;还需要延长的,报请上级人民法院批准"。

然而,根据《最高人民法院关于严格执行案件审理期限制度的若干规定》第9条规定:"下列期间不计入审理、执行期限……(五)因当事人、诉讼代理人、辩护人申请通知新的证人到庭、调取新的证据、申请重新鉴定或者勘验,法院决定延期审理一个月之内的期间;(六)民事、行政案件公告、鉴定的期间;(七)审理当事人提出的管辖权异议和处理法院之间的管辖争议的期间;(八)民事、行政、执行案件由有关专业机构进行审计、评估、资产清理的期间……"可见,离婚案件一审的审理期限及结束时间也会因案件进程中的各类事件而发生变化,并非确定的。

四、二审

(一)上诉

当事人对一审判决结果不服的,可以通过上诉进入二审程序。《民事诉讼法》第171条规定:"当事人不服地方人民法院第一审判决的,有权在判决书送达之日起十五日内向上一级人民法院提起上诉。当事人不服地方人民法院第一审裁定的,有权在裁定书送达之日起十日内向上一级人民法院提起上诉。"因此,若当事人不服一审判决的可以在上诉期内进行上诉,案件可以进入二审程序,由上级法院进行审理。

《民事诉讼法》第173条规定:"上诉状应当通过原审人民法院提出,并按照对方当事人或者代表人的人数提出副本。当事人直接向第二审人民法院上诉的,第二审人民法院应当在五日内将上诉状移交原审人民法院。"因此,当事人的上诉状(《民事诉讼法》第172条规定,上诉状应当包括当事人的姓名,法人的名称及其法定代表人的姓名或者其他组织的名称及其主要负责人的姓名;原审人民法院名称、案件的编号和案由;上诉的请求和理由)可以向原审人民法院提交,也可以直接交给第二审人民法院。

(二)二审的审理

人民法院对第二审案件有开庭审理和不开庭审理两种方式。《民事诉讼法》第 176 条第 1 款规定:"第二审人民法院对上诉案件应当开庭审理。经过阅卷、调查和询问当事人,对没有提出新的事实、证据或者理由,人民法院认为不需要开庭审理的,可以不开庭审理。"由此可知,人民法院对二审案件的审理以开庭审理为原则,不开庭审理为例外。

根据《民事诉讼法》第 177 条的规定,第二审的审理结果具体有以下几种情况:(1)原判决、裁定认定事实清楚,适用法律正确的,以判决、裁定方式驳回上诉,维持原判决、裁定;(2)原判决、裁定认定事实错误或者适用法律错误的,以判决、裁定方式依法改判、撤销或者变更;(3)原判决认定基本事实不清的,裁定撤销原判决,发回原审人民法院重审,或者查清事实后改判;(4)原判决遗漏当事人或者违法缺席判决等严重违反法定程序的,裁定撤销原判决,发回原审人民法院重审;(5)原审人民法院对发回重审的案件作出判决后,当事人提起上诉的,第二审人民法院不得再次发回重审。

二审的审理期限通常要比一审期限短。《民事诉讼法》第 183 条规定:"人民法院审理对判决的上诉案件,应当在第二审立案之日起三个月内审结。有特殊情况需要延长的,由本院院长批准。人民法院审理对裁定的上诉案件,应当在第二审立案之日起三十日内作出终审裁定。"司法实践中,我国一审、二审民事案件数量与日俱增,所以法官在超负荷的工作下,超期审理的情况也时有发生。对于这种情况,我们在理解和接受的基础上也要行使监督权,维护自己的权利。

技巧四 寻求专业法律服务

一、委托律师

当事人面临离婚诉讼,既要学习法律、了解诉讼程序,又要收集证据、准备诉讼材料,还要承受情感上的折磨,这对于当事人来说是一个较大的挑战。面对离婚诉讼中的诸多问题,尤其是财产分割和损害赔偿等问题,当事人一般缺少必要的法律知识和诉讼技巧,有时候会"赔了夫人又折兵",损耗了自己的时间和精力,但结果却不尽如人意。因此,建议当事人寻求并委托一位专业律师处理离婚诉讼案件,不仅可以节省时间和精力,也可以最大限度地取得诉讼利益。

离婚诉讼,对法官而言,可能是最普通的民事案件,但对于当事人而言则是人生大事。所以,选择一个专业律师帮助自己处理离婚诉讼的相关事宜是一个明智之举。

但是需要说明的是,虽然很多律师都能代理婚姻家庭案件,但并不意味着他们对此业务都很精通、很专业。这主要是因为调整婚姻家庭关系的法律规定有《民法典》及其相关司法解释,还有一系列条例、指导性文件,相较调整其他法律关系的法律规定而言条文虽少,但涉及的内容十分丰富。且夫妻共同财产形式日益多样化,在财产分割时,除要精通婚姻领域法律法规外,《公司法》《合伙企业法》等都要融会贯通,尤其对《民事诉讼法》等程序法要烂熟于心。而选择一名专业的婚姻家事领域律师,不仅可以精准地把握案件情况及走向,而且通常心理成熟,具备处乱不惊的良好心理素质,可以从容地面对当事人的各类纠纷情况并提出最佳解决方案。

那么,如何选择一个专业的婚姻家事律师?

第一,看律师以往的办案经验,但不等于单纯考察律师的胜诉率。

律师代理的案件数量多，一方面，实践经验就会更为丰富，处理案件时也更为轻车熟路；另一方面，容易抓住案件争议焦点，更清楚如何取证可以让法院采信，处理事情事半功倍。综合起来就是能较为有效、及时、全面地处理当事人委托的事务。一般而言，执业3年以上、代理百起以上诉讼案件的律师是较优的选择。

第二，看律师的态度及言谈举止。虽然说有经验的律师对案件的把控能力强，但通常会有较多的案件需要处理，难免精力分配不均。很多新律师虽然经验不是特别丰富，但认真负责，也有扎实的理论功底，代理案件会全力以赴。所以无论经验是否丰富，在与律师接触的时候，要体会他是不是一个认真负责的人。

第三，看律师的生活阅历。因为律师所要处理的案件为离婚纠纷案件，理解婚姻需要有一定的阅历，没有家庭生活经历的律师一般难以体会婚姻生活中夫妻双方感情的微妙变化，无法感受婚姻生活的种种酸甜苦辣，以致不理解当事人双方的生活状态，无法直切案件的要害。但是当事人诉到法院的离婚纠纷案件，法院和律师处理的也都是夫妻双方之间的法律关系，律师处理案件中的法律问题和有无婚姻经历没有必然的联系。因此，建议当事人根据自身需求来选择律师，可选择有阅历的律师进行代理。

二、请求法律援助

（一）离婚能否请求法律援助

法律援助是现代法治国家对其公民承担的一项基本义务，是指由政府拨付一定的资金，设立法律援助机构、组织法律援助人员和法律援助志愿者，为某些经济困难的公民或特殊案件的当事人提供免费的法律帮助，以保障其合法权益得以实现的一项法律保障制度。通俗来讲就是,当事人因为经济困难无法聘请律师来解决法律纠纷时,可以向法律援助机构申请法律援助。经审查确认当事人满足一定的条件之后,法律援助机构将为当事人提供免费的法律服务,包括法律咨询、委托代理、刑事辩护等。

我国《法律援助条例》第10条详细规定了当事人可申请法律援助的民事案件范围:(1)依法请求国家赔偿的;(2)请求给予社会保险待遇或者最低生活保障待遇的;(3)请求发给抚恤金、救济金的;(4)请求给付赡养费、抚养费、扶养费的;(5)请求支付劳动报酬的;(6)主张因见义勇为行为产生的民事权益的。除此之外,各省、自治区、直辖市人民政府可以对前述规定以外的法律援助事项作出补充规定。这一条款虽然没有直接将离婚诉讼案件纳入法律援助的范畴,但有些省、自治区、直辖市人民政府在对法律援助事项作补充规定时,会增加这部分的内容。例如,《上海市法律援助若干规定》第5条规定:"除《法律援助条例》第十条第一款规定的法律援助事项外,经济困难的公民还可以对下列事项申请法律援助……(三)因遭受家庭暴力、虐待、遗弃,合法权益受到损害,主张权利的……"该规定实质上扩大了法律援助的范围,更具有实际操作性,但是存在一定的地域差异。

当事人如果单纯地以离婚诉讼为由申请法律援助,法律援助机构不予受理的话,可以考虑以争取子女抚养权及抚养费为由申请法律援助,法律援助机构受理的可能性会大一些。法律援助衡量的标准实质是经济是否困难,如果当事人经济的确困难,法律援助机构一般都会对当事人的申请进行受理并予以帮助。

上述申请法律援助的条件并非"一刀切",毕竟法律援助的目的在于使经济、生活困难的当事人享受"法律面前人人平等"的权利。所以,即使部分条件不完全符合的当事人也可以通过自己的努力争取相应的法律援助,或者通过法律援助机构的介绍寻找到相应的机构寻求帮助。

（二）法律援助机构提供的服务

法律援助机构提供的援助项目和律所提供的专业服务项目基本相似，包括：(1)咨询服务。通过电话、邮件或当面交流，就咨询者提出的法律问题提供专业解答。(2)代写文书。主要是起草、修改诉讼或非诉讼案件中所需的法律文书。法律文书一般都有比较严格的格式和内容要求，对于缺乏法律知识的当事人而言，其制作相对困难。(3)非诉法律援助，代理当事人参加和解、调解、仲裁等。(4)诉讼法律援助，代理当事人参加民事诉讼、行政诉讼，或在刑事诉讼中担任被告人(犯罪嫌疑人)的辩护人或公诉案件被害人、自诉人的代理人。

由于人员限制以及专业水平等问题，一家法律援助机构所能提供的服务往往是有限的，并不是所有类型的案件都能得到较专业的处理，法律援助机构会有针对性地帮助经济困难的当事人解决所涉法律纠纷，比如，有的法律援助机构专门帮助农民工或未成年人维权。所以，当事人应该了解自己所在城市、市区法律援助机构的专业方向，这样有利于寻求恰当的法律援助机构来帮助自己解决纠纷，实现自己利益的最大化。

（三）法律援助的申请

1. 法律咨询

如果当事人仅就相关问题进行法律咨询，可以通过登门、电话、书信、邮件等方式向法律援助机构提出，而无须提出专门的申请。

各地在工会、共青团、妇女联合会、老年协会、残疾人联合会等社会组织和监狱设立了法律援助工作站，或依托司法所设立了法律援助工作站，部分法律院校也设置了法律诊所等法律援助构，法律援助机构一般都设有专人接待公民的法律咨询。此外，全国大部分地区开通了12348法律咨询电话,当事人可以在工作日的工作时间拨打电话进行法律咨询。随着网络的发展,电子邮件、社交软件咨询也正在逐步获得支持。除此之外,当事人也可以使用传统的书信方式提出法律问题,法律援助机构也将以书信方式为当事人提供专业解答。

2. 法律援助

当事人如果想获得咨询以外进一步的法律援助服务,就必须向法律援助机构提出申请。法律援助机构审查后认为当事人的申请符合法定要件的,会作出提供法律援助的决定并进行法律援助。

(1)向谁申请法律援助

一般情况下,当事人申请民事、行政法律援助,应当向具有履行义务的义务机关或义务人所在地的法律援助机构提出。申请人可以向区、县或市司法局递交法律援助申请。

(2)申请法律援助需要准备什么材料

书面材料是确保法律援助机构了解案件情况和当事人情况的基础材料。需要提交的书面材料包括:

第一,法律援助申请表。在法律援助机构可获取格式文本,填写即可。内容包括申请人的基本情况、申请法律援助的事实和理由、申请人经济状况、申请人提供的证明、证据材料清单以及申请人保证提交的证明和证据材料属实的声明。

第二,申请人应提交居民身份证明、户籍证明或其他有效身份证明。代理他人申请法律援助的,应当提交有代理权的证明,代理人应当按要求如实填写申请法律援助委托书,由委托人和受托人共同签字或盖章;未成年人的法定代理人为未成年人申请法律援助,应当出具自己具有法定代理资格的证明。

第三,申请人住所地或户籍所在地的乡镇政府、街道办事处或申请人所在单位劳资、人事部门出具的申请人及家庭成员经济状况证明。这是对申请人经济情况的核实,从而判断其是否符合法律援助的核心条件。

第四,如果当事人已经获取了一些证据,可以在申请时提交与所申请法律援助事项相关的证明及证据材料,如证明就医的基本病历资料、患者目前的情况证明(如死亡证明),以帮助法律援助机构了解案件基本情况。

第五,法律援助机构认为需要提供的其他材料。

需要注意的是,上述材料是一般情况下申请法律援助必须提供的材料。法律援助机构如果认为申请人提交的证件、证明材料不齐全,可以要求申请人作出必要的补充或者说明。如果申请人未按要求作出补充或者说明,申请将被视为撤销。除经济困难证明外,上述材料原件经审核与复印件无误,会归还申请人。

(3)法律援助机构的审查程序及标准

申请人向区、县或市司法局递交法律援助申请的,司法局在收到申请材料10个工作日内作出是否给予法律援助的书面决定。司法部门同意向申请人给予法律援助的,指派承办法律援助事务的法律服务机构并通知受援人,由法律援助机构与受援人签订法律援助协议。司法部门作出不予以法律援助决定的,申请人可以向作出该决定的司法部门提出异议,司法部门于5个工作日内进行审查并以书面形式作出决定。

法律援助机构在收到法律援助申请后,会尽快对申请进行审查。审查的内容主要有:申请的事项是否属于法律援助范围,当事人是否符合经济困难标准以及申请是否具有合理的根据。

第一,事项范围审查即确认申请人申请的事项是否属于法律援助事项范围。

第二,经济困难条件审查即确认申请人的经济状况是否符合当地法律援助的经济困难标准。申请人的经济困难标准依申请人是否享受城市居民最低生活保障待遇或农村居民最低生活保障待遇来确定。具体标准以申请人住所地的区(县)人民政府当年公布的标准额度为准。申请人住所地的经济困难标准与受理申请的法律援助机构所在地的经济困难标准不一致的,按照受理申请的法律援助机构所在地的经济困难标准执行。区(县)级以上民政部门出具的最低生活保障证明为法律援助申请人证明其经济困难的书面凭证。尚未办理最低生活保障证明或自然灾害期间正在接受国家救济的灾民申请法律援助的,由申请人住所地的区(县)级以上民政部门或街道办事处(乡、镇人民政府)出具申请人经济困难的证明。该证明必须如实载明申请人家庭人口状况、就业状况、家庭人均收入等情况。对于因见义勇为行为产生的民事权益的申请人,无须进行经济状况的审查;对于民政部门出具的社会救济证明等,法律援助机构一般只审查这些证明文件的真伪;对于法律援助申请人经济状况证明表,法律援助机构将在出具证明的有关部门审查的基础上,进一步展开形式和实质审查。

第三,申请合理性审查。一般情况下,为了防止某些人滥用获得国家法律帮助的权利,浪费国家资源,法律援助机构会根据申请人提供的与案情有关的材料进行判断。

(4)申请法律援助被拒绝后的补救途径

申请法律援助被拒绝后,申请人可以要求受理申请的法律援助机构书面告知拒绝援助的原因。如果申请人对法律援助机构作出的不符合法律援助条件的通知有异议的,可以向确定该法律援助机构的司法行政部门提出。司法行政部门应当在收到异议之日起5个工作日内进行审查。经审查认为申请人符合法律援助条件的,将会以书面形式责令法律援助机构及时提供法律援助;如果司法行政机关仍然认为申请人不符合法律援助条件的,申请人也可以要求其用书面形式告知理由。

第五章

真实案件演练

一、彩礼返还

（一）双方未办理结婚登记手续，一方可请求返还彩礼——王某 2 与陈某 2 婚约财产纠纷案

【案号】

（2021）黔 27 民终 4264 号

【裁判要旨】

一方为结婚给付另一方婚前彩礼，双方未办理结婚登记，符合《最高人民法院关于适用〈中华人民共和国民法典〉婚姻家庭编的解释（一）》中第 5 条关于婚前彩礼返还的规定，故一方要求另一方返还彩礼的诉讼请求，符合法律规定，应予支持；但双方已按农村风俗举行婚礼后以夫妻名义同居生活，且另一方陪嫁日常生活用品，则应对退还彩礼数额进行酌情抵扣。

【案情简介】

2019年3月14日,王某2与陈某2按当地习俗举行了结婚仪式,王某2给付陈某2彩礼88,000元,另为陈某2购买了价值7714元的金750钻石戒指一枚,价值6770元足金手镯一个、项链一条。王某2与陈某2按农村习俗举行结婚仪式后共同生活,未办理结婚登记。2019年9月18日,陈某2因吸毒被强制隔离戒毒两年,戒毒所通知王某2领取了陈某2的物品,其中包括上述项链。陈某2的陪嫁物有被子九床、电磁炉一个、电饭锅一个、柜子两个、火盆一个和一些碗筷。

因陈某2吸毒,王某2无法与其共同生活,故向法院起诉,请求判决:1.陈某2及其父母王某1、陈某1返还彩礼88,000元,并归还价值14,480元的三金。2.陈某2及其父母王某1、陈某1承担本案诉讼费用。王某1、陈某1抗辩退还彩礼需以离婚为前提。

【结论】

一审判决:一、王某1、陈某1、陈某2返还王某2彩礼4万元(¥40,000.00);二、驳回王某2的其他诉讼请求。

陈某1、王某1不服,提起上诉。

二审判决:驳回上诉,维持原判。

【法院认为】

彩礼是按照习俗以订立婚约为基础,以缔结婚姻关系为目的,由一方当事人及其亲属向另一方当事人及其亲属给付的金钱或财物。双方均确认王某2为结婚已给付陈某2婚前彩礼88,000元,王某2与陈某2虽按农村习俗举行了婚礼,但双方未办理结婚登记,符合《婚姻家庭编解释(一)》第5条关于婚前彩礼返还的规定,故王某2要求返还彩礼的诉讼请求,符合法律规定,应予支持。王某1、陈某1抗辩退还彩礼需以离婚为前提的理由不充分,法院不予采纳。

关于彩礼退还数额问题,考虑王某2与陈某2已举行结婚仪式,确有共同生活的事实,另陈某2陪嫁了被子、电磁炉、电饭锅、柜子、火盆、碗筷等日常生活用品,应从王某2要求被告退还的彩礼数额中酌情予以抵扣,故法院酌定由三被告陈某1、王某1和陈某2返还彩礼40,000元。

关于主张返还三金的问题,因陈某2称王某2已从戒毒所将项链、戒指取走,手镯仍存放在王某2家中,且王某2认可项链在其处,戒指记不清是否领取,手镯不知道,也未提供证据证明手镯已由陈某2带走,故对该主张,法院不予支持。

【律师点评】

彩礼返还纠纷案件的核心要点在于明确彩礼给付行为的性质、返还请求权的构成以及返还数额的确定。

实践中,很容易将彩礼的给付与普通的赠与行为以及以结婚为由索取财产的行为相混淆。彩礼给付行为类似附条件的赠与,条件为男女双方办理结婚登记。但它又不同于赠与,即使男女双方结婚,条件成就,若二人共同居住的时间较短或者双方并未实际共同生活,或者婚前给付彩礼导致给付人生活困难的,给付彩礼的一方仍有权请求返还全部或部分彩礼。而以结婚为由索取财产的行为是《民法典》第1042条规定的禁止性行为,给付方往往基于胁迫,并非出于自愿。

根据《婚姻家庭编解释(一)》第5条的规定,当事人请求返还按照习俗给付的彩礼的,如果查明属于以下情形,人民法院应当予以支持:(1)双方未办理结婚登记手续;(2)双方办理结婚登记手续但确未共同生活;(3)婚前给付并导致给付人生活困难。适用上述第2项、第3项的规定,应当以双方离婚为条件。由此可知,只有在登记结婚后请求返还彩礼才需要以离婚为条件,若双方并未办理结婚登记,给付方可以直接请求返还。

彩礼返还数额的认定问题,在实践中往往根据双方当事人共同生活时间的长短、过错责任程度、经济状况以及地方风俗等因素确定,并根据公平原则判决接受彩礼的一方予以部分或全部返还。本案中,双方当事人虽然没有办理结婚登记,给付彩礼的目的未能实现,但双方已按照习俗举办婚礼且共同生活了一段时间,法官结合女方的陪嫁情况等因素,酌情判令陈某2等返还4万元彩礼。

需注意,彩礼返还以当地存在婚前给付彩礼习俗为适用前提,若本地区无此类习俗,给付方依据《婚姻家庭编解释(一)》第5条主张婚前返还彩礼缺乏事实基础。对于婚前给付财物不属于彩礼范畴的,一般按男女交往期间财产处理:未同居的,按一般赠与认定;婚前同居的,依照同居期间财产分割相关规定处理。

【法律法规链接】

《中华人民共和国民法典》第1042条

《最高人民法院关于适用〈中华人民共和国民法典〉婚姻家庭编的解释(一)》第5条

(二)未实现婚后共同生活目的,离婚时可主张返还彩礼——马某与帕某离婚纠纷案

【案号】

(2023)新40民终682号

【裁判要旨】

双方虽已办理结婚登记,但婚后双方共同生活时间较短,并未真

正形成互相扶持照料、互相履行义务的家庭共同体,最终因未建立起夫妻感情而离婚,未实现婚后共同生活的目的。马某给付帕某14万元彩礼是为了与帕某缔结持续稳定的婚姻家庭关系,且14万元的彩礼数额较大,故依据《婚姻家庭编解释(一)》中第5条关于婚前彩礼返还的规定,马某要求帕某返还彩礼的诉讼请求正当,应予以支持。

【案情简介】

马某与帕某于2022年2月17日在网上认识,于同年3月24日依法登记结婚,婚后一个月感情尚可,后因家庭琐事引发争吵。2022年6月12日,马某与帕某发生争执,马某便将帕某送至其娘家。双方结婚时,马某给帕某19万元彩礼。帕某将5万元退还给马某,剩余14万元为帕某购置了一台冰箱、一架热水器、一张茶几、一台洗衣机、两个皮箱、多件被褥及金饰等嫁妆,剩余部分用于筹办婚礼等花费。双方在共同生活期间,无共同财产和共同债务。帕某国语水平低,与马某交流沟通有困难,双方未能建立起深厚的夫妻感情,因此产生纠纷。

马某向一审法院起诉请求:1.判决准予其与帕某离婚;2.帕某及其父母艾某、吐某返还彩礼14.35万元(14万元现金及价值3500元的苹果手机一部)。

【结论】

一审判决:一、准许马某与帕某离婚;二、帕某、艾某、吐某于判决生效之日起30日内退还马某彩礼14万元的一部分5万元;三、帕某的陪嫁物品:一台冰箱、一架热水器、一台洗衣机、一张茶几、两个皮箱、多件被褥及金饰归帕某所有;四、驳回马某其他诉讼请求。

马某与帕某、艾某、吐某不服一审判决,提起上诉。二审判决:驳回上诉,维持原判。

【法院认为】

马某与帕某虽然自愿登记结婚,但婚后双方共同生活时间短暂;双方由于存在语言障碍,交流沟通有困难,未能建立起深厚的夫妻感情,导致夫妻关系趋于恶化;马某坚持离婚,帕某虽然说不离婚,但没有回马某家继续与马某一起生活的意愿,在分居期间双方争吵多次,从庭前调解阶段帕某的表述也可以看出其无继续维持婚姻的想法;马某与帕某均认为对方与他人有不正当关系,虽然双方提供的证据不足以证明但可以认定双方之间缺乏基本信任,丧失婚姻缔结的基础;在现场调查时,双方态度极差,家庭成员矛盾严重,继续生活在一起不利于和谐的家庭关系,因此法院确认双方感情破裂,马某起诉离婚,应予准许。

针对彩礼能否返还及返还数额的问题:双方已办理结婚登记,但共同生活只有两个多月,并未真正形成互相扶持照料、互相履行义务的家庭共同体,最终因未建立起夫妻感情而离婚,未实现婚后共同生活的目的。马某给付帕某14万元彩礼是为了与帕某缔结持续稳定的婚姻家庭关系,且14万元的彩礼数额较大,故马某要求帕某返还彩礼的诉讼请求正当,应予以支持。帕某拒绝返还的诉讼理由不能成立。对于返还彩礼的数额及比例,鉴于14万元彩礼部分用于帕某购置家电、家具、帕某个人生活用品及金饰等嫁妆,部分用于筹办婚礼等花费,根据公序良俗及诚信原则,并结合当地经济及居民生活水平、彩礼数额、双方共同生活时间、马某家庭情况等因素,酌定判决帕某返还5万元。

【律师点评】

在当下高离婚率与闪婚闪离现象交织的社会背景下,本案离婚与彩礼返还纠纷极具典型意义。彩礼是以缔结婚姻关系为目的给付的金钱或财物,通常情况下,结婚后又离婚请求返还彩礼的难以得到法院支持。除非具备《婚姻家庭编解释(一)》第5条规定的第二种、第三种情形:双方办理结婚登记手续但确未共同生活;婚前给付并导致给付人生活困难。在离婚纠纷中,主张彩礼返还的一方需要对上述两种情形承担举证责任。

本案中男女双方共同生活只有2个月,现男方提起诉讼,要求离婚并返还婚前给付的彩礼。由于双方婚前感情基础差、婚后共同生活的时间较短,男方给付彩礼的数额较大,且给付彩礼给男方生活造成一定困难,因此,法官结合双方共同居住的时间、男方的经济情况,以及当地生活水平及善良风俗等因素综合考量酌定返还部分彩礼。

法律对离婚时请求彩礼返还的特定情形予以支持,主要是为了防止假借结婚的名义骗取财产,同时也为了保护男方的家庭财产,防止男方因离婚而陷入"人财两空"的境况。

【法律法规链接】

《最高人民法院关于适用〈中华人民共和国民法典〉婚姻家庭编的解释(一)》第5条

二、同居析产

同居关系的认定及财产分割依据——刘某与周某同居关系析产纠纷

【案号】

(2023)粤01民终12924号

【裁判要旨】

应依据在案的证据情况,查明同居关系是否存在。在此基础上,根据双方的同居情形、同居时长及财产情况,确定各项财产的性质,考虑财产的出资、登记、占有、使用等因素,从便利生产、生活等角度出发,对财产进行分割。同居期间财产的处理原则与婚姻关系存续期间财产的处理原则不同,一般而言,应遵循有约定的从约定,无明确约定且协商不成的,各自所得的收入、各自继承或者受赠的财产以及单独生产、经营、投资的收益等,归各自所有;对于共同出资购置的财产或者共同生产、经营、投资的收益以及其他无法区分的财产,则综合出资、共同生活情况等因素进行分割。

【案情简介】

刘某与周某2004年至2018年2月存在同居关系,2018年2月底,双方发生矛盾并分开生活。同居期间,二人的财产主要有登记在周某名下中山市沙溪镇翠景南路18号世纪新城雅逸六街×幢405号房及中山市沙溪镇翠景南路18号世纪新城2号地下车库127号、珠宝生意、理财产品以及对应收益。

现刘某向一审法院提起诉讼,请求:1.确认刘某与周某在2000年至2018年构成同居关系。2.判令周某向刘某支付中山市沙溪镇翠景南路18号世纪新城雅逸六街×幢405号房及中山市沙溪镇翠景南路18号世纪新城2号地下车库127号车位折价补偿款750,000元(该房屋现市场价值为150万元,刘某主张应按50%的标准返还房屋折价补偿款)。3.判令周某向刘某支付同居期间的基金理财本金及收益款17,426,033元(基金理财余额和收益款项34,852,065.19元,刘某主张应按50%的标准返还基金理财本金款。收益款项最终以周某所有案涉理财及基金到期结余情况为准,刘某主张应按50%的标准返还)。

4. 判令周某承担本案的诉讼费。

【结论】

一审判决:一、在判决生效之日起 10 日内,周某向刘某支付中山市沙溪镇翠景南路 18 号世纪新城 2 号地下车库 127 号车位补偿款 75,000 元;二、在判决生效之日起 10 日内,周某向刘某支付珠宝生意收益款 3,500,000 元;三、驳回刘某的其他诉讼请求。

刘某、周某均不服一审判决,提起上诉。二审判决:驳回上诉,维持原判。

【法院认为】

据刘某提供的证据、陈述以及证人林某、周某的陈述,刘某先后为世纪新城雅逸六街×幢 405 房、海珠区艺洲路 616 号 402 房购买家具、家电等,刘某、周某双方在 2004 年存在男女朋友关系并共同居住具有较大可能性,可以认定双方自 2004 年至 2018 年 2 月存在同居关系。

同时,现有证据无法证明刘某与周某同居是以结婚为目的,或双方有结婚的意思表示。由于刘某、周某双方不具有配偶的身份关系,对同居期间的财产不能如同合法婚姻的保护一样处理,并不当然享有共有的权利,双方共同出资购买或共同劳动、生产经营或管理是产生共有关系的前提。

登记在周某名下的中山市沙溪镇翠景南路 18 号世纪新城雅逸六街×幢 405 房,系同居期间购置,但刘某提供的银行交易明细等证据不能充分证明刘某支付了购房款或双方有共同购房的约定。双方共同居住在该房屋,刘某持有住户证、缴纳水电煤费用等与房屋权属并无必然联系。鉴于此,刘某主张该 405 房属于双方共同所有并要求分割房屋理据不足,法院不予支持。

登记在周某名下的中山市沙溪镇翠景南路18号世纪新城2号地下车库127号车位，系双方同居期间购置，购买价格为138,000元。刘某提供了2010年12月7日支付90,000元购房款的证据，一审法院予以采纳并认定案涉127号车位属于双方同居期间共同出资购置的财产。刘某主张周某按车位价值的50%返还折价补偿款合理，法院予以支持。故周某应向刘某支付127号车位补偿款7.5万元，127号车位归周某所有。

刘某仅参与了案涉珠宝生意少部分经营，对案涉珠宝生意收益贡献较小，周某及其女儿负责珠宝生意的绝大部分及核心工作，贡献较大，故刘某要求按照50%分割珠宝生意的收益与双方对珠宝生意贡献大小明显不符，法院不予支持。法院综合考虑刘某、周某双方贡献大小，酌情确定刘某可获得珠宝生意收益的10%。

【律师点评】

主张同居生活期间的财产分割，首先要明确双方是否存在同居关系。关于双方是否成立同居关系，当事人对自己提出的诉讼请求所依据的事实或反驳对方诉讼请求所依据的事实有责任提供证据加以证明。若无证据或者证据不足以证明该事实主张的，法院极可能不会认定双方存在同居关系。但若双方均认可同居关系，法院通常会予以确认。本案中双方均认可存在同居关系，也就不存在同居关系的认定问题，仅对于同居时间期限的事实需要进行认定。

法院认定双方存在同居关系时，同居生活期间双方共同所得的收入和购置的财产应当依据《婚姻家庭编解释（二）》第4条"双方均无配偶的同居关系析产纠纷案件中，对同居期间所得的财产，有约定的，按照约定处理；没有约定且协商不成的，人民法院按照以下情形分别处理：(一)各自所得的工资、奖金、劳务报酬、知识产权收益，各自继承或者受赠的财产以及单独生产、经营、投资的收益等,归各自所有;(二)共同出资购置的财产或者共同生产、经营、投资的收益以及其他无法区分的财产,以各自出资比例为基础,综合考虑共同生活情况、有无共同子女、对财产的贡献大小等因素进行分割"的规定进行处理。

本案处理时《婚姻家庭编解释(二)》并未出台,当事人双方未办理结婚登记以夫妻名义同居生活,在同居关系解除时,双方对同居关系存续期间的财产分割没有达成协议,当事人没有约定财产的共有方式,但双方的财产份额比较明确,房屋由一方出资购买,车位双方共同出资购买,珠宝生意主要由一方经营。最终,法院从当事人的收入和生活实际情况来看,能够明确分出财产份额,否定了一方主张财产混同的说法,判决属于一方所有的财产不予分割,仍归该方所有,属于双方共同出资或共同经营的部分,根据出资额或经营情况进行分割,法院的该判决结果与《婚姻家庭编解释(二)》所规定内容及精神完全一致。

【法律法规链接】

《最高人民法院关于适用〈中华人民共和国民法典〉婚姻家庭编的解释(二)》第 4 条

三、夫妻共同财产的分割

(一)房产继承时已离婚,另一方无权主张分割——张某1与李某1离婚后财产分割纠纷案

【案号】

(2023)京 01 民终 12050 号

【裁判要旨】

婚姻关系存续期间所得财产一般认定为夫妻共同财产,离婚时协商不成由法院分割。在本案中,虽房产于夫妻婚姻存续期间以无偿赠与方式登记在一方名下,但经法院审查认定该赠与实为代持,赠与人去世后房产转化为遗产。因遗产继承开始时夫妻已离婚,故后续房产出售所得款项不属于婚姻关系存续期间取得的共同财产,而应认定为登记一方的个人财产,离婚后另一方无权主张分割。

【案情简介】

张某1与李某1于1994年相识,1995年1月4日登记结婚,1997年3月23日生育一子张某2。2019年6月25日在张某1与李某1的婚姻存续期间内,张某1通过其母亲无偿赠与的方式取得昌平区回龙观镇×3号房(以下简称×3号房),登记在张某1名下。2019年6月30日,张某1、张某3、张某4、张某5共同签署《房屋所有权声明》:李某2将×3号房以赠与的形式过户到儿子张某1名下,房产证由张某1名字下代为登记。×3号房经张某1姐弟4人协商,所有权为姐弟4人共同拥有,张某1代持,待以后该房销售后产生的收益由姐弟4人平均分配。张某1父亲于2021年10月12日去世,张某1母亲李某2于2022年1月17日去世。后该房产于2022年6月13日售出后,售房款项已由张某1姐弟4人进行了分配,张某1获得售房款97.5万元。2020年8月,李某1因涉嫌刑事案件被羁押,双方协议离婚。

经双方明确,要求法院就离婚后财产予以分割,双方对于×3号房出售款产生争议。李某1请求法院判决就×3号房出售款的1/8进行分割。

【结论】

一审判决：×3 号房系张某 1 的个人财产，不应予以分割，驳回李某 1 的诉讼请求。李某 1 不服，提起上诉。二审判决：驳回上诉，维持原判。

【法院认为】

夫妻在婚姻关系存续期间所得的财产属于共同财产。离婚时，夫妻的共同财产由双方协商处理，协商不成的，由人民法院依法予以分割。就本案 ×3 号房出售张某 1 所得 97.5 万元。法院认为，2019 年 6 月 25 日在张某 1 与李某 1 的婚姻存续期间内，张某 1 通过其母亲无偿赠与的方式取得该房产，但结合案涉证据及各方陈述，法院认定该赠与行为的性质实为代持，张某 1 代其母亲登记持有 ×3 号房。张某 1 母亲于 2022 年 1 月 17 日去世继承开始，×3 号房转化为张某 1 父母的遗产。于该时点，张某 1 与李某 1 已经离婚，2022 年 6 月此房出售后张某 1 所得款项并非夫妻共同财产，系张某 1 的个人财产，不应予以分割。

【律师点评】

刚刚结婚的夫妻往往不具备自己直接购买房屋的经济能力，父母为子女买房成为越来越普遍的现象。通过赠与或遗赠取得的房屋在什么情况下能够认定为夫妻共同财产，什么情况下属于受赠与人的个人财产，这是双方离婚时都十分关注的问题，因为这直接涉及离婚时财产分割的范围。原则上，婚姻关系存续期间取得的财产属于夫妻共同财产，但并非没有例外。《民法典》第 1063 条规定："下列财产为夫妻一方的个人财产：（一）一方的婚前财产；（二）一方因受到人身损害获得的赔偿或者补偿；（三）遗嘱或者赠与合同中确定只归一方的财产;(四)一方专用的生活用品;(五)其他应当归一方的财产。"在婚姻关系存续期间,一方父母赠与子女房屋的,根据《婚姻家庭编解释(一)》第29条第2款的规定,有约定按约定,没有约定或约定不明确的,除非遗嘱或者赠与合同中确定只归一方,否则视为夫妻共同财产。

　　本案的情况较为特殊,张某1有足够的证据证明李某2的房屋并非赠与,而是代持。且李某2于张某1与李某1离婚后死亡,×3号房作为李某2的遗产发生继承,但由于此时张某1与李某1已经离婚,故李某1无权请求分割张某1离婚后取得的遗产份额。若张某1取得李某2的房屋并非代持,而是基于赠与行为,李某2赠与房屋时也没有明确表示仅为对张某1的赠与,这种情况下,张某1有权在离婚时请求分割该房屋。

【法律法规链接】

　　《中华人民共和国民法典》第1063条

　　《最高人民法院关于适用〈中华人民共和国民法典〉婚姻家庭编的解释(一)》第29条

(二)非公司股东一方配偶在离婚时对另一方名下公司出资额的分割规则——杨某与徐某离婚后财产纠纷案

【案号】

　　(2022)陕01民终95号

【裁判要旨】

　　离婚案件中分割夫妻共同财产涉及一方在有限责任公司的出资额,当夫妻双方对股权分割及转让价格未达成一致,且非股东配偶不主张成为公司股东而要求折价补偿时,法院可综合考量双方贡献、公司经营等因素,确定以折价补偿方式分割股权。若因一方不配合股权价值评估导致无法确定股权价值,法院可结合案件事实及相关财务数据,酌情认定折价补偿金额,并让妨碍评估方承担不利后果。

【案情简介】

徐某与杨某原系夫妻,婚姻关系存续期间,2014年5月21日,杨某注册成立山东莫科化学有限公司。公司成立之初,股东为徐某与杨某,其中徐某认缴出资30万元,持股10%,杨某认缴出资270万元,持股90%,法定代表人为杨某;后该公司增资为3000万元,公司法人及股东进行了多次变更;2017年12月12日,股东杨某爱将其在该公司的2970万元股权转让给杨某,股东变更为杨某和杨某爱,其中杨某持股99%,杨某爱持股1%,法定代表人为杨某;2020年9月10日,杨某将其持有的公司2250万元股权以0.3万元的价格转让给了东营爱邦信息科技有限责任公司,将其持有的公司720万元股权以0.1万元的价格转让给了杨某爱,公司股东变更为东营爱邦信息科技有限责任公司(持股75%)和杨某爱(持股25%),法定代表人变更为杨某爱。2020年6月15日,徐某、杨某经山东省东营经济技术开发区人民法院调解离婚,离婚时杨某持有山东莫科化学有限公司99%的股权,双方未对山东莫科化学有限公司的股权进行分割。庭后,徐某于2020年11月2日向阎良区人民法院提出书面申请,申请对以双方调解离婚之日为基准日的山东莫科化学有限公司的股权价值进行审计评估。阎良区人民法院依法将本案移送司法鉴定。因杨某系山东莫科化学有限公司的法定代表人,鉴定材料的提交需要杨某配合,但杨某在提交了公司章程、股东会会议及评估基准日前三年的资产负债表和利润表后,拒不配合提供公司的原始账簿,致使本案鉴定最终未能完成。

徐某向一审法院起诉请求:1.判令杨某所持有的山东莫科化学有

限公司99%的股权继续归杨某所有,杨某一次性支付徐某该公司99%股权价值的一半,即110万元(由于徐某不参与公司经营,对公司财务不了解,故该公司99%股权价值的一半暂时定为110万元,具体金额应该以法院最后查明的实际股权价值为准)。2.判令杨某承担本案的所有诉讼费用。

【结论】

一审判决:一、杨某于判决生效之日起10日内支付原告徐某股权折价补偿款577,610.22元,徐某不再享有山东莫科化学有限公司的股权;二、驳回徐某的其他诉讼请求。

杨某不服一审判决,提起上诉。二审判决:驳回上诉,维持原判。

【法院认为】

《婚姻家庭编解释(一)》第73条第1款规定:"人民法院审理离婚案件,涉及分割夫妻共同财产中以一方名义在有限责任公司的出资额,另一方不是该公司股东的,按以下情形分别处理:(一)夫妻双方协商一致将出资额部分或者全部转让给该股东的配偶,其他股东过半数同意,并且其他股东均明确表示放弃优先购买权的,该股东的配偶可以成为该公司股东;(二)夫妻双方就出资额转让份额和转让价格等事项协商一致后,其他股东半数以上不同意转让,但愿意以同等条件购买该出资额的,人民法院可以对转让出资所得财产进行分割。其他股东半数以上不同意转让,也不愿意以同等条件购买该出资额的,视为其同意转让,该股东的配偶可以成为该公司股东。"本案中,徐某、杨某离婚时,徐某为山东莫科化学有限公司的股东,杨某持有的山东莫科化学有限公司99%的股权系徐某、杨某的夫妻共同财产,现徐某主张分割该股权,符合法律规定,但在本案中,双方并未就该股权的分割及转让价格等达成一致意见，徐某不主张获得一半股权份额后成为公司股东，而主张杨某就其享有的股权份额给予折价补偿，杨某同意分割股权，但不同意折价补偿。徐某、杨某婚姻关系存续期间，徐某为照顾家庭及子女付出较多，且其婚后并未参与公司经营，从公司日后的经营发展及照顾女方、子女的角度，结合徐某、杨某的实际情况，本案涉及的公司股权分割，应以杨某向徐某支付股权折价补偿款更为合理。然在本案股权价值评估期间，因杨某不配合，最终导致股权价值无法确定。本案若因杨某方不配合鉴定致使徐某方败诉，或仅对涉案股权作简单的比例分割，显然有失公平，杨某首次起诉离婚为2018年年底，结合案件事实及山东莫科化学有限公司近几年的利润表，酌情认定杨某以山东莫科化学有限公司2019年1月至2020年6月15日的主营业务利润的99%的一半对徐某应享有的该公司股权进行折价补偿，即(984,975.47元+181,913.87元)×99%×50%=577,610.22元。杨某不配合本案鉴定，应承担由此造成的不利后果。

【律师点评】

在离婚时，若涉及股权份额的分割，通常有两个问题难以避免。其一，一方主张分割股权，另一方主张折价补偿时，应如何处理；其二，一方可能并未参与公司的经营，对于股权价值并不知晓，补偿款数额难以确定。

针对问题一，法院援引《婚姻家庭编解释（一）》第73条的规定，为案件中股权分割的处理奠定了坚实的法律基础，该条款明确了非公司股东一方配偶在离婚时对另一方名下公司出资额的分割规则。

徐某和杨某对于股权分割的方式存在分歧，徐某不主张成为公司股东，而要求折价补偿；杨某虽同意分割股权却不同意折价补偿。在此情形下，法院综合考虑徐某为家庭及子女付出较多、婚后未参与公司经营等因素,从公司经营发展以及照顾女方、子女的角度出发,判定以杨某向徐某支付股权折价补偿款的方式分割股权,这一判定充分体现了公平原则,也契合婚姻家庭案件中照顾弱势一方及无过错方的司法导向。

针对问题二,因杨某系山东莫科化学有限公司的法定代表人,故有义务配合提交鉴定材料。但杨某拒不配合提供公司的原始账簿,导致鉴定最终未能完成,因此,杨某应承担由此造成的不利后果。法院基于山东莫科化学有限公司近几年的利润表,酌情认定杨某以山东莫科化学有限公司 2019 年 1 月至 2020 年 6 月 15 日的主营业务利润的 99% 的一半对徐某应享有的该公司股权进行折价补偿,以此维护徐某的合法权益。

【法律法规链接】

《最高人民法院关于适用婚姻家庭编的解释(一)》第 73 条

(三)理财取现未合理解释,法院酌定金额予以分割——李某1与吕某1离婚后财产纠纷案

【案号】

(2021)浙 10 民终 2042 号

【裁判要旨】

在离婚案件中,一方从事理财工作且与他人存在长期巨额经济往来,在夫妻关系正常至离婚诉讼期间有较大金额存现或取现行为,若该方已对取现行为作出一定合理解释,同时结合双方收入来源、已分割财产情况及本地交易习惯等事实,不能仅以取现认定其转移隐匿夫妻共同财产。但一方若对特定账户取现款项去处无法解释说明,则应

承担不利后果。法院综合考虑实际情况,酌情确定部分款项为夫妻共同财产进行分割。

【案情简介】

吕某1与李某1于2007年2月1日登记结婚,2017年9月开始分居。吕某1于2018年3月28日向法院起诉离婚,后于2018年6月15日经调解和好。吕某1于2018年12月17日第二次向法院起诉离婚,2020年2月28日法院作出(2018)浙1002民初8996号民事判决(已生效),准予原、被告离婚并将吕某1名下的理财产品作为夫妻共同财产进行了分割。另外,夫妻关系存续期间购置的不动产和车辆均作为夫妻共同财产分割完毕。因吕某1在婚姻关系存续期间与她人的交往超出了正常限度且足以令李某1感到忠实缺失,结合照顾女方权益的原则,在分割部分不动产和车辆时,对李某1予以了适当多分。而吕某1名下招商银行账户、中信银行账户的流水明细表明其存在长期大量而又频繁的资金往来,该些款项往来一直从吕某1、李某1婚姻感情稳定持续至双方感情破裂乃至法院受理两人的离婚诉讼案件期间。

后李某1以离婚后财产纠纷为案由向一审法院起诉,请求分割夫妻共同财产[被告吕某1 2018年6月6日至2019年2月26日从其名下招商银行账户(尾号:2222、××××)中以取现方式转移的资产18,985,293.15元],具体分割要求为李某1分得其中的60%,计11,391,175.89元。诉讼过程中,李某1变更诉讼请求为:分割夫妻共同财产[吕某1 2018年5月18日至2019年6月27日从其名下招商银行账户(尾号:××××、××××)、中信银行账户(尾号:××××)中以取现方式转移的资产21,271,552.50元],具体分割要求为李某1分得其中的60%,计12,762,931.50元。

【结论】

一审判决:一、吕某1于本判决发生法律效力之日起10日内向原告李某1支付600,000元;二、驳回原告李某1的其他诉讼请求。

李某1不服一审判决,提起上诉。二审判决:驳回上诉,维持原判。

【法院认为】

吕某1从事的是理财工作,其与原审第三人等人之间存在长期、巨额的经济往来,这些经济往来在吕某1第一次起诉离婚之前就已存在。且吕某1在其与李某1夫妻关系正常期间至双方离婚诉讼期间均有较大金额的存现或取现行为,以及吕某1就上述取现行为已作合理解释的情况下,结合吕某1与李某1的收入来源、投资款项来源、吕某1与李某1已分割几千万元的夫妻共同财产等事实以及本地的交易习惯等,不能仅凭吕某1取现的事实就认定其转移隐匿夫妻共同财产。但是吕某1对其尾号2222招商银行账户中多次取现合计金额1,092,436元款项的去处无法作出解释说明,应当承担不利的后果。该院综合考虑吕某1平时转账资金数额巨大且频繁、对数额较小转账回忆存在一定难度的实际情况,扣除日常生活花销费用,酌情确定1,000,000元作为夫妻共同财产,结合照顾女方权益的原则按照吕某1和李某1各40%、60%比例进行分割,由吕某1向李某1返还600,000元。

【律师点评】

《民法典》第1062条规定:"夫妻在婚姻关系存续期间所得的下列财产,为夫妻的共同财产,归夫妻共同所有:(一)工资、奖金、劳务报酬;(二)生产、经营、投资的收益;(三)知识产权的收益;(四)继承或者受赠的财产,但是本法第一千零六十三条第三项规定的除外;(五)其他应当归共同所有的财产。夫妻对共同财产,有平等的处理权。"本案中,吕某1的投资收益是在婚姻关系存续期间所得,理应认定为夫妻共同财产。本案的难点在于吕某1由于工作性质,经常会有大额资金往来,这为其转移、隐匿资产提供了便利。《民法典》第1092条规定:"夫妻一方隐藏、转移、变卖、毁损、挥霍夫妻共同财产,或者伪造夫妻共同债务企图侵占另一方财产的,在离婚分割夫妻共同财产时,对该方可以少分或者不分……"离婚后,一方发现另一方有上述行为的,可以向人民法院提起诉讼,请求再次分割夫妻共同财产。本案中,李某1通过申请调取吕某1的银行流水,证明吕某1存在大额资金转出行为,举证责任转移至吕某1,吕某1应证明该支出并非转移资产而是正常的工作往来,对于吕某1无法证明的部分,则由其承担举证不能的不利后果。最终法院将无法证明属于正常工作往来的财产认定为夫妻共同财产,并综合吕某1的过错、照顾女方等原则,对吕某1进行少分。

【法律法规链接】

《中华人民共和国民法典》第1062条、第1092条

(四)未处分的婚内保险理财产品,离婚后仍可主张分割——陈某与李某离婚后财产纠纷案

【案号】

(2024)黑06民终629号

【裁判要旨】

在离婚后财产分割纠纷案件中,夫妻一方于婚姻关系存续期间以

个人银行账户使用夫妻共同财产购买保险理财产品，其缴纳的保费及投资产生的收益均属于夫妻共同财产，即便该理财产品登记于一方名下，若离婚时未对相关财产进行分割，另一方也有权在离婚后主张分割。

【案情简介】

李某与陈某于2019年4月12日在大庆市让胡路区民政局协议离婚。双方婚姻关系存续期间以陈某名义购买了保单号为00078341721×××太平人寿保险盈盛C和保单号为00078341732×××太平人寿保险盈盛C保险理财产品，2008年7月5日起至2017年7月25日止，每年由陈某工商银行账户支付保费1万元，共计10万元，2023年7月8日共收到回款138,722.12元。案外人郑某超于2018年7月10日向陈某出具欠条一张，内容为"今有郑某超欠陈某人民币壹拾万元整（100,000元），欠款人：郑某超，时间：2018年7月10日，身份证号：230202196905×××"。陈某于2018年7月10日向郑某超账户转账97,000元。郑某超自2018年8月至2019年2月通过微信转账方式向陈某还款21,000元。

李某向一审法院起诉，请求陈某立即支付理财款69,361.06元及对丁某芳和郑某超享有的夫妻债权7万元；诉讼费、保全费用由陈某承担。

【结论】

一审判决：一、陈某于判决生效后立即给付李某理财款69,361.06元；二、驳回李某的其他诉讼请求。

陈某不服一审判决，提起上诉。二审判决：驳回上诉，维持原判。

【法院认为】

本案为离婚后财产分割纠纷，结合李某提交的证据可知，陈某在与李某婚姻关系存续期间以其个人账户购买了保单号为00078341721×××太平人寿保险盈盛C和保单号为00078341732×××太平人寿保险盈盛C保险理财产品,自2008年7月5日起至2017年7月25日止,每年由陈某工商银行账户支付保费1万元,共计10万元,2023年7月8日共收到回款138,722.12元,此笔款项为双方婚姻关系存续期间夫妻共同财产投资所产生的收益,应属于夫妻共同财产,并且该笔款项在陈某名下账户中,双方在离婚时未对该笔款项进行处分,故法院对李某要求陈某给付理财款69,361.06元的诉讼请求依法予以支持。因李某不能提交充分证据证实其与陈某对丁某芳享有债权4万元及对郑某超享有债权10万元的事实,故法院对李某要求陈某给付债权7万元的诉讼请求不予支持。如以上两项债权真实存在,且为夫妻共同债权,李某可以债权人身份向债务人另行主张。

【律师点评】

　　保险的分割涉及多项内容,有保险费、保单红利、保险金等,并非每项内容都会被认定为夫妻共同财产或者一方的个人财产,而需要结合案件的具体情况进行综合判断,比如,投保时间是否为夫妻关系存续期间、投保使用的资金是夫妻共同财产还是个人财产等。本案中,陈某主张保险为其个人财产,但保险的投保时间为夫妻关系存续期间,且陈某并未提供其他证据证明保费为其个人财产,法院当然会将此保险收益认定为夫妻共同财产。

【法律法规链接】

　　《中华人民共和国民法典》第1062条

（五）离婚时未分割婚内房产，离婚后房屋被征收的，征收利益应区分不同情况予以分割——王某与孙某离婚后财产纠纷案

【案号】

(2020)苏10民终2941号

【裁判要旨】

离婚时未分割的夫妻共同房产，在婚姻关系存续期间面积增加不改变财产性质，被征收后房屋补偿款及与原房屋相关的奖金，因属原房产转化利益，应认定为夫妻共同财产；而搬家补助、过渡费、困难补助费等特定用途补偿，以及离婚后新增附属物补偿，因具有人身属性或属个人财产投入，不应认定为共同财产。征收安置房屋出售后的收益，应区分夫妻共同财产与个人财产对应部分，对共同财产对应的利益，共有人有权主张按份分割。

【案情简介】

王某、孙某于××××年××月××日办理结婚登记，于2008年7月4日经法院调解离婚，但离婚时未对夫妻共同财产进行分割。双方原共同居住的房屋位于仪征市，登记在孙某名下，房屋所有权证存根载明的房屋建筑面积为51.48m^2，领证日期为1999年7月。孙某与仪征市人民政府于2017年3月4日签订搬迁安置协议书一份，约定对上述房屋实施搬迁安置，协议中载明的建筑面积及安置面积为65.39m^2，搬迁补偿费用为：房屋补偿53,728元，搬家补助10,000元，奖金30,000元，过渡费4500元，其他附属物共59,772元，合计158,000元；孙某选择的安置房位于刘集镇居民集中区，安置房总价为198,000元；孙某搬迁补偿费用与安置房款相抵，孙某支付刘集镇人民政府

40,000元,本价格包含6个月过渡费及全部附属物、树木、蔬菜、祖坟等一切搬迁安置补偿费用。双方均承认涉案的原位于仪征市房屋系夫妻双方的共同财产。上述房屋目前已被拆除,孙某被安置于仪征市刘集镇农民集中居住区××户。2019年10月1日,孙某与案外人签订房屋买卖协议一份,约定孙某将刘集镇××号房屋以680,000元的价格转让给案外人。

王某向一审法院起诉请求:1.依法分割王某、孙某共有的位于仪征市的搬迁后所获安置房的出售价款,孙某应将其中340,000元给付王某;2.判令本案诉讼费由孙某负担。

【结论】

一审判决:孙某于本判决生效之日起10日内给付原告王某房屋出售款55,356.12元。

王某不服一审判决,提起上诉。二审判决:撤销一审判决,改判孙某于本判决生效之日起10日内给付王某房屋出售应得款143,775.35元。

【法院认为】

原位于仪征市的涉案房屋系王某与孙某的夫妻共同财产,房屋所有权证存根载明的房屋建筑面积为$51.48m^2$。双方当事人于2008年经法院调解离婚,对该房屋并未进行分割,后该房屋由孙某居住至征收前。现该房屋已被征收,作为夫妻共同财产的原房屋已经转化为征收利益。该征收利益中涉及的房屋补偿款系原房屋的征收转化利益,应属于夫妻共同财产。至于此次征收利益中涉及的奖金30,000元,系因原房屋(夫妻共同财产)的征收而取得的财产权益,与原房屋存在关联性,故也应认定为夫妻共同财产。至于王某主张的搬家补助、过渡费等补偿项目应为房屋实际居住人即孙某享有,并非夫妻共同财产的征收转化利益。关于补偿项目中的其他附属物,王某在庭审中陈述其与孙某离婚时并无上述附属物,故无法认定为夫妻共同财产的征收转化利益。对于其他附属物补偿中涉及的困难补助费等费用,系对孙某生产生活需要的补偿,应由实际居住人孙某享有,不宜认定为夫妻共同财产(原房屋)的征收转化利益。

本案中,孙某获得的位于仪征市刘集镇农民集中居住区××号房屋虽系征收安置住房,但并非原房屋完全转化的征收补偿利益,其中既有夫妻共同财产征收补偿利益,也有孙某个人财产及专属于其个人的征收补偿利益。现该房屋已于2019年出售于案外人,约定房屋成交价为680,000元,该房款应视为征收安置房屋的收益。对于该收益中包含的夫妻共同财产所对应的财产利益,王某作为夫妻共同财产的共有人,有权要求按照其在夫妻共同财产中享有的财产份额进行分割。本案中,夫妻共同财产(老房屋征收利益)在680,000元中所对应的财产利益为287,550.7元=[(53,728元+30,000元)×680,000元÷198,000元]。关于分割比例问题。法院认为,本案征收补偿费用中其他附属物补偿高于房屋补偿费,该费用对应的征收利益已确认为个人所有,但孙某并未提供证据证明其对讼争房屋进行过重大修缮。故法院认为应按50%的比例分配征收财产利益。据此,孙某应给付王某房屋出售款143,775.35元(287,550.7元×50%)。

【律师点评】

离婚后财产分割纠纷包含以下情形:一是双方当事人离婚时,未对婚姻关系存续期间的夫妻财产进行分割,离婚后对于财产的分配问题产生的纠纷;二是当事人协议离婚时对夫妻共同财产达成了财产分割协议,离婚后因履行财产分割协议而发生的纠纷;三是双方当事人协议离婚后一年内就夫妻共同财产分割问题反悔而引发的纠纷;四是双方当事人婚姻关系结束后,一方发现在婚姻关系存续期间存在的在离婚时未分割的其他夫妻共同财产而引发的纠纷。本案争议焦点为离婚后未分割的夫妻共同房屋征收利益的属性认定与分割规则,核心在于区分征收补偿中财产性权益与人身性权益的界限,并确定混合属性征收利益的分割标准。法院以"原物转化"为逻辑起点,明确原房屋为夫妻共同财产,其被征收后的房屋补偿款及奖金因直接依附于原房屋,故属于夫妻共同财产范畴;而搬家补助、过渡费等具人身专属性质的补偿,因指向实际居住人的生活需求,排除在共同财产外。既尊重了夫妻共同财产的原始属性,又兼顾了人身性权益的特殊性质,平衡了双方当事人的利益关系。

【法律法规链接】

《中华人民共和国民法典》第 1087 条

(六)因房产登记共有而获益,个人债务应属夫妻共同债务——王某某、孟某1、孟某2、孟某3 与孟某某、李某某合同纠纷案

【案号】

(2022)京 0108 民初 49470 号

【裁判要旨】

依据《民法典》第 1064 条关于夫妻共同债务的认定规则,判断婚姻关系存续期间一方以个人名义所负债务是否属于共同债务,需考量债务是否基于夫妻共同意思表示,或是否用于家庭日常生活、共同生产经营。对于超出家庭日常生活需要的债务,若债权人能证明债务实际用于夫妻共同生活、共同生产经营,或夫妻共享债务利益,则应认定

为共同债务。本案中，虽生效判决确定的债务由一方承担，但该债务发生于婚姻存续期间，且另一方因债务人将房产登记为共有而获益，故应认定该债务对应的房屋折价款属于夫妻共同债务。

【案情简介】

李某某和孟某某二人于1984年登记结婚，后结婚证丢失，于2011年补办结婚证，婚姻关系存续至今。2018年10月25日，原告王某某、孟某1、孟某2、孟某3以合同纠纷为由将孟某某起诉至北京市海淀区人民法院，北京市海淀区人民法院于2021年11月25日作出（2018）京0108民初60769号民事判决书（以下简称60769号判决书），法院认定孟某某与王某某、孟某1、孟某2、孟某3所签协议为有效协议，判决孟某某于判决生效后10日内支付王某某房屋折价款共计366,1571.43元；支付孟某2、孟某1、孟某3房屋折价款各366,157.14元。均约定由孟某某出售涉案房产后，由王某某等人按比例分割售房款。2018年10月18日，北京市海淀区×××号房产（以下简称涉案房屋）登记为孟某某和李某某共有，二人各享有50%份额，现孟某某明确表示不同意出售涉案房屋。

王某某、孟某1、孟某2、孟某3向北京市海淀区人民法院提起诉讼，请求确认北京市海淀区人民法院60769号判决书确定的孟某某向王某某支付房屋折价款3,661,571.43元，向孟某1、孟某2、孟某3各支付房屋折价款366,157.14元的债务以及迟延履行期间的债务利息系孟某某及李某某的夫妻共同债务。

【结论】

一审判决：确认60769号判决书中载明的孟某某向王某某支付房屋折价款3,661,571.43元，向孟某1、孟某2、孟某3各支付房屋折价款 366,157.14 元及迟延履行期间的债务利息,以及孟某某向王某某、孟某1、孟某2、孟某3 支付保全费 5000 元、鉴定费 15,566 元、案件受理费 15,040 元的债务为孟某某与李某某夫妻共同债务。本判决已生效。

【法院认为】

　　本案的争议焦点在于法院已生效的 60769 号判决书确定的孟某某承担的债务是否属于孟某某、李某某夫妻关系存续期间的共同债务。夫妻共同债务是指夫妻双方或一方在婚姻关系存续期间为共同生活所负的债务。《民法典》第 1064 条规定:"夫妻双方共同签名或者夫妻一方事后追认等共同意思表示所负的债务,以及夫妻一方在婚姻关系存续期间以个人名义为家庭日常生活需要所负的债务,属于夫妻共同债务。夫妻一方在婚姻关系存续期间以个人名义超出家庭日常生活需要所负的债务,不属于夫妻共同债务;但是,债权人能够证明该债务用于夫妻共同生活、共同生产经营或者基于夫妻双方共同意思表示的除外。"本案 60769 号判决书中确定的孟某某的债务能否认定为夫妻共同债务,需要考虑该债务是否用于夫妻共同生活。对"是否用于夫妻共同生活"的判断可采用以下两个标准:(1)夫妻有无共同举债的合意。如果夫妻有共同举债的合意,则不论该债务所带来的利益是否为夫妻共享,该债务均应视为共同债务。(2)夫妻是否分享了债务所带来的利益。尽管夫妻事先或事后均没有共同举债的合意,但该债务发生后,夫妻双方共同分享了该债务所带来的利益,则同样应视为共同债务。本案中,生效判决书中确定的债务发生在孟某某、李某某夫妻关系存续期间,尽管判决书中确定的债权人为孟某某个人,但孟某某已于 2018 年 10 月 18 日将案涉房产登记为与李某某共有,李某某因此获益,故案涉房屋所产生的房屋折价款应为两人的夫妻共同债务。

【律师点评】

　　本案争议焦点为孟某所负债务是否构成夫妻共同债务，核心在于对《民法典》第1064条"债务用于夫妻共同生活"的实质认定。法院对"是否用于夫妻共同生活"的判断一般采用以下两个标准：(1)夫妻有无共同举债的合意。如果夫妻有共同举债的合意，则不论该债务所带来的利益是否为夫妻共享，该债务均应视为夫妻共同债务。(2)夫妻是否分享了债务所带来的利益。尽管夫妻事先或事后均没有共同举债的合意，但该债务发生后，夫妻双方共同分享了该债务所带来的利益，则同样应视为夫妻共同债务。本案中，生效判决书确定的债务发生在孟某某、李某某夫妻关系存续期间，尽管判决书中确定的债务人为孟某某个人，但孟某某已于2018年10月18日将案涉房产登记为与李某某共有，李某某因此获益，故案涉房屋所产生的房屋折价款应为两人的夫妻共同债务。债权人某笔债务为主张夫妻共同债务时，可通过证明债务与夫妻共同财产的牵连关系(如财产增益、用途关联性)完成举证。司法实践中，此类案件强调"利益与责任共担"原则，既保障交易安全，也避免配偶一方以共有财产为名逃避债务，体现了实质公平与家庭财产责任的平衡。

【法律法规链接】

　　《中华人民共和国民法典》第1064条

四、父母为子女出资购房

(一) 父母部分出资购房，存在借款合意和证据支持时应认定为借贷关系——陈某与郁某、邱某民间借贷纠纷案

【案号】

(2022) 浙 02 民终 5343 号

【裁判要旨】

父母对成年子女的购房、购车出资，在缺乏明确赠与夫妻双方的证据时，不应基于亲属关系径行认定为赠与，而应结合出资凭证、当事人意思表示等综合判定法律关系性质。夫妻共同债务认定方面，婚前一方所负债务，非举债配偶未参与合意且未实际获益的，不承担共同还款责任；婚姻关系存续期间一方为家庭日常生活需要所负债务，应认定为夫妻共同债务，即便夫妻间存在内部债务分担约定，若债权人不知情，配偶仍需承担连带清偿责任。

【案情简介】

陈某系郁某母亲，郁某与邱某于 2016 年 5 月 25 日登记结婚。2014 年 2 月至 3 月，郁某为购买宁波市江北区铂翠湾房屋由陈某支付首付款共计 1,623,656 元，其中 2014 年 2 月 10 日收取现金 1 万元，并签署收条，2 月 16 日、3 月 21 日通过陈某银行转账及信用卡支付 90,000 元、193,656 元、760,000 元、55,0000 元及 20,000 元，该借款均签署借条，经查上述收条、借条系诉讼前补写。

2015 年 7 月 4 日，陈某转账 48,844.14 元用于支付该房屋契税、维修基金及补房款，双方签有借条。2015 年 7 月 30 日，郁某向陈某借款 300,000 元并另借 49,302 元用于房屋装修。2014 年 5 月至 2018 年

12月,陈某分多笔向郁某转账支付房贷合计58,000元,均签有借条;2018年12月双方约定2018~2023年房贷转为育儿费用。2018年9月至12月,陈某分四次转账26.6万元供郁某购买蔚来汽车,补写借条。以上借条均约定了年利率以及逾期滞纳金。

2016年5月25日,郁某与邱某登记结婚当日签订《婚姻约定协议》,约定铂翠湾房屋为夫妻共同财产(郁某占60%、邱某占40%),个人债务由各自承担,并公证确认房屋按份共有。2021年9月,邱某起诉房屋确权,经调解确认产权份额属于邱某与郁某共同所有,邱某享有上述房屋的40%产权份额,郁某享有上述房屋的60%产权份额,以及共同偿还房贷。2022年5月,邱某诉请离婚未获支持。

2022年8月,陈某向一审法院起诉请求:1.判令郁某、邱某立即归还借款1,623,656元,并支付利息2,111,731.44元(暂计算至2019年8月19日),此后继续支付以1,623,656元为基数,2019年8月20日至实际付清之日止按照LPR 4倍计算的利息;2.判令郁某、邱某立即归还借款349,302元,并支付利息170,191.42元(该利息暂计算至2019年8月19日),此后继续支付以349,302元为基数,2019年8月20日起至实际付清之日止按照年利率12%计算的利息;3.判令郁某、邱某立即归还借款48,844.14元,并支付利息30,269.98元(该利息暂计算至2019年8月19日),此后继续支付以48,844.14元为基数,2019年8月20日起至实际付清之日止按照年利率15%计算的利息;4.判令郁某、邱某立即归还借款58,000元,并支付利息17,844.25元(该利息暂计算至2019年8月19日),此后继续支付以58,000元为基数,自2019年8月20日起至实际付清之日止按照年利率10%计算的利息;5.判令郁某、邱某立即归还借款26,6000元,并以266,000元为基数,自起诉之日起至实际付清之日止,按照LPR 4倍计算的利息;6.本案受理费由郁某、邱某承担。

【结论】

一审判决：一、郁某于判决生效之日起10日内返还陈某借款本金1,623,656元，并支付以借款本金1,623,656元为基数，2014年3月21日起至2019年8月19日止按照年利率24%计算的利息；自2019年8月20日起至实际付清之日止按照全国银行间同业拆借中心于2021年11月22日公布的一年期贷款市场报价利率4倍计算的利息。二、郁某于判决生效之日起10日内返还陈某借款本金349,302元，并支付以借款本金349,302元为基数自2015年7月30日起至实际付清之日止按照年利率12%计算的利息。三、郁某于判决生效之日起10日内返还陈某借款本金48,844.14元，并支付以借款本金48,844.14元为基数自2015年7月4日起至实际付清之日止按照年利率15%计算的利息。四、郁某于判决生效之日起10日内返还陈某借款本金58,000元并支付相应利息（以借款本金17,500元为基数，自2014年12月31日起至实际付清之日止按照年利率10%计算利息；以借款本金10,500元为基数，自2015年12月31日起至实际付清之日止按照年利率10%计算利息；以借款本金10,000元为基数，自2016年12月31日起至实际付清之日止按照年利率10%计算利息；以借款本金20,000元为基数，自2017年12月31日起至实际付清之日止按照年利率10%计算利息）。五、郁某于判决生效之日起10日内返还陈某借款本金266,000元，并支付以借款本金266,000元为基数，自2021年11月29日起至实际付清之日止按照全国银行间同业拆借中心于2021年11月22日公布的一年期贷款市场报价利率4倍计算的利息（被告邱某对借款本金266,000元承担共同返还责任）。六、驳回陈某的其他诉讼请求。

陈某不服一审判决，提起上诉。二审判决：驳回上诉，维持原判。

【法院认为】

父母为子女出资购房、购车虽然在表面上不排除为子女及其配偶提供更好生活条件的考虑，但子女成年后已经具备完全民事行为能力，应当独立生活，父母对子女不再负有养育义务，父母的资助更多是基于情感上的关心关爱，父母未提供明确表示赠与子女夫妻双方的证据而直接认定父母为子女购房、购车出资系对子女夫妻双方的赠与，缺乏社会认同，至于父母未来是否向子女主张还款属于父母自己决定行使或放弃权利。就本案而言，虽然陈某与郁某系母子关系，但陈某为郁某出资购房、购车的款项金额巨大，不能仅以双方之间的亲属关系即认定出资款项系陈某对郁某、邱某的赠与。陈某提供的借条、银行转账凭证的金额能够相互印证，郁某对借款的事实也予以认可，虽然结合邱某提供的证据以及当事人的庭审陈述，部分借条系郁某事后补写，但后补的借条仍属于陈某与郁某针对涉案款项最终达成的合意，借条出具的早晚并不影响涉案出资款项的性质认定，也不能据此否认涉案民间借贷关系的真实性。

陈某现主张邱某需承担共同还款责任的购房款、装修款、契税、维修基金、补交房款均发生在郁某、邱某结婚之前，并非婚姻关系存续期间发生的债务，特别是其中涉及的1,623,656元购房款发生在2014年3月，此时郁某、邱某尚未相识，可见购房并非为郁某、邱某结婚之用。而上述款项对应的借条都是在一审诉讼之前由郁某向陈某补写，陈某从未告知邱某存在上述借款事宜，邱某也未对上述款项进行过认可。邱某对上诉款项无须承担夫妻共同还款责任。

郁某因购买涉案蔚来汽车而向陈某借款的本金266,000元能够认定为郁某与邱某的夫妻共同债务。理由如下：郁某向陈某借款266,000元用于购买涉案蔚来汽车发生在郁某与邱某夫妻关系存续期间，涉案蔚来汽车亦用于家庭日常生活，邱某起诉离婚时也将涉案蔚来汽车作为夫妻共同财产主张分割,因此,本案郁某因购车向陈某借款266,000元应当认定为夫妻一方在婚姻关系存续期间以个人名义为家庭日常生活需要所负的债务,陈某据此主张上述债务属于郁某与邱某夫妻共同债务并诉请郁某与邱某承担共同还款责任,具有事实依据与法律依据,法院予以支持。虽然郁某与邱某于2016年5月25日签订的《婚姻约定协议》第3条约定,为避免财产纠纷,夫妻个人对外的债务由各自(或各自家庭)承担,邱某据此抗辩其无须承担共同还款责任,但邱某提供的证据不能证明陈某知晓该约定,故对于陈某要求郁某偿还购车借款本金及利息的诉请予以支持。

【律师点评】

　　父母为子女出资买房在房屋价格高涨的如今越来越普遍,但是基于父母与子女的亲密关系,父母在出资时往往不会写明是赠与还是借款,这就直接导致离婚时夫妻双方会对这笔出资能否构成夫妻共同债务产生争议。本案中,一审、二审法官均认为父母对于已经成年的子女没有养育义务,再加上购房款往往数额较大,不应认定为赠与。但能否构成夫妻共债还要结合借款出资的时间、是否为夫妻共同生活借款等因素进行判断。本案郁某与邱某结婚前,甚至未相识前,陈某已经为郁某购买房屋出资,故此借款不应认定为用于郁某与邱某夫妻共同生活、共同生产经营或者基于夫妻双方共同意思表示而产生的债务。而汽车购买于郁某与邱某婚姻关系存续期间,且用于夫妻共同生活,故陈某为郁某与邱某购买汽车提供的借款构成夫妻共债。

　　此处需注意的是,父母出资为子女购房,该出资款是借款还是赠与的问题,在我国司法实践中观点不一,这就需要结合具体案件的情况、父母出资的数额以及该子女是否为家庭中的独生子女等因素综合判断。

【法律法规链接】

《中华人民共和国民法典》第679条、第1064条、第1065条

《最高人民法院关于适用〈中华人民共和国民法典〉婚姻家庭编的解释（一）》第29条、第33条、第37条

（二）婚姻关系存续期间父母为子女全额出资购房的，离婚分割按约定处理——钟某与冯某1、冯某2共有物分割纠纷案

【案号】

（2021）粤01民终1685号

【裁判要旨】

婚姻关系存续期间，一方父母为子女全资购房引发权属争议时，首先，在出资事实认定上，秉持"谁主张，谁举证"原则，由主张父母出资方提供银行流水、存款凭证等证据，形成完整证据链证明全额出资事实，若对方无法反驳，则依优势证据原则予以认定；其次，在赠与对象及权属性质判定上，若存在明确约定赠与一方的合同，按约定处理；若无约定，结合房屋登记情况、实际居住使用等因素，综合判断赠与对象，倾向认定登记权利人所享产权份额为其个人财产，适用《婚姻家庭编解释（二）》第8条第1款进行裁判。

【案情简介】

钟某与冯某1于1992年2月24日登记结婚。2007年7月23日，冯某1、冯某2与出卖人广东正升建筑有限公司签订《商品房买卖合同》，约定冯某1、冯某2购买位于海珠区江南大道礼岗路6号广州工具厂柏涛雅苑第19幢2层××号房，房屋的房款均由冯某1、冯某2

的父母冯某、欧某支付。2020年5月2日,冯某、欧某(甲方)与冯某1、冯某2(乙方)签订《赠与协议书》,内容为为:"甲乙双方系父女、母女关系,坐落于广州市海珠区柏涛街×××号登记在乙方名下的房屋,其首付款175,144元和总月供款(507,826.07元)中的289,356.07元(详见银行流水明细),系甲方以自有现金存入乙方冯某1名下银行账户的方式支付,现双方明确,甲方两人存入冯某1账户的上述全部资金共464,500.07元(总房款为682,970.07元),是甲方对乙方两人的个人无偿赠与,属于乙方两人的个人财产,乙方两人自愿、同意接受上述赠与。"后冯某1与钟某提起离婚诉讼,就该房屋的所有权产生争议。

钟某向一审法院起诉请求:1.分割位于广州市海珠区柏涛街×××号房屋,由冯某1、冯某2各占有1/2的产权份额;2.确认诉请1中涉案房屋分割后冯某1所占的1/2的产权份额属于钟某与冯某1的夫妻共同财产;3.本案诉讼费由冯某1、冯某2承担。

【结论】

一审判决:驳回钟某的全部诉讼请求。

钟某不服一审判决,提起上诉。二审判决:驳回上诉,维持原判。

【法院认为】

首先,涉案房屋虽然是在钟某与冯某1的夫妻关系存续期间购买的,但从本案查明的事实来看,冯某1、冯某2已经尽最大的能力提供支付房款的银行流水明细、存款凭证等证据,而上述证据显示涉案房屋绝大多数的购房款资金来源于冯某、欧某。反观钟某,未就涉案房屋的出资情况提供任何证据予以证明,也不能具体陈述相关资金的来源。根据优势证据原则,法院采纳冯某1、冯某2的意见,认定涉案房屋的购房款全部来源于冯某、欧某。其次,涉案房屋登记在冯某1和冯某2两人名下,钟某未提供任何证据证明冯某、欧某是将涉案房屋赠与钟某和冯某1的,结合涉案房屋的实际居住情况,冯某1、冯某2主张冯某、欧某对涉案房屋实际出资并将涉案房屋赠与作为女儿的冯某1、冯某2两人,冯某1所享有的产权份额应为其个人财产更符合一般常理。

【律师点评】

父母为子女购买房屋的情况比较复杂,需要分类讨论。如果是在婚前为子女购买房屋,原则上为该子女的婚前个人财产,但父母明确表示赠与双方的除外。并且根据《婚姻家庭编解释(一)》第31条规定,"《民法典》第一千零六十三条规定为夫妻一方的个人财产,不因婚姻关系的延续而转化为夫妻共同财产。但当事人另有约定的除外"。如果是结婚后为子女购买房屋,根据《婚姻家庭编解释(一)》第29条第2款的规定以及《婚姻家庭编解释(二)》第8条第1款的规定,婚姻关系存续期间,夫妻购置房屋由一方父母全额出资,如果赠与合同明确约定只赠与自己子女一方的,按照约定处理。本案中,虽然房屋于冯某1与钟某结婚后,由冯某1的父母购买,但无论是《赠与协议书》还是房屋产权证书,均确认了该房屋系冯某1的父母赠与冯某1和冯某2。赠与冯某1单方的财产根据《民法典》第1063条的规定,当然不属于冯某1与钟某的夫妻共同财产。

【法律法规链接】

《中华人民共和国民法典》第1063条

《最高人民法院关于适用〈中华人民共和国民法典〉婚姻家庭编的解释(一)》第29条、第31条

《最高人民法院关于适用〈中华人民共和国民法典〉婚姻家庭编的

解释(二)》第8条

五、一方对家庭负担较多义务的,离婚时可请求家务补偿——高某与董某离婚纠纷案

【案号】

(2023)新28民终607号

【裁判要旨】

依据《民法典》第1088条,离婚时主张家务补偿需证明存在"负担较多义务"的事实。法院认定补偿金额时,综合考量双方婚姻存续期间的分工情况、一方承担义务的具体内容(如生育抚养子女、协助配偶工作等),结合案件实际情况,遵循公平合理原则,对过高诉求进行合理调整,平衡双方权益。

【案情简介】

董某与高某于2012年4月23日在库尔勒市民政局登记结婚,2012年8月15日育有一女董某1,2016年8月22日育有一子董某2。双方结婚时董某在武警巴州支队服役,2020年7月转业。2015年3月16日,董某与高某购买一套位于库尔勒市团结街道建国北路135号馨景苑1号楼1单元×××室房屋(房屋面积147.53平方米,购买价343,745元)、两个地下室(购买价共计32,186元)、一个停车位(购买价60,000元)。2017年7月30日购买大众牌小型普通客车一辆,双方一致认可该车辆价值按140,000元计算。起诉离婚时,高某主张家务补偿金200,000元、家暴精神赔偿50,000元。

【结论】

一审判决:原告董某应支付给被告高某家务补偿款 70,000 元。

高某不服一审判决,提起上诉。二审判决:驳回上诉,维持原判。

【法院认为】

《民法典》第 1088 条规定:"夫妻一方因抚育子女、照料老年人、协助另一方工作等负担较多义务的,离婚时有权向另一方请求补偿,另一方应当给予补偿。具体办法由双方协议;协议不成的,由人民法院判决。"关于被告高某主张家务补偿金 200,000 元、家暴精神赔偿 50,000 元,被告主张家务补偿金过高。综合考虑原告婚后在部队服役 8 年,被告生育抚养两个孩子等情况,该家务补偿金确定为 70,000 元较为适宜。关于被告主张家庭暴力情况,因事实证据不足,或因未提供证据证实,或因未提出明确主张,未予支持。

【律师点评】

法院对本案家务补偿及家暴赔偿的裁判思路遵循《民法典》第 1088 条的立法本意及证据规则,裁判结果具备合法性与合理性。就家务补偿金而言,法院在综合考量原告因服役长期缺位家庭义务、被告独立抚育两名子女的实际付出后,将补偿金额从 20 万元调减至 7 万元,既体现了对家庭贡献的实质认可,也符合"补偿与负担相当"的司法原则,避免因过度裁量导致显失公平。

【法律法规链接】

《中华人民共和国民法典》第 1088 条

六、离婚后，无过错方仍可主张离婚损害赔偿——张某与李某1离婚后财产纠纷案

【案号】

（2022）京03民终11667号

【裁判要旨】

依据《民法典》第1091条，无过错方主张损害赔偿，需证明对方存在重婚、与他人同居、实施家庭暴力、虐待或遗弃家庭成员、有其他重大过错行为。损害赔偿涵盖物质与精神损害，法院支持诉求时，会对过高的精神损害赔偿主张依案情酌情调整。针对过错损害赔偿（财产损失），遵循"谁主张，谁举证"原则，以实际损失为认定基础，若无过错方未能就损失情况提交充分证据，法院将不予支持其该项诉求。

【案情简介】

张某与李某1原系夫妻，于1996年9月6日登记结婚，1997年生育一女李某2，现已成年。李某1自2017年起多次起诉要求离婚，法院均驳回了李某1离婚之诉讼请求。2009年5月15日，张某与李某1签订《自愿协议书》，内容为："我李某1和妻子张某从1996年结婚到现在感情一直很好。我李某1多次有过外遇，尤其是2006~2008年我有过三次外遇，才多次起诉张某离婚。我李某1从此以后再与我妻子张某提出离婚，夫妻共同财产存款、车、东厢房两间、院中间厢房两间、孩子都归张某所有。另支付孩子每月生活费500元，直到孩子参加工作为止。另付20万元现金给予张某精神补偿，以后我再有外遇现金双倍赔偿张某。以上协议谁也没有胁迫我，纯属我李某1自愿给张某签此协议。"后李某1再次起诉，2021年9月15日，法院判决准予离婚，并对财产进行分割。

2022年6月2日,张某向本案一审法院起诉,请求:1.判令婚后共同建设的位于北京市怀柔区怀柔镇××村647号东厢房2间、院落中间房屋2间的房屋居住权、使用权、收益权归张某;2.判令李某1支付张某精神损害赔偿20万元,过错损害赔偿20万元;3.本案诉讼费用由李某1承担。

【结论】

一审判决:一、李某1于判决生效后7日内给付张某精神损害赔偿金人民币50,000元;二、驳回张某的其他诉讼请求。

张某不服一审判决,提起上诉。二审判决:驳回上诉,维持原判。

【法院认为】

就张某主张李某1给付精神损害赔偿、过错损害赔偿的诉讼请求,首先,根据生效判决书载明内容,可以认定李某1存在婚内出轨及家庭暴力的事实,对于离婚存在过错;其次,张某作为无过错方,在(2021)京0116民初5544号案件审理过程中明确表示不同意离婚亦未提起损害赔偿请求,故法院对张某要求李某1给付精神损害赔偿的诉讼请求予以支持。但张某主张的赔偿数额过高,根据本案案情,酌情判定为5万元。关于张某主张的过错损害赔偿,应指过错方给无过错方造成的财产损失,以实际损失为确定原则,无过错方需就对方的过错行为给其造成的损失承担举证责任,鉴于张某未就此损失情况向法院提交相关证据,故法院对张某该项主张不予支持。

【律师点评】

《民法典》第1091条规定:"有下列情形之一,导致离婚的,无过错方有权请求损害赔偿:(一)重婚;(二)与他人同居;(三)实施家庭暴力;(四)虐待、遗弃家庭成员;(五)有其他重大过错。"《民法典》延续了《婚姻法》对于无过错方利益的保护,但无过错方并不是在任何时候都可以提出损害赔偿请求,而是要分情况讨论。《婚姻家庭编解释(一)》第88条规定:"人民法院受理离婚案件时,应当将民法典第一千零九十一条等规定中当事人的有关权利义务,书面告知当事人。在适用民法典第一千零九十一条时,应当区分以下不同情况:(一)符合民法典第一千零九十一条规定的无过错方作为原告基于该条规定向人民法院提起损害赔偿请求的,必须在离婚诉讼的同时提出。(二)符合民法典第一千零九十一条规定的无过错方作为被告的离婚诉讼案件,如果被告不同意离婚也不基于该条规定提起损害赔偿请求的,可以就此单独提起诉讼。(三)无过错方作为被告的离婚诉讼案件,一审时被告未基于民法典第一千零九十一条规定提出损害赔偿请求,二审期间提出的,人民法院应当进行调解;调解不成的,告知当事人另行起诉。双方当事人同意由第二审人民法院一并审理的,第二审人民法院可以一并裁判。"

本案中,过错方李某1起诉离婚,无过错方张某在离婚诉讼过程中不同意离婚,但未提出损害赔偿请求,故可以在离婚后就此单独起诉。如果本案是无过错方张某作为原告起诉离婚,且诉讼过程中并未提出损害赔偿请求,法院判决离婚后,张某不得再主张损害赔偿。在离婚诉讼过程中,一定要注意是否存在损害赔偿的法定情形,以及无过错方的诉讼地位,及时提出损害赔偿请求,才能更好地维护自己的合法权益。

【法律法规链接】

《中华人民共和国民法典》第1091条

《最高人民法院关于适用〈中华人民共和国民法典〉婚姻家庭编的

解释(一)》第 88 条

七、离婚后子女抚养费金额的确定以离婚协议约定为准——李某赫与刘某硕抚养费纠纷案

【案号】

(2023)黑 02 民终 3630 号

【裁判要旨】

离婚协议中关于抚养费的约定,若系双方真实意思表示且合法有效,负有支付义务的一方应依约履行。主张抚养费过高或违背真实意愿的,需承担举证责任,若未能提供证据证实存在胁迫、重大误解等情形,或无法证明自身劳动能力下降、收入减少等客观情况,法院不予采信。即便当事人存在财产变动情况,如无证据证明财产变动导致履行能力受限,仍应按协议履行抚养费支付义务。若后续经济状况、劳动能力发生实质性变化,可通过另行诉讼主张变更抚养费。

【案情简介】

2021 年 6 月 11 日,刘某雪与李某赫登记结婚,婚后育有一子刘某硕(曾用名李某潇),因夫妻双方感情破裂,刘某雪与李某赫于 2022 年 10 月 20 日登记离婚,并签署《离婚协议书》,约定婚生子刘某硕由女方刘某雪抚养,男方李某赫每月支付抚养费 2500 元(应在每月 15 日前将抚养费转账至工商银行 6217×××7443 账户内)至刘某硕 18 周岁止,如刘某硕 18 周岁后,确有必要继续支付抚养费,由刘某雪及李某赫各付一半,并约定登记在李某赫名下的坐落于齐齐哈尔市铁锋区花园小区××室房屋归李某赫所有,刘某雪与孩子刘某硕享有居住权,汽车一辆归李某赫所有,各自债务各自承担。离婚后,截至 2023

年8月15日,李某赫尚欠抚养费7500元未给付,2023年8月15日之后的抚养费,李某赫也未支付。

李某赫自与刘某雪结婚时起,无固定收入来源,离婚后也无稳定工作。2023年3月27日,李某赫将其离婚时分割所得的房屋出售给案外人翟某,取得房屋价款34.5万元,该房屋系李某赫父母出资购买(登记在李某赫母亲名下),李某赫与刘某雪结婚后,李某赫母亲将房屋更名至其子李某赫名下。

刘某硕向一审法院起诉,请求:1.李某赫每月给付刘某硕抚养费2500元;2.李某赫支付2023年3月16日到8月15日拖欠的抚养费7500元。

【结论】

一审判决:一、李某赫于本判决生效后10日内给付刘某硕拖欠的抚养费7500元(计算至2023年8月15日);二、李某赫自2023年9月起,于每月15日前给付刘某硕2500元子女抚养费至刘某硕年满18周岁或独立生活时止。

李某赫不服一审判决,提起上诉。二审判决:驳回上诉,维持原判。

【法院认为】

刘某雪与李某赫离婚时签订的《离婚协议书》系双方真实意思表示,合法有效,李某赫应当按照约定履行支付每月2500元抚养费的义务。关于李某赫辩称抚养费过高的问题。因抚养费系刘某雪与李某赫离婚时约定的,李某赫虽辩称离婚时对抚养费的约定违背其内心真实意愿,但未提交证据予以证实。李某赫生于1992年,具有劳动能力,也未提交证据证实其身体上或其他方面因素导致其劳动能力下降或收入较离婚前有减少的情况,故对李某赫的辩解不予采信。另外,李某赫在离婚后将父母赠与的房屋的对外出售,获得购房款34.5万元,李某赫虽称该购房款已经交付给父母用以偿还因结婚产生的债务及花费,但其未提交证据予以证实,李某赫具备履行抚养费义务的能力。综上,李某赫应当按照《离婚协议书》的约定履行给付抚养费的义务,如李某赫经济状况及劳动能力有减少或变化,可另行起诉主张变更抚养费。

【律师点评】

《民法典》第1085条规定:"离婚后,子女由一方直接抚养的,另一方应当负担部分或者全部抚养费。负担费用的多少和期限的长短,由双方协议;协议不成的,由人民法院判决。前款规定的协议或者判决,不妨碍子女在必要时向父母任何一方提出超过协议或者判决原定数额的合理要求。"由此可知,对于子女抚养费费用的多少以及期限的长短,以当事人的约定为先,约定不成的,才由法院判决。本案中,李某赫与刘某雪达成《离婚协议书》,约定婚生子刘某硕由女方刘某雪抚养,男方李某赫每月支付抚养费2500元,此《离婚协议书》系双方真实意思表示,双方均应遵守。李某赫在未能证明存在身体上或其他方面因素导致其劳动能力下降或收入较离婚前有减少的情况下,请求减少抚养费,其诉讼请求当然无法得到支持。

【法律法规链接】

《中华人民共和国民法典》第1085条

八、中国裁判文书网民事判决书样式

（一）判决书

1. 一审判决书

××××人民法院
民 事 判 决 书

（××××）……民初……号

原告：×××，男/女，××××年××月××日出生，×族，……（工作单位和职务或者职业），住……

法定代理人：×××，……

委托诉讼代理人：×××，……

被告：×××，住所地……

法定代表人/主要负责人：×××，……

委托诉讼代理人：×××，……

第三人：×××，……

法定代理人/法定代表人/主要负责人：×××，……

委托诉讼代理人：×××，……

（以上写明当事人和其他诉讼参加人的姓名或者名称等基本信息）

原告×××与被告×××、第三人×××……（写明案由）一案，本院于××××年××月××日立案后，依法适用普通程序，公开/因涉及……（写明不公开开庭的理由）不公开开庭进行了审理。原告×××、被告×××、第三人×××（写明当事人和其他诉讼参加人的诉讼地位和姓名或者名称）到庭参加诉讼。本案现已审理终结。

×××向本院提出诉讼请求：1.……；2.……（明确原告的诉讼请求）。事实和理由：……（概述原告主张的事实和理由）。

×××辩称，……（概述被告答辩意见）。

×××诉/述称，……（概述第三人陈述意见）。

当事人围绕诉讼请求依法提交了证据,本院组织当事人进行了证据交换和质证。对当事人无异议的证据,本院予以确认并在卷佐证。对有争议的证据和事实,本院认定如下:1.……;2.……(写明法院是否采信证据,事实认定的意见和理由)。

　　本院认为,……(写明争议焦点,根据认定的事实和相关法律,对当事人的诉讼请求作出分析评判,说明理由)。

　　综上所述,……(对当事人的诉讼请求是否支持进行总结评述)。依照《中华人民共和国……法》第×条、……(写明法律文件名称及其条款项序号)规定,判决如下:

　　一、……

　　二、……

　　(以上分项写明判决结果)

　　如果未按本判决指定的期间履行给付金钱义务,应当依照《中华人民共和国民事诉讼法》第二百六十四条的规定,加倍支付迟延履行期间的债务利息(没有给付金钱义务的,不写)。

　　案件受理费……元,由……负担(写明当事人姓名或者名称、负担金额)。

　　如不服本判决,可以在判决书送达之日起十五日内,向本院递交上诉状,并按照对方当事人或者代表人的人数提出副本,上诉于××××人民法院。

审判长　×××
审判员　×××
审判员　×××
××××年××月××日
(院印)

本件与原本核对无异

书记员　×××

2. 二审判决书(驳回上诉,维持原判)

××××人民法院
民 事 判 决 书

(××××)……民终……号

上诉人(原审诉讼地位):×××,……

法定代理人/法定代表人/主要负责人:×××,……

委托诉讼代理人:×××,……

被上诉人(原审诉讼地位):×××,……

法定代理人/法定代表人/主要负责人:×××,……

委托诉讼代理人:×××,……

原审原告/被告/第三人:×××,……

法定代理人/法定代表人/主要负责人:×××,……

委托诉讼代理人:×××,……

(以上写明当事人和其他诉讼参加人的姓名或者名称等基本信息)

上诉人×××因与被上诉人×××/上诉人×××及原审原告/被告/第三人×××……(写明案由)一案,不服××××人民法院(××××)……民初……号民事判决,向本院提起上诉。本院于××××年××月××日立案后,依法组成合议庭,开庭/因涉及……(写明不开庭的理由)不开庭进行了审理。上诉人×××、被上诉人×××、原审原告/被告/第三人×××(写明当事人和其他诉讼参加人的诉讼地位和姓名或者名称)到庭参加诉讼。本案现已审理终结。

×××上诉请求:……(写明上诉请求)。事实和理由:……(概述上诉人主张的事实和理由)。

×××辩称,……(概述被上诉人答辩意见)。

×××述称,……(概述原审原告/被告/第三人陈述意见)。

×××向一审法院起诉请求:……(写明原告/反诉原告/有独立请求权的第三人的诉讼请求)。

一审法院认定事实:……(概述一审认定的事实)。一审法院认为,……(概述一审裁判理由)。判决:……(写明一审判决主文)。

本院二审期间,当事人围绕上诉请求依法提交了证据。本院组织当事人进行了证据交换和质证(当事人没有提交新证据的,写明:二审中,当事人没有提交新证据)。对当事人二审争议的事实,本院认定如下:……(写明二审法院采信证据、认定事实的意见和理由,对一审查明相关事实的评判)。

本院认为,……(根据二审认定的案件事实和相关法律规定,对当事人的上诉请求进行分析评判,说明理由)。

综上所述,×××的上诉请求不能成立,应予驳回;一审判决认定事实清楚,适用法律正确,应予维持。依照《中华人民共和国民事诉讼法》第一百七十七条第一款第一项规定,判决如下:

驳回上诉,维持原判。

二审案件受理费……元,由……负担(写明当事人姓名或者名称、负担金额)。

本判决为终审判决。

审判长　×××

审判员　×××

审判员　×××

××××年××月××日

(院印)

书记员　×××

（二）裁定书（裁定驳回再审申请）

××××人民法院
民 事 裁 定 书

(××××)……民申……号

再审申请人(一、二审诉讼地位)：×××,……

……

被申请人(一、二审诉讼地位)：×××,……

……

二审上诉人/二审被上诉人/第三人(一审诉讼地位)：×××,……

……

(以上写明当事人和其他诉讼参加人的姓名或者名称等基本信息)

再审申请人×××因与被申请人×××/再审申请人×××及×××(写明原审其他当事人诉讼地位、姓名或名称)……(写明案由)一案，不服××××人民法院/本院(××××)……号民事判决/民事裁定/民事调解书，向本院申请再审。本院依法组成合议庭进行了审查，现已审查终结。

×××申请再审称，……(写明再审申请人所依据的法定事由及事实理由)。

×××提交意见称，……(写明被申请人的意见；未提交意见的，不写)。

本院经审查认为，……(依据认定的事实和相关法律，对再审申请进行分析评判，说明再审事由不成立等驳回再审申请的理由)。

依照《中华人民共和国民事诉讼法》第二百一十五条第一款，《最高人民法院关于适用〈中华人民共和国民事诉讼法〉的解释》第三百九十三条第二款规定，裁定如下：

驳回×××的再审申请。

　　　　　　　　　　　　审判长　×××
　　　　　　　　　　　　审判员　×××
　　　　　　　　　　　　审判员　×××
　　　　　　　　　　××××年××月××日
　　　　　　　　　　　　　（院印）

本件与原本核对无异

　　　　　　　　　　　　书记员　×××

（三）调解书

　　　　　　××××人民法院
　　　　　　　民 事 调 解 书

　　　　　　　　　（××××）……民初……号

原告：×××，……

法定代理人/法定代表人/主要负责人：×××，……

委托诉讼代理人：×××，……

被告：×××，……

法定代理人/法定代表人/主要负责人：×××，……

委托诉讼代理人：×××，……

第三人：×××，……

法定代理人/法定代表人/主要负责人：×××，……

委托诉讼代理人：×××，……

（以上写明当事人和其他诉讼参加人的姓名或者名称等基本信息）

　　原告×××与被告×××、第三人×××……（写明案由）一案，本院于××××年××月××日立案后，依法适用普通程序，公开/因涉及……（写明不公开开庭的理由）不公开开庭进行了审理(开庭前调解的，不写开庭情况)。

……(写明当事人的诉讼请求、事实和理由)。

本案审理过程中,经本院主持调解,当事人自愿达成如下协议/当事人自行和解达成如下协议,请求人民法院确认/经本院委托……(写明受委托单位)主持调解,当事人自愿达成如下协议:

一、……

二、……

(分项写明调解协议内容)

上述协议,不违反法律规定,本院予以确认。

案件受理费……元,由……负担(写明当事人姓名或者名称、负担金额。调解协议包含诉讼费用负担的,则不写)。

本调解书经各方当事人签收后,即具有法律效力/本调解协议经各方当事人在笔录上签名或者盖章,本院予以确认后即具有法律效力(各方当事人同意在调解协议上签名或者盖章后发生法律效力的)。

审判长　×××

审判员　×××

审判员　×××

××××年××月××日

(院印)

本件与原本核对无异

书记员　×××

第六章

婚姻纠纷相关法律规定

一、法律法规

1. 中华人民共和国民法典(节录)

(2020年5月28日第十三届全国人民代表大会第三次会议通过 中华人民共和国主席令第45号 自2021年1月1日起施行)

第一编 总 则
第二章 自 然 人
第二节 监 护

第二十六条 父母对未成年子女负有抚养、教育和保护的义务。

成年子女对父母负有赡养、扶助和保护的义务。

第二十七条 父母是未成年子女的监护人。

未成年人的父母已经死亡或者没有监护能力的,由下列有监护能力的人按顺序担任监护人:

(一)祖父母、外祖父母;

(二)兄、姐;

(三)其他愿意担任监护人的个人或者组织,但是须经未成年人住所地的居民委员会、村民委员会或者民政部门同意。

第二十八条　无民事行为能力或者限制民事行为能力的成年人,由下列有监护能力的人按顺序担任监护人:

(一)配偶;

(二)父母、子女;

(三)其他近亲属;

(四)其他愿意担任监护人的个人或者组织,但是须经被监护人住所地的居民委员会、村民委员会或者民政部门同意。

第二十九条　被监护人的父母担任监护人的,可以通过遗嘱指定监护人。

第三十条　依法具有监护资格的人之间可以协议确定监护人。协议确定监护人应当尊重被监护人的真实意愿。

第三十一条　对监护人的确定有争议的,由被监护人住所地的居民委员会、村民委员会或者民政部门指定监护人,有关当事人对指定不服的,可以向人民法院申请指定监护人;有关当事人也可以直接向人民法院申请指定监护人。

居民委员会、村民委员会、民政部门或者人民法院应当尊重被监护人的真实意愿,按照最有利于被监护人的原则在依法具有监护资格的人中指定监护人。

依据本条第一款规定指定监护人前,被监护人的人身权利、财产权利以及其他合法权益处于无人保护状态的,由被监护人住所地的居民委员会、村民委员会、法律规定的有关组织或者民政部门担任临时监护人。

监护人被指定后,不得擅自变更;擅自变更的,不免除被指定的监护人的责任。

第三十二条　没有依法具有监护资格的人的,监护人由民政部门担任,也可以由具备履行监护职责条件的被监护人住所地的居民委员会、村民委员会担任。

第三十三条　具有完全民事行为能力的成年人,可以与其近亲属、其他愿意担任监护人的个人或者组织事先协商,以书面形式确定自己的监护人,在自己丧失或者部分丧失民事行为能力时,由该监护人履行监护职责。

第三十四条　监护人的职责是代理被监护人实施民事法律行为,保护被监护人的人身权利、财产权利以及其他合法权益等。

监护人依法履行监护职责产生的权利,受法律保护。

监护人不履行监护职责或者侵害被监护人合法权益的,应当承担法律责任。

因发生突发事件等紧急情况,监护人暂时无法履行监护职责,被监护人的生活处于无人照料状态的,被监护人住所地的居民委员会、村民委员会或者民政部门应当为被监护人安排必要的临时生活照料措施。

第三十五条 监护人应当按照最有利于被监护人的原则履行监护职责。监护人除为维护被监护人利益外,不得处分被监护人的财产。

未成年人的监护人履行监护职责,在作出与被监护人利益有关的决定时,应当根据被监护人的年龄和智力状况,尊重被监护人的真实意愿。

成年人的监护人履行监护职责,应当最大程度地尊重被监护人的真实意愿,保障并协助被监护人实施与其智力、精神健康状况相适应的民事法律行为。对被监护人有能力独立处理的事务,监护人不得干涉。

第三十六条 监护人有下列情形之一的,人民法院根据有关个人或者组织的申请,撤销其监护人资格,安排必要的临时监护措施,并按照最有利于被监护人的原则依法指定监护人:

(一)实施严重损害被监护人身心健康的行为;

(二)怠于履行监护职责,或者无法履行监护职责且拒绝将监护职责部分或者全部委托给他人,导致被监护人处于危困状态;

(三)实施严重侵害被监护人合法权益的其他行为。

本条规定的有关个人、组织包括:其他依法具有监护资格的人,居民委员会、村民委员会、学校、医疗机构、妇女联合会、残疾人联合会、未成年人保护组织、依法设立的老年人组织、民政部门等。

前款规定的个人和民政部门以外的组织未及时向人民法院申请撤销监护人资格的,民政部门应当向人民法院申请。

第三十七条 依法负担被监护人抚养费、赡养费、扶养费的父母、子女、配偶等,被人民法院撤销监护人资格后,应当继续履行负担的义务。

第三十八条 被监护人的父母或者子女被人民法院撤销监护人资格后,除对被监护人实施故意犯罪的外,确有悔改表现的,经其申请,人民法院可以在尊重被监护人真实意愿的前提下,视情况恢复其监护人资格,人民法院指定的监护人与被监护人的监护关系同时终止。

第三十九条 有下列情形之一的,监护关系终止:

(一)被监护人取得或者恢复完全民事行为能力;

(二)监护人丧失监护能力;

(三)被监护人或者监护人死亡;

(四)人民法院认定监护关系终止的其他情形。

监护关系终止后,被监护人仍然需要监护的,应当依法另行确定监护人。

第六章 民事法律行为

第三节 民事法律行为的效力

第一百四十三条 具备下列条件的民事法律行为有效:

(一)行为人具有相应的民事行为能力;

(二)意思表示真实;

(三)不违反法律、行政法规的强制性规定,不违背公序良俗。

第一百四十四条 无民事行为能力人实施的民事法律行为无效。

第一百四十五条 限制民事行为能力人实施的纯获利益的民事法律行为或者与其年龄、智力、精神健康状况相适应的民事法律行为有效;实施的其他民事法律行为经法定代理人同意或者追认后有效。

相对人可以催告法定代理人自收到通知之日起三十日内予以追认。法定代理人未作表示的,视为拒绝追认。民事法律行为被追认前,善意相对人有撤销的权利。撤销应当以通知的方式作出。

第一百四十六条 行为人与相对人以虚假的意思表示实施的民事法律行为无效。

以虚假的意思表示隐藏的民事法律行为的效力,依照有关法律规定处理。

第一百四十七条 基于重大误解实施的民事法律行为,行为人有权请求人民法院或者仲裁机构予以撤销。

第一百四十八条 一方以欺诈手段,使对方在违背真实意思的情况下实施的民事法律行为,受欺诈方有权请求人民法院或者仲裁机构予以撤销。

第一百四十九条 第三人实施欺诈行为,使一方在违背真实意思的情况下实施的民事法律行为,对方知道或者应当知道该欺诈行为的,受欺诈方有权请求人民法院或者仲裁机构予以撤销。

第一百五十条 一方或者第三人以胁迫手段,使对方在违背真实意思的情况下实施的民事法律行为,受胁迫方有权请求人民法院或者仲裁机构予以撤销。

第一百五十一条 一方利用对方处于危困状态、缺乏判断能力等情形,致使民事法律行为成立时显失公平的,受损害方有权请求人民法院或者仲裁机构予以撤销。

第一百五十二条 有下列情形之一的,撤销权消灭:

(一)当事人自知道或者应当知道撤销事由之日起一年内、重大误解的当事人自知道或者应当知道撤销事由之日起九十日内没有行使撤销权;

(二)当事人受胁迫,自胁迫行为终止之日起一年内没有行使撤销权;

(三)当事人知道撤销事由后明确表示或者以自己的行为表明放弃撤销权。

当事人自民事法律行为发生之日起五年内没有行使撤销权的,撤销权消灭。

第一百五十三条 违反法律、行政法规的强制性规定的民事法律行为无效。但是,该强制性规定不导致该民事法律行为无效的除外。

违背公序良俗的民事法律行为无效。

第一百五十四条 行为人与相对人恶意串通,损害他人合法权益的民事法律行为无效。

第一百五十五条 无效的或者被撤销的民事法律行为自始没有法律约束力。

第一百五十六条 民事法律行为部分无效,不影响其他部分效力的,其他部分仍然有效。

第一百五十七条 民事法律行为无效、被撤销或者确定不发生效力后,行为人因该行为取得的财产,应当予以返还;不能返还或者没有必要返还的,应当折价补偿。有过错的一方应当赔偿对方由此所受到的损失;各方都有过错的,应当各自承担相应的责任。法律另有规定的,依照其规定。

第二编 物 权

第八章 共 有

第二百九十七条 不动产或者动产可以由两个以上组织、个人共有。共有包括按份共有和共同共有。

第二百九十八条 按份共有人对共有的不动产或者动产按照其份额享有所有权。

第二百九十九条 共同共有人对共有的不动产或者动产共同享有所有权。

第三百条 共有人按照约定管理共有的不动产或者动产;没有约定或者约定不明确的,各共有人都有管理的权利和义务。

第三百零一条 处分共有的不动产或者动产以及对共有的不动产或者动产作重大修缮、变更性质或者用途的,应当经占份额三分之二以上的按份共有人或者全体共同共有人同意,但是共有人之间另有约定的除外。

第三百零二条 共有人对共有物的管理费用以及其他负担,有约定的,按照其约定;没有约定或者约定不明确的,按份共有人按照其份额负担,共同共有人共同负担。

第三百零三条 共有人约定不得分割共有的不动产或者动产,以维持共有关系的,应当按照约定,但是共有人有重大理由需要分割的,可以请求分割;没有约定或者约定不明确的,按份共有人可以随时请求分割,共同共有人在共有的基础丧失或者有重大理由需要分割时可以请求分割。因分割造成其他共有人损害的,应当给予赔偿。

第三百零四条 共有人可以协商确定分割方式。达不成协议,共有的不动产或者动产可以分割且不会因分割减损价值的,应当对实物予以分割;难以分割或者因分割会减损价值的,应当对折价或者拍卖、变卖取得的价款予以分割。

共有人分割所得的不动产或者动产有瑕疵的,其他共有人应当分担损失。

第三百零五条 按份共有人可以转让其享有的共有的不动产或者动产份额。其他共有人在同等条件下享有优先购买的权利。

第三百零六条 按份共有人转让其享有的共有的不动产或者动产份额的,应当将转让条件及时通知其他共有人。其他共有人应当在合理期限内行使优先购买权。

两个以上其他共有人主张行使优先购买权的,协商确定各自的购买比例;协商不成的,按照转让时各自的共有份额比例行使优先购买权。

第三百零七条 因共有的不动产或者动产产生的债权债务,在对外关系上,共有人享有连带债权、承担连带债务,但是法律另有规定或者第三人知道共有人不具有连带债权债务关系的除外;在共有人内部关系上,除共有人另有约定外,按份共有人按照份额享有债权、承担债务,共同共有人共同享有债权、承担债务。偿还债务超过自己应当承担份额的按份共有人,有权向其他共有人追偿。

第三百零八条 共有人对共有的不动产或者动产没有约定为按份共有或者共同共有,或者约定不明确的,除共有人具有家庭关系等外,视为按份共有。

第三百零九条 按份共有人对共有的不动产或者动产享有的份额,没有约定或者约定不明确的,按照出资额确定;不能确定出资额的,视为等额享有。

第三百一十条 两个以上组织、个人共同享有用益物权、担保物权的,参照适用本章的有关规定。

第五编 婚 姻 家 庭

第一章 一 般 规 定

第一千零四十条 本编调整因婚姻家庭产生的民事关系。

第一千零四十一条 婚姻家庭受国家保护。

实行婚姻自由、一夫一妻、男女平等的婚姻制度。

保护妇女、未成年人、老年人、残疾人的合法权益。

第一千零四十二条 禁止包办、买卖婚姻和其他干涉婚姻自由的行为。禁止借婚姻索取财物。

禁止重婚。禁止有配偶者与他人同居。

禁止家庭暴力。禁止家庭成员间的虐待和遗弃。

第一千零四十三条 家庭应当树立优良家风，弘扬家庭美德，重视家庭文明建设。

夫妻应当互相忠实，互相尊重，互相关爱；家庭成员应当敬老爱幼，互相帮助，维护平等、和睦、文明的婚姻家庭关系。

第一千零四十四条 收养应当遵循最有利于被收养人的原则，保障被收养人和收养人的合法权益。

禁止借收养名义买卖未成年人。

第一千零四十五条 亲属包括配偶、血亲和姻亲。

配偶、父母、子女、兄弟姐妹、祖父母、外祖父母、孙子女、外孙子女为近亲属。

配偶、父母、子女和其他共同生活的近亲属为家庭成员。

第二章 结　婚

第一千零四十六条 结婚应当男女双方完全自愿，禁止任何一方对另一方加以强迫，禁止任何组织或者个人加以干涉。

第一千零四十七条 结婚年龄，男不得早于二十二周岁，女不得早于二十周岁。

第一千零四十八条 直系血亲或者三代以内的旁系血亲禁止结婚。

第一千零四十九条 要求结婚的男女双方应当亲自到婚姻登记机关申请结婚登记。符合本法规定的，予以登记，发给结婚证。完成结婚登记，即确立婚姻关系。未办理结婚登记的，应当补办登记。

第一千零五十条 登记结婚后，按照男女双方约定，女方可以成为男方家庭的成员，男方可以成为女方家庭的成员。

第一千零五十一条 有下列情形之一的，婚姻无效：

（一）重婚；

（二）有禁止结婚的亲属关系；

(三)未到法定婚龄。

第一千零五十二条 因胁迫结婚的,受胁迫的一方可以向人民法院请求撤销婚姻。

请求撤销婚姻的,应当自胁迫行为终止之日起一年内提出。

被非法限制人身自由的当事人请求撤销婚姻的,应当自恢复人身自由之日起一年内提出。

第一千零五十三条 一方患有重大疾病的,应当在结婚登记前如实告知另一方;不如实告知的,另一方可以向人民法院请求撤销婚姻。

请求撤销婚姻的,应当自知道或者应当知道撤销事由之日起一年内提出。

第一千零五十四条 无效的或者被撤销的婚姻自始没有法律约束力,当事人不具有夫妻的权利和义务。同居期间所得的财产,由当事人协议处理;协议不成的,由人民法院根据照顾无过错方的原则判决。对重婚导致的无效婚姻的财产处理,不得侵害合法婚姻当事人的财产权益。当事人所生的子女,适用本法关于父母子女的规定。

婚姻无效或者被撤销的,无过错方有权请求损害赔偿。

第三章 家庭关系

第一节 夫妻关系

第一千零五十五条 夫妻在婚姻家庭中地位平等。

第一千零五十六条 夫妻双方都有各自使用自己姓名的权利。

第一千零五十七条 夫妻双方都有参加生产、工作、学习和社会活动的自由,一方不得对另一方加以限制或者干涉。

第一千零五十八条 夫妻双方平等享有对未成年子女抚养、教育和保护的权利,共同承担对未成年子女抚养、教育和保护的义务。

第一千零五十九条 夫妻有相互扶养的义务。

需要扶养的一方,在另一方不履行扶养义务时,有要求其给付扶养费的权利。

第一千零六十条 夫妻一方因家庭日常生活需要而实施的民事法律行为,对夫妻双方发生效力,但是夫妻一方与相对人另有约定的除外。

夫妻之间对一方可以实施的民事法律行为范围的限制,不得对抗善意相对人。

第一千零六十一条 夫妻有相互继承遗产的权利。

第一千零六十二条 夫妻在婚姻关系存续期间所得的下列财产,为夫妻的共同财产,归夫妻共同所有:

(一)工资、奖金、劳务报酬;

(二)生产、经营、投资的收益;

(三)知识产权的收益;

(四)继承或者受赠的财产,但是本法第一千零六十三条第三项规定的除外;

(五)其他应当归共同所有的财产。

夫妻对共同财产,有平等的处理权。

第一千零六十三条 下列财产为夫妻一方的个人财产:

(一)一方的婚前财产;

(二)一方因受到人身损害获得的赔偿或者补偿;

(三)遗嘱或者赠与合同中确定只归一方的财产;

(四)一方专用的生活用品;

(五)其他应当归一方的财产。

第一千零六十四条 夫妻双方共同签名或者夫妻一方事后追认等共同意思表示所负的债务,以及夫妻一方在婚姻关系存续期间以个人名义为家庭日常生活需要所负的债务,属于夫妻共同债务。

夫妻一方在婚姻关系存续期间以个人名义超出家庭日常生活需要所负的债务,不属于夫妻共同债务;但是,债权人能够证明该债务用于夫妻共同生活、共同生产经营或者基于夫妻双方共同意思表示的除外。

第一千零六十五条 男女双方可以约定婚姻关系存续期间所得的财产以及婚前财产归各自所有、共同所有或者部分各自所有、部分共同所有。约定应当采用书面形式。没有约定或者约定不明确的,适用本法第一千零六十二条、第一千零六十三条的规定。

夫妻对婚姻关系存续期间所得的财产以及婚前财产的约定,对双方具有法律约束力。

夫妻对婚姻关系存续期间所得的财产约定归各自所有,夫或者妻一方对外所负的债务,相对人知道该约定的,以夫或者妻一方的个人财产清偿。

第一千零六十六条 婚姻关系存续期间,有下列情形之一的,夫妻一方可以向人民法院请求分割共同财产:

(一)一方有隐藏、转移、变卖、毁损、挥霍夫妻共同财产或者伪造夫妻共同

债务等严重损害夫妻共同财产利益的行为;

(二)一方负有法定扶养义务的人患重大疾病需要医治,另一方不同意支付相关医疗费用。

第二节 父母子女关系和其他近亲属关系

第一千零六十七条 父母不履行抚养义务的,未成年子女或者不能独立生活的成年子女,有要求父母给付抚养费的权利。

成年子女不履行赡养义务的,缺乏劳动能力或者生活困难的父母,有要求成年子女给付赡养费的权利。

第一千零六十八条 父母有教育、保护未成年子女的权利和义务。未成年子女造成他人损害的,父母应当依法承担民事责任。

第一千零六十九条 子女应当尊重父母的婚姻权利,不得干涉父母离婚、再婚以及婚后的生活。子女对父母的赡养义务,不因父母的婚姻关系变化而终止。

第一千零七十条 父母和子女有相互继承遗产的权利。

第一千零七十一条 非婚生子女享有与婚生子女同等的权利,任何组织或者个人不得加以危害和歧视。

不直接抚养非婚生子女的生父或者生母,应当负担未成年子女或者不能独立生活的成年子女的抚养费。

第一千零七十二条 继父母与继子女间,不得虐待或者歧视。

继父或者继母和受其抚养教育的继子女间的权利义务关系,适用本法关于父母子女关系的规定。

第一千零七十三条 对亲子关系有异议且有正当理由的,父或者母可以向人民法院提起诉讼,请求确认或者否认亲子关系。

对亲子关系有异议且有正当理由的,成年子女可以向人民法院提起诉讼,请求确认亲子关系。

第一千零七十四条 有负担能力的祖父母、外祖父母,对于父母已经死亡或者父母无力抚养的未成年孙子女、外孙子女,有抚养的义务。

有负担能力的孙子女、外孙子女,对于子女已经死亡或者子女无力赡养的祖父母、外祖父母,有赡养的义务。

第一千零七十五条 有负担能力的兄、姐,对于父母已经死亡或者父母无力抚养的未成年弟、妹,有扶养的义务。

由兄、姐扶养长大的有负担能力的弟、妹,对于缺乏劳动能力又缺乏生活来源的兄、姐,有扶养的义务。

<h2 style="text-align:center">第四章 离 婚</h2>

第一千零七十六条 夫妻双方自愿离婚的,应当签订书面离婚协议,并亲自到婚姻登记机关申请离婚登记。

离婚协议应当载明双方自愿离婚的意思表示和对子女抚养、财产以及债务处理等事项协商一致的意见。

第一千零七十七条 自婚姻登记机关收到离婚登记申请之日起三十日内,任何一方不愿意离婚的,可以向婚姻登记机关撤回离婚登记申请。

前款规定期限届满后三十日内,双方应当亲自到婚姻登记机关申请发给离婚证;未申请的,视为撤回离婚登记申请。

第一千零七十八条 婚姻登记机关查明双方确实是自愿离婚,并已经对子女抚养、财产以及债务处理等事项协商一致的,予以登记,发给离婚证。

第一千零七十九条 夫妻一方要求离婚的,可以由有关组织进行调解或者直接向人民法院提起离婚诉讼。

人民法院审理离婚案件,应当进行调解;如果感情确已破裂,调解无效的,应当准予离婚。

有下列情形之一,调解无效的,应当准予离婚:

(一)重婚或者与他人同居;

(二)实施家庭暴力或者虐待、遗弃家庭成员;

(三)有赌博、吸毒等恶习屡教不改;

(四)因感情不和分居满二年;

(五)其他导致夫妻感情破裂的情形。

一方被宣告失踪,另一方提起离婚诉讼的,应当准予离婚。

经人民法院判决不准离婚后,双方又分居满一年,一方再次提起离婚诉讼的,应当准予离婚。

第一千零八十条 完成离婚登记,或者离婚判决书、调解书生效,即解除婚姻关系。

第一千零八十一条 现役军人的配偶要求离婚,应当征得军人同意,但是军人一方有重大过错的除外。

第一千零八十二条 女方在怀孕期间、分娩后一年内或者终止妊娠后六个月内,男方不得提出离婚;但是,女方提出离婚或者人民法院认为确有必要受理男方离婚请求的除外。

第一千零八十三条 离婚后,男女双方自愿恢复婚姻关系的,应当到婚姻登记机关重新进行结婚登记。

第一千零八十四条 父母与子女间的关系,不因父母离婚而消除。离婚后,子女无论由父或者母直接抚养,仍是父母双方的子女。

离婚后,父母对于子女仍有抚养、教育、保护的权利和义务。

离婚后,不满两周岁的子女,以由母亲直接抚养为原则。已满两周岁的子女,父母双方对抚养问题协议不成的,由人民法院根据双方的具体情况,按照最有利于未成年子女的原则判决。子女已满八周岁的,应当尊重其真实意愿。

第一千零八十五条 离婚后,子女由一方直接抚养的,另一方应当负担部分或者全部抚养费。负担费用的多少和期限的长短,由双方协议;协议不成的,由人民法院判决。

前款规定的协议或者判决,不妨碍子女在必要时向父母任何一方提出超过协议或者判决原定数额的合理要求。

第一千零八十六条 离婚后,不直接抚养子女的父或者母,有探望子女的权利,另一方有协助的义务。

行使探望权利的方式、时间由当事人协议;协议不成的,由人民法院判决。

父或者母探望子女,不利于子女身心健康的,由人民法院依法中止探望;中止的事由消失后,应当恢复探望。

第一千零八十七条 离婚时,夫妻的共同财产由双方协议处理;协议不成的,由人民法院根据财产的具体情况,按照照顾子女、女方和无过错方权益的原则判决。

对夫或者妻在家庭土地承包经营中享有的权益等,应当依法予以保护。

第一千零八十八条 夫妻一方因抚育子女、照料老年人、协助另一方工作等负担较多义务的,离婚时有权向另一方请求补偿,另一方应当给予补偿。具体办法由双方协议;协议不成的,由人民法院判决。

第一千零八十九条 离婚时,夫妻共同债务应当共同偿还。共同财产不足清偿或者财产归各自所有的,由双方协议清偿;协议不成的,由人民法院判决。

第一千零九十条 离婚时,如果一方生活困难,有负担能力的另一方应当给予适当帮助。具体办法由双方协议;协议不成的,由人民法院判决。

第一千零九十一条 有下列情形之一,导致离婚的,无过错方有权请求损害赔偿:

(一)重婚；
(二)与他人同居；
(三)实施家庭暴力；
(四)虐待、遗弃家庭成员；
(五)有其他重大过错。

第一千零九十二条 夫妻一方隐藏、转移、变卖、毁损、挥霍夫妻共同财产，或者伪造夫妻共同债务企图侵占另一方财产的，在离婚分割夫妻共同财产时，对该方可以少分或者不分。离婚后，另一方发现有上述行为的，可以向人民法院提起诉讼，请求再次分割夫妻共同财产。

第五章 收 养

第一节 收养关系的成立

第一千零九十三条 下列未成年人，可以被收养：
(一)丧失父母的孤儿；
(二)查找不到生父母的未成年人；
(三)生父母有特殊困难无力抚养的子女。

第一千零九十四条 下列个人、组织可以作送养人：
(一)孤儿的监护人；
(二)儿童福利机构；
(三)有特殊困难无力抚养子女的生父母。

第一千零九十五条 未成年人的父母均不具备完全民事行为能力且可能严重危害该未成年人的，该未成年人的监护人可以将其送养。

第一千零九十六条 监护人送养孤儿的，应当征得有抚养义务的人同意。有抚养义务的人不同意送养、监护人不愿意继续履行监护职责的，应当依照本法第一编的规定另行确定监护人。

第一千零九十七条 生父母送养子女，应当双方共同送养。生父母一方不明或者查找不到的，可以单方送养。

第一千零九十八条 收养人应当同时具备下列条件：
(一)无子女或者只有一名子女；
(二)有抚养、教育和保护被收养人的能力；
(三)未患有在医学上认为不应当收养子女的疾病；
(四)无不利于被收养人健康成长的违法犯罪记录；

(五)年满三十周岁。

第一千零九十九条 收养三代以内旁系同辈血亲的子女,可以不受本法第一千零九十三条第三项、第一千零九十四条第三项和第一千一百零二条规定的限制。

华侨收养三代以内旁系同辈血亲的子女,还可以不受本法第一千零九十八条第一项规定的限制。

第一千一百条 无子女的收养人可以收养两名子女;有子女的收养人只能收养一名子女。

收养孤儿、残疾未成年人或者儿童福利机构抚养的查找不到生父母的未成年人,可以不受前款和本法第一千零九十八条第一项规定的限制。

第一千一百零一条 有配偶者收养子女,应当夫妻共同收养。

第一千一百零二条 无配偶者收养异性子女的,收养人与被收养人的年龄应当相差四十周岁以上。

第一千一百零三条 继父或者继母经继子女的生父母同意,可以收养继子女,并可以不受本法第一千零九十三条第三项、第一千零九十四条第三项、第一千零九十八条和第一千一百条第一款规定的限制。

第一千一百零四条 收养人收养与送养人送养,应当双方自愿。收养八周岁以上未成年人的,应当征得被收养人的同意。

第一千一百零五条 收养应当向县级以上人民政府民政部门登记。收养关系自登记之日起成立。

收养查找不到生父母的未成年人的,办理登记的民政部门应当在登记前予以公告。

收养关系当事人愿意签订收养协议的,可以签订收养协议。

收养关系当事人各方或者一方要求办理收养公证的,应当办理收养公证。

县级以上人民政府民政部门应当依法进行收养评估。

第一千一百零六条 收养关系成立后,公安机关应当按照国家有关规定为被收养人办理户口登记。

第一千一百零七条 孤儿或者生父母无力抚养的子女,可以由生父母的亲属、朋友抚养;抚养人与被抚养人的关系不适用本章规定。

第一千一百零八条 配偶一方死亡,另一方送养未成年子女的,死亡一方的父母有优先抚养的权利。

第一千一百零九条 外国人依法可以在中华人民共和国收养子女。

外国人在中华人民共和国收养子女,应当经其所在国主管机关依照该国法律审查同意。收养人应当提供由其所在国有权机构出具的有关其年龄、婚姻、职业、财产、健康、有无受过刑事处罚等状况的证明材料,并与送养人签订书面协议,亲自向省、自治区、直辖市人民政府民政部门登记。

前款规定的证明材料应当经收养人所在国外交机关或者外交机关授权的机构认证,并经中华人民共和国驻该国使领馆认证,但是国家另有规定的除外。

第一千一百一十条 收养人、送养人要求保守收养秘密的,其他人应当尊重其意愿,不得泄露。

第二节 收养的效力

第一千一百一十一条 自收养关系成立之日起,养父母与养子女间的权利义务关系,适用本法关于父母子女关系的规定;养子女与养父母的近亲属间的权利义务关系,适用本法关于子女与父母的近亲属关系的规定。

养子女与生父母以及其他近亲属间的权利义务关系,因收养关系的成立而消除。

第一千一百一十二条 养子女可以随养父或者养母的姓氏,经当事人协商一致,也可以保留原姓氏。

第一千一百一十三条 有本法第一编关于民事法律行为无效规定情形或者违反本编规定的收养行为无效。

无效的收养行为自始没有法律约束力。

第三节 收养关系的解除

第一千一百一十四条 收养人在被收养人成年以前,不得解除收养关系,但是收养人、送养人双方协议解除的除外。养子女八周岁以上的,应当征得本人同意。

收养人不履行抚养义务,有虐待、遗弃等侵害未成年养子女合法权益行为的,送养人有权要求解除养父母与养子女间的收养关系。送养人、收养人不能达成解除收养关系协议的,可以向人民法院提起诉讼。

第一千一百一十五条 养父母与成年养子女关系恶化、无法共同生活的,可以协议解除收养关系。不能达成协议的,可以向人民法院提起诉讼。

第一千一百一十六条 当事人协议解除收养关系的,应当到民政部门办理解除收养关系登记。

第一千一百一十七条 收养关系解除后,养子女与养父母以及其他近亲属间的权利义务关系即行消除,与生父母以及其他近亲属间的权利义务关系自行恢复。但是,成年养子女与生父母以及其他近亲属间的权利义务关系是否恢复,可以协商确定。

第一千一百一十八条 收养关系解除后,经养父母抚养的成年养子女,对缺乏劳动能力又缺乏生活来源的养父母,应当给付生活费。因养子女成年后虐待、遗弃养父母而解除收养关系的,养父母可以要求养子女补偿收养期间支出的抚养费。

生父母要求解除收养关系的,养父母可以要求生父母适当补偿收养期间支出的抚养费;但是,因养父母虐待、遗弃养子女而解除收养关系的除外。

2. 中华人民共和国妇女权益保障法(2022修订)

(1992年4月3日第七届全国人民代表大会第五次会议通过 根据2005年8月28日第十届全国人民代表大会常务委员会第十七次会议《关于修改〈中华人民共和国妇女权益保障法〉的决定》第一次修正 根据2018年10月26日第十三届全国人民代表大会常务委员会第六次会议《关于修改〈中华人民共和国野生动物保护法〉等十五部法律的决定》第二次修正 2022年10月30日第十三届全国人民代表大会常务委员会第三十七次会议修订)

第一章 总 则

第一条 为了保障妇女的合法权益,促进男女平等和妇女全面发展,充分发挥妇女在全面建设社会主义现代化国家中的作用,弘扬社会主义核心价值观,根据宪法,制定本法。

第二条 男女平等是国家的基本国策。妇女在政治的、经济的、文化的、社会的和家庭的生活等各方面享有同男子平等的权利。

国家采取必要措施,促进男女平等,消除对妇女一切形式的歧视,禁止排斥、限制妇女依法享有和行使各项权益。

国家保护妇女依法享有的特殊权益。

第三条 坚持中国共产党对妇女权益保障工作的领导,建立政府主导、各方协同、社会参与的保障妇女权益工作机制。

各级人民政府应当重视和加强妇女权益的保障工作。

县级以上人民政府负责妇女儿童工作的机构,负责组织、协调、指导、督促有关部门做好妇女权益的保障工作。

县级以上人民政府有关部门在各自的职责范围内做好妇女权益的保障工作。

第四条 保障妇女的合法权益是全社会的共同责任。国家机关、社会团体、企业事业单位、基层群众性自治组织以及其他组织和个人,应当依法保障妇女的权益。

国家采取有效措施,为妇女依法行使权利提供必要的条件。

第五条 国务院制定和组织实施中国妇女发展纲要,将其纳入国民经济和社会发展规划,保障和促进妇女在各领域的全面发展。

县级以上地方各级人民政府根据中国妇女发展纲要,制定和组织实施本行政区域的妇女发展规划,将其纳入国民经济和社会发展规划。

县级以上人民政府应当将妇女权益保障所需经费列入本级预算。

第六条 中华全国妇女联合会和地方各级妇女联合会依照法律和中华全国妇女联合会章程,代表和维护各族各界妇女的利益,做好维护妇女权益、促进男女平等和妇女全面发展的工作。

工会、共产主义青年团、残疾人联合会等群团组织应当在各自的工作范围内,做好维护妇女权益的工作。

第七条 国家鼓励妇女自尊、自信、自立、自强,运用法律维护自身合法权益。

妇女应当遵守国家法律,尊重社会公德、职业道德和家庭美德,履行法律所规定的义务。

第八条 有关机关制定或者修改涉及妇女权益的法律、法规、规章和其他规范性文件,应当听取妇女联合会的意见,充分考虑妇女的特殊权益,必要时开展男女平等评估。

第九条 国家建立健全妇女发展状况统计调查制度,完善性别统计监测指标体系,定期开展妇女发展状况和权益保障统计调查和分析,发布有关信息。

第十条 国家将男女平等基本国策纳入国民教育体系,开展宣传教育,增强全社会的男女平等意识,培育尊重和关爱妇女的社会风尚。

第十一条 国家对保障妇女合法权益成绩显著的组织和个人,按照有关规定给予表彰和奖励。

第二章 政治权利

第十二条 国家保障妇女享有与男子平等的政治权利。

第十三条 妇女有权通过各种途径和形式,依法参与管理国家事务、管理经济和文化事业、管理社会事务。

妇女和妇女组织有权向各级国家机关提出妇女权益保障方面的意见和建议。

第十四条 妇女享有与男子平等的选举权和被选举权。

全国人民代表大会和地方各级人民代表大会的代表中,应当保证有适当数量的妇女代表。国家采取措施,逐步提高全国人民代表大会和地方各级人民代表大会的妇女代表的比例。

居民委员会、村民委员会成员中,应当保证有适当数量的妇女成员。

第十五条 国家积极培养和选拔女干部,重视培养和选拔少数民族女干部。

国家机关、群团组织、企业事业单位培养、选拔和任用干部,应当坚持男女平等的原则,并有适当数量的妇女担任领导成员。

妇女联合会及其团体会员,可以向国家机关、群团组织、企业事业单位推荐女干部。

国家采取措施支持女性人才成长。

第十六条 妇女联合会代表妇女积极参与国家和社会事务的民主协商、民主决策、民主管理和民主监督。

第十七条 对于有关妇女权益保障工作的批评或者合理可行的建议,有关部门应当听取和采纳;对于有关侵害妇女权益的申诉、控告和检举,有关部门应当查清事实,负责处理,任何组织和个人不得压制或者打击报复。

第三章 人身和人格权益

第十八条 国家保障妇女享有与男子平等的人身和人格权益。

第十九条 妇女的人身自由不受侵犯。禁止非法拘禁和以其他非法手段剥夺或者限制妇女的人身自由;禁止非法搜查妇女的身体。

第二十条 妇女的人格尊严不受侵犯。禁止用侮辱、诽谤等方式损害妇女的人格尊严。

第二十一条 妇女的生命权、身体权、健康权不受侵犯。禁止虐待、遗弃、残害、买卖以及其他侵害女性生命健康权益的行为。

禁止进行非医学需要的胎儿性别鉴定和选择性别的人工终止妊娠。

医疗机构施行生育手术、特殊检查或者特殊治疗时,应当征得妇女本人同意;在妇女与其家属或者关系人意见不一致时,应当尊重妇女本人意愿。

第二十二条 禁止拐卖、绑架妇女;禁止收买被拐卖、绑架的妇女;禁止阻碍解救被拐卖、绑架的妇女。

各级人民政府和公安、民政、人力资源和社会保障、卫生健康等部门及村民委员会、居民委员会按照各自的职责及时发现报告,并采取措施解救被拐卖、绑架的妇女,做好被救妇女的安置、救助和关爱等工作。妇女联合会协助和配合做好有关工作。任何组织和个人不得歧视被拐卖、绑架的妇女。

第二十三条 禁止违背妇女意愿,以言语、文字、图像、肢体行为等方式对其实施性骚扰。

受害妇女可以向有关单位和国家机关投诉。接到投诉的有关单位和国家机关应当及时处理,并书面告知处理结果。

受害妇女可以向公安机关报案,也可以向人民法院提起民事诉讼,依法请求行为人承担民事责任。

第二十四条 学校应当根据女学生的年龄阶段,进行生理卫生、心理健康和自我保护教育,在教育、管理、设施等方面采取措施,提高其防范性侵害、性骚扰的自我保护意识和能力,保障女学生的人身安全和身心健康发展。

学校应当建立有效预防和科学处置性侵害、性骚扰的工作制度。对性侵害、性骚扰女学生的违法犯罪行为,学校不得隐瞒,应当及时通知受害未成年女学生的父母或者其他监护人,向公安机关、教育行政部门报告,并配合相关部门依法处理。

对遭受性侵害、性骚扰的女学生,学校、公安机关、教育行政部门等相关单位和人员应当保护其隐私和个人信息,并提供必要的保护措施。

第二十五条 用人单位应当采取下列措施预防和制止对妇女的性骚扰:

(一)制定禁止性骚扰的规章制度;

(二)明确负责机构或者人员;

(三)开展预防和制止性骚扰的教育培训活动;

(四)采取必要的安全保卫措施;

(五)设置投诉电话、信箱等,畅通投诉渠道;

(六)建立和完善调查处置程序,及时处置纠纷并保护当事人隐私和个人信息;

（七）支持、协助受害妇女依法维权，必要时为受害妇女提供心理疏导；

（八）其他合理的预防和制止性骚扰措施。

第二十六条 住宿经营者应当及时准确登记住宿人员信息，健全住宿服务规章制度，加强安全保障措施；发现可能侵害妇女权益的违法犯罪行为，应当及时向公安机关报告。

第二十七条 禁止卖淫、嫖娼；禁止组织、强迫、引诱、容留、介绍妇女卖淫或者对妇女进行猥亵活动；禁止组织、强迫、引诱、容留、介绍妇女在任何场所或者利用网络进行淫秽表演活动。

第二十八条 妇女的姓名权、肖像权、名誉权、荣誉权、隐私权和个人信息等人格权益受法律保护。

媒体报道涉及妇女事件应当客观、适度，不得通过夸大事实、过度渲染等方式侵害妇女的人格权益。

禁止通过大众传播媒介或者其他方式贬低损害妇女人格。未经本人同意，不得通过广告、商标、展览橱窗、报纸、期刊、图书、音像制品、电子出版物、网络等形式使用妇女肖像，但法律另有规定的除外。

第二十九条 禁止以恋爱、交友为由或者在终止恋爱关系、离婚之后，纠缠、骚扰妇女，泄露、传播妇女隐私和个人信息。

妇女遭受上述侵害或者面临上述侵害现实危险的，可以向人民法院申请人身安全保护令。

第三十条 国家建立健全妇女健康服务体系，保障妇女享有基本医疗卫生服务，开展妇女常见病、多发病的预防、筛查和诊疗，提高妇女健康水平。

国家采取必要措施，开展经期、孕期、产期、哺乳期和更年期的健康知识普及、卫生保健和疾病防治，保障妇女特殊生理时期的健康需求，为有需要的妇女提供心理健康服务支持。

第三十一条 县级以上地方人民政府应当设立妇幼保健机构，为妇女提供保健以及常见病防治服务。

国家鼓励和支持社会力量通过依法捐赠、资助或者提供志愿服务等方式，参与妇女卫生健康事业，提供安全的生理健康用品或者服务，满足妇女多样化、差异化的健康需求。

用人单位应当定期为女职工安排妇科疾病、乳腺疾病检查以及妇女特殊需要的其他健康检查。

第三十二条 妇女依法享有生育子女的权利，也有不生育子女的自由。

第三十三条 国家实行婚前、孕前、孕产期和产后保健制度,逐步建立妇女全生育周期系统保健制度。医疗保健机构应当提供安全、有效的医疗保健服务,保障妇女生育安全和健康。

有关部门应当提供安全、有效的避孕药具和技术,保障妇女的健康和安全。

第三十四条 各级人民政府在规划、建设基础设施时,应当考虑妇女的特殊需求,配备满足妇女需要的公共厕所和母婴室等公共设施。

第四章 文化教育权益

第三十五条 国家保障妇女享有与男子平等的文化教育权利。

第三十六条 父母或者其他监护人应当履行保障适龄女性未成年人接受并完成义务教育的义务。

对无正当理由不送适龄女性未成年人入学的父母或者其他监护人,由当地乡镇人民政府或者县级人民政府教育行政部门给予批评教育,依法责令其限期改正。居民委员会、村民委员会应当协助政府做好相关工作。

政府、学校应当采取有效措施,解决适龄女性未成年人就学存在的实际困难,并创造条件,保证适龄女性未成年人完成义务教育。

第三十七条 学校和有关部门应当执行国家有关规定,保障妇女在入学、升学、授予学位、派出留学、就业指导和服务等方面享有与男子平等的权利。

学校在录取学生时,除国家规定的特殊专业外,不得以性别为由拒绝录取女性或者提高对女性的录取标准。

各级人民政府应当采取措施,保障女性平等享有接受中高等教育的权利和机会。

第三十八条 各级人民政府应当依照规定把扫除妇女中的文盲、半文盲工作,纳入扫盲和扫盲后继续教育规划,采取符合妇女特点的组织形式和工作方法,组织、监督有关部门具体实施。

第三十九条 国家健全全民终身学习体系,为妇女终身学习创造条件。

各级人民政府和有关部门应当采取措施,根据城镇和农村妇女的需要,组织妇女接受职业教育和实用技术培训。

第四十条 国家机关、社会团体和企业事业单位应当执行国家有关规定,保障妇女从事科学、技术、文学、艺术和其他文化活动,享有与男子平等的权利。

第五章 劳动和社会保障权益

第四十一条 国家保障妇女享有与男子平等的劳动权利和社会保障权利。

第四十二条 各级人民政府和有关部门应当完善就业保障政策措施,防止和纠正就业性别歧视,为妇女创造公平的就业创业环境,为就业困难的妇女提供必要的扶持和援助。

第四十三条 用人单位在招录(聘)过程中,除国家另有规定外,不得实施下列行为:

(一)限定为男性或者规定男性优先;

(二)除个人基本信息外,进一步询问或者调查女性求职者的婚育情况;

(三)将妊娠测试作为入职体检项目;

(四)将限制结婚、生育或者婚姻、生育状况作为录(聘)用条件;

(五)其他以性别为由拒绝录(聘)用妇女或者差别化地提高对妇女录(聘)用标准的行为。

第四十四条 用人单位在录(聘)用女职工时,应当依法与其签订劳动(聘用)合同或者服务协议,劳动(聘用)合同或者服务协议中应当具备女职工特殊保护条款,并不得规定限制女职工结婚、生育等内容。

职工一方与用人单位订立的集体合同中应当包含男女平等和女职工权益保护相关内容,也可以就相关内容制定专章、附件或者单独订立女职工权益保护专项集体合同。

第四十五条 实行男女同工同酬。妇女在享受福利待遇方面享有与男子平等的权利。

第四十六条 在晋职、晋级、评聘专业技术职称和职务、培训等方面,应当坚持男女平等的原则,不得歧视妇女。

第四十七条 用人单位应当根据妇女的特点,依法保护妇女在工作和劳动时的安全、健康以及休息的权利。

妇女在经期、孕期、产期、哺乳期受特殊保护。

引用文档:裁判文书(2)篇专业文章(3)篇实务指南(1)篇

第四十八条 用人单位不得因结婚、怀孕、产假、哺乳等情形,降低女职工的工资和福利待遇,限制女职工晋职、晋级、评聘专业技术职称和职务,辞退女职工,单方解除劳动(聘用)合同或者服务协议。

女职工在怀孕以及依法享受产假期间,劳动(聘用)合同或者服务协议期满的,劳动(聘用)合同或者服务协议期限自动延续至产假结束。但是,用人单位依法解除、终止劳动(聘用)合同、服务协议,或者女职工依法要求解除、终止劳动(聘用)合同、服务协议的除外。

用人单位在执行国家退休制度时,不得以性别为由歧视妇女。

第四十九条 人力资源和社会保障部门应当将招聘、录取、晋职、晋级、评聘专业技术职称和职务、培训、辞退等过程中的性别歧视行为纳入劳动保障监察范围。

第五十条 国家发展社会保障事业,保障妇女享有社会保险、社会救助和社会福利等权益。

国家提倡和鼓励为帮助妇女而开展的社会公益活动。

第五十一条 国家实行生育保险制度,建立健全婴幼儿托育服务等与生育相关的其他保障制度。

国家建立健全职工生育休假制度,保障孕产期女职工依法享有休息休假权益。

地方各级人民政府和有关部门应当按照国家有关规定,为符合条件的困难妇女提供必要的生育救助。

第五十二条 各级人民政府和有关部门应当采取必要措施,加强贫困妇女、老龄妇女、残疾妇女等困难妇女的权益保障,按照有关规定为其提供生活帮扶、就业创业支持等关爱服务。

第六章 财产权益

第五十三条 国家保障妇女享有与男子平等的财产权利。

第五十四条 在夫妻共同财产、家庭共有财产关系中,不得侵害妇女依法享有的权益。

第五十五条 妇女在农村集体经济组织成员身份确认、土地承包经营、集体经济组织收益分配、土地征收补偿安置或者征用补偿以及宅基地使用等方面,享有与男子平等的权利。

申请农村土地承包经营权、宅基地使用权等不动产登记,应当在不动产登记簿和权属证书上将享有权利的妇女等家庭成员全部列明。征收补偿安置或者征用补偿协议应当将享有相关权益的妇女列入,并记载权益内容。

第五十六条 村民自治章程、村规民约,村民会议、村民代表会议的决定以及其他涉及村民利益事项的决定,不得以妇女未婚、结婚、离婚、丧偶、户无男性等为由,侵害妇女在农村集体经济组织中的各项权益。

因结婚男方到女方住所落户的,男方和子女享有与所在地农村集体经济组织成员平等的权益。

第五十七条 国家保护妇女在城镇集体所有财产关系中的权益。妇女依照法律、法规的规定享有相关权益。

第五十八条 妇女享有与男子平等的继承权。妇女依法行使继承权，不受歧视。

丧偶妇女有权依法处分继承的财产，任何组织和个人不得干涉。

第五十九条 丧偶儿媳对公婆尽了主要赡养义务的，作为第一顺序继承人，其继承权不受子女代位继承的影响。

第七章　婚姻家庭权益

第六十条 国家保障妇女享有与男子平等的婚姻家庭权利。

第六十一条 国家保护妇女的婚姻自主权。禁止干涉妇女的结婚、离婚自由。

第六十二条 国家鼓励男女双方在结婚登记前，共同进行医学检查或者相关健康体检。

第六十三条 婚姻登记机关应当提供婚姻家庭辅导服务，引导当事人建立平等、和睦、文明的婚姻家庭关系。

第六十四条 女方在怀孕期间、分娩后一年内或者终止妊娠后六个月内，男方不得提出离婚；但是，女方提出离婚或者人民法院认为确有必要受理男方离婚请求的除外。

第六十五条 禁止对妇女实施家庭暴力。

县级以上人民政府有关部门、司法机关、社会团体、企业事业单位、基层群众性自治组织以及其他组织，应当在各自的职责范围内预防和制止家庭暴力，依法为受害妇女提供救助。

第六十六条 妇女对夫妻共同财产享有与其配偶平等的占有、使用、收益和处分的权利，不受双方收入状况等情形的影响。

对夫妻共同所有的不动产以及可以联名登记的动产，女方有权要求在权属证书上记载其姓名；认为记载的权利人、标的物、权利比例等事项有错误的，有权依法申请更正登记或者异议登记，有关机构应当按照其申请依法办理相应登记手续。

第六十七条 离婚诉讼期间，夫妻一方申请查询登记在对方名下财产状况且确因客观原因不能自行收集的，人民法院应当进行调查取证，有关部门和单位应当予以协助。

离婚诉讼期间,夫妻双方均有向人民法院申报全部夫妻共同财产的义务。一方隐藏、转移、变卖、损毁、挥霍夫妻共同财产,或者伪造夫妻共同债务企图侵占另一方财产的,在离婚分割夫妻共同财产时,对该方可以少分或者不分财产。

第六十八条 夫妻双方应当共同负担家庭义务,共同照顾家庭生活。

女方因抚育子女、照料老人、协助男方工作等负担较多义务的,有权在离婚时要求男方予以补偿。补偿办法由双方协议确定;协议不成的,可以向人民法院提起诉讼。

第六十九条 离婚时,分割夫妻共有的房屋或者处理夫妻共同租住的房屋,由双方协议解决;协议不成的,可以向人民法院提起诉讼。

第七十条 父母双方对未成年子女享有平等的监护权。

父亲死亡、无监护能力或者有其他情形不能担任未成年子女的监护人的,母亲的监护权任何组织和个人不得干涉。

第七十一条 女方丧失生育能力的,在离婚处理子女抚养问题时,应当在最有利于未成年子女的条件下,优先考虑女方的抚养要求。

第八章 救济措施

第七十二条 对侵害妇女合法权益的行为,任何组织和个人都有权予以劝阻、制止或者向有关部门提出控告或者检举。有关部门接到控告或者检举后,应当依法及时处理,并为控告人、检举人保密。

妇女的合法权益受到侵害的,有权要求有关部门依法处理,或者依法申请调解、仲裁,或者向人民法院起诉。

对符合条件的妇女,当地法律援助机构或者司法机关应当给予帮助,依法为其提供法律援助或者司法救助。

第七十三条 妇女的合法权益受到侵害的,可以向妇女联合会等妇女组织求助。妇女联合会等妇女组织应当维护被侵害妇女的合法权益,有权要求并协助有关部门或者单位查处。有关部门或者单位应当依法查处,并予以答复;不予处理或者处理不当的,县级以上人民政府负责妇女儿童工作的机构、妇女联合会可以向其提出督促处理意见,必要时可以提请同级人民政府开展督查。

受害妇女进行诉讼需要帮助的,妇女联合会应当给予支持和帮助。

第七十四条 用人单位侵害妇女劳动和社会保障权益的,人力资源和社会保障部门可以联合工会、妇女联合会约谈用人单位,依法进行监督并要求其限期纠正。

第七十五条 妇女在农村集体经济组织成员身份确认等方面权益受到侵害的,可以申请乡镇人民政府等进行协调,或者向人民法院起诉。

乡镇人民政府应当对村民自治章程、村规民约、村民会议、村民代表会议的决定以及其他涉及村民利益事项的决定进行指导,对其中违反法律、法规和国家政策规定,侵害妇女合法权益的内容责令改正;受侵害妇女向农村土地承包仲裁机构申请仲裁或者向人民法院起诉的,农村土地承包仲裁机构或者人民法院应当依法受理。

第七十六条 县级以上人民政府应当开通全国统一的妇女权益保护服务热线,及时受理、移送有关侵害妇女合法权益的投诉、举报;有关部门或者单位接到投诉、举报后,应当及时予以处置。

鼓励和支持群团组织、企业事业单位、社会组织和个人参与建设妇女权益保护服务热线,提供妇女权益保护方面的咨询、帮助。

第七十七条 侵害妇女合法权益,导致社会公共利益受损的,检察机关可以发出检察建议;有下列情形之一的,检察机关可以依法提起公益诉讼:

(一)确认农村妇女集体经济组织成员身份时侵害妇女权益或者侵害妇女享有的农村土地承包和集体收益、土地征收征用补偿分配权益和宅基地使用权益;

(二)侵害妇女平等就业权益;

(三)相关单位未采取合理措施预防和制止性骚扰;

(四)通过大众传播媒介或者其他方式贬低损害妇女人格;

(五)其他严重侵害妇女权益的情形。

引用文档:专业文章(2)篇案例评析(2)篇

第七十八条 国家机关、社会团体、企业事业单位对侵害妇女权益的行为,可以支持受侵害的妇女向人民法院起诉。

第九章 法 律 责 任

第七十九条 违反本法第二十二条第二款规定,未履行报告义务的,依法对直接负责的主管人员和其他直接责任人员给予处分。

第八十条 违反本法规定,对妇女实施性骚扰的,由公安机关给予批评教育或者出具告诫书,并由所在单位依法给予处分。

学校、用人单位违反本法规定，未采取必要措施预防和制止性骚扰，造成妇女权益受到侵害或者社会影响恶劣的，由上级机关或者主管部门责令改正；拒不改正或者情节严重的，依法对直接负责的主管人员和其他直接责任人员给予处分。

第八十一条　违反本法第二十六条规定，未履行报告等义务的，依法给予警告、责令停业整顿或者吊销营业执照、吊销相关许可证，并处一万元以上五万元以下罚款。

第八十二条　违反本法规定，通过大众传播媒介或者其他方式贬低损害妇女人格的，由公安、网信、文化旅游、广播电视、新闻出版或者其他有关部门依据各自的职权责令改正，并依法给予行政处罚。

第八十三条　用人单位违反本法第四十三条和第四十八条规定的，由人力资源和社会保障部门责令改正；拒不改正或者情节严重的，处一万元以上五万元以下罚款。

第八十四条　违反本法规定，对侵害妇女权益的申诉、控告、检举，推诿、拖延、压制不予查处，或者对提出申诉、控告、检举的人进行打击报复的，依法责令改正，并对直接负责的主管人员和其他直接责任人员给予处分。

国家机关及其工作人员未依法履行职责，对侵害妇女权益的行为未及时制止或者未给予受害妇女必要帮助，造成严重后果的，依法对直接负责的主管人员和其他直接责任人员给予处分。

违反本法规定，侵害妇女人身和人格权益、文化教育权益、劳动和社会保障权益、财产权益以及婚姻家庭权益的，依法责令改正，直接负责的主管人员和其他直接责任人员属于国家工作人员的，依法给予处分。

第八十五条　违反本法规定，侵害妇女的合法权益，其他法律、法规规定行政处罚的，从其规定；造成财产损失或者人身损害的，依法承担民事责任；构成犯罪的，依法追究刑事责任。

第十章　附　　则

第八十六条　本法自 2023 年 1 月 1 日起施行。

3. 中华人民共和国未成年人保护法（2024修正）

（1991年9月4日第七届全国人民代表大会常务委员会第二十一次会议通过 2006年12月29日第十届全国人民代表大会常务委员会第二十五次会议修订 根据2012年10月26日第十一届全国人民代表大会常务委员会第二十九次会议《关于修改〈中华人民共和国未成年人保护法〉的决定》修正 2020年10月17日第十三届全国人民代表大会常务委员会第二十二次会议第二次修订 根据2024年4月26日第十四届全国人民代表大会常务委员会第九次会议《关于修改〈中华人民共和国农业技术推广法〉、〈中华人民共和国未成年人保护法〉、〈中华人民共和国生物安全法〉的决定》第二次修正）

第一章 总 则

第一条 为了保护未成年人身心健康，保障未成年人合法权益，促进未成年人德智体美劳全面发展，培养有理想、有道德、有文化、有纪律的社会主义建设者和接班人，培养担当民族复兴大任的时代新人，根据宪法，制定本法。

第二条 本法所称未成年人是指未满十八周岁的公民。

第三条 国家保障未成年人的生存权、发展权、受保护权、参与权等权利。

未成年人依法平等地享有各项权利，不因本人及其父母或者其他监护人的民族、种族、性别、户籍、职业、宗教信仰、教育程度、家庭状况、身心健康状况等受到歧视。

第四条 保护未成年人，应当坚持最有利于未成年人的原则。处理涉及未成年人事项，应当符合下列要求：

（一）给予未成年人特殊、优先保护；

（二）尊重未成年人人格尊严；

（三）保护未成年人隐私权和个人信息；

（四）适应未成年人身心健康发展的规律和特点；

（五）听取未成年人的意见；

（六）保护与教育相结合。

第五条 国家、社会、学校和家庭应当对未成年人进行理想教育、道德教育、科学教育、文化教育、法治教育、国家安全教育、健康教育、劳动教育，加强爱国主义、集体主义和中国特色社会主义的教育，培养爱祖国、爱人民、爱劳动、爱科学、爱社会主义的公德,抵制资本主义、封建主义和其他腐朽思想的侵蚀,引导未成年人树立和践行社会主义核心价值观。

第六条 保护未成年人,是国家机关、武装力量、政党、人民团体、企业事业单位、社会组织、城乡基层群众性自治组织、未成年人的监护人以及其他成年人的共同责任。

国家、社会、学校和家庭应当教育和帮助未成年人维护自身合法权益,增强自我保护的意识和能力。

第七条 未成年人的父母或者其他监护人依法对未成年人承担监护职责。

国家采取措施指导、支持、帮助和监督未成年人的父母或者其他监护人履行监护职责。

第八条 县级以上人民政府应当将未成年人保护工作纳入国民经济和社会发展规划,相关经费纳入本级政府预算。

第九条 各级人民政府应当重视和加强未成年人保护工作。县级以上人民政府负责妇女儿童工作的机构,负责未成年人保护工作的组织、协调、指导、督促,有关部门在各自职责范围内做好相关工作。

第十条 共产主义青年团、妇女联合会、工会、残疾人联合会、关心下一代工作委员会、青年联合会、学生联合会、少年先锋队以及其他人民团体、有关社会组织,应当协助各级人民政府及其有关部门、人民检察院、人民法院做好未成年人保护工作,维护未成年人合法权益。

第十一条 任何组织或者个人发现不利于未成年人身心健康或者侵犯未成年人合法权益的情形,都有权劝阻、制止或者向公安、民政、教育等有关部门提出检举、控告。

国家机关、居民委员会、村民委员会、密切接触未成年人的单位及其工作人员,在工作中发现未成年人身心健康受到侵害、疑似受到侵害或者面临其他危险情形的,应当立即向公安、民政、教育等有关部门报告。

有关部门接到涉及未成年人的检举、控告或者报告,应当依法及时受理、处置,并以适当方式将处理结果告知相关单位和人员。

第十二条 国家鼓励和支持未成年人保护方面的科学研究,建设相关学科、设置相关专业,加强人才培养。

第十三条 国家建立健全未成年人统计调查制度,开展未成年人健康、受教育等状况的统计、调查和分析,发布未成年人保护的有关信息。

第十四条 国家对保护未成年人有显著成绩的组织和个人给予表彰和

奖励。

第二章　家 庭 保 护

第十五条　未成年人的父母或者其他监护人应当学习家庭教育知识,接受家庭教育指导,创造良好、和睦、文明的家庭环境。

共同生活的其他成年家庭成员应当协助未成年人的父母或者其他监护人抚养、教育和保护未成年人。

第十六条　未成年人的父母或者其他监护人应当履行下列监护职责:

(一)为未成年人提供生活、健康、安全等方面的保障;

(二)关注未成年人的生理、心理状况和情感需求;

(三)教育和引导未成年人遵纪守法、勤俭节约,养成良好的思想品德和行为习惯;

(四)对未成年人进行安全教育,提高未成年人的自我保护意识和能力;

(五)尊重未成年人受教育的权利,保障适龄未成年人依法接受并完成义务教育;

(六)保障未成年人休息、娱乐和体育锻炼的时间,引导未成年人进行有益身心健康的活动;

(七)妥善管理和保护未成年人的财产;

(八)依法代理未成年人实施民事法律行为;

(九)预防和制止未成年人的不良行为和违法犯罪行为,并进行合理管教;

(十)其他应当履行的监护职责。

第十七条　未成年人的父母或者其他监护人不得实施下列行为:

(一)虐待、遗弃、非法送养未成年人或者对未成年人实施家庭暴力;

(二)放任、教唆或者利用未成年人实施违法犯罪行为;

(三)放任、唆使未成年人参与邪教、迷信活动或者接受恐怖主义、分裂主义、极端主义等侵害;

(四)放任、唆使未成年人吸烟(含电子烟,下同)、饮酒、赌博、流浪乞讨或者欺凌他人;

(五)放任或者迫使应当接受义务教育的未成年人失学、辍学;

(六)放任未成年人沉迷网络,接触危害或者可能影响其身心健康的图书、报刊、电影、广播电视节目、音像制品、电子出版物和网络信息等;

(七)放任未成年人进入营业性娱乐场所、酒吧、互联网上网服务营业场所

等不适宜未成年人活动的场所;

(八)允许或者迫使未成年人从事国家规定以外的劳动;

(九)允许、迫使未成年人结婚或者为未成年人订立婚约;

(十)违法处分、侵吞未成年人的财产或者利用未成年人牟取不正当利益;

(十一)其他侵犯未成年人身心健康、财产权益或者不依法履行未成年人保护义务的行为。

第十八条 未成年人的父母或者其他监护人应当为未成年人提供安全的家庭生活环境,及时排除引发触电、烫伤、跌落等伤害的安全隐患;采取配备儿童安全座椅、教育未成年人遵守交通规则等措施,防止未成年人受到交通事故的伤害;提高户外安全保护意识,避免未成年人发生溺水、动物伤害等事故。

第十九条 未成年人的父母或者其他监护人应当根据未成年人的年龄和智力发展状况,在作出与未成年人权益有关的决定前,听取未成年人的意见,充分考虑其真实意愿。

第二十条 未成年人的父母或者其他监护人发现未成年人身心健康受到侵害、疑似受到侵害或者其他合法权益受到侵犯的,应当及时了解情况并采取保护措施;情况严重的,应当立即向公安、民政、教育等部门报告。

第二十一条 未成年人的父母或者其他监护人不得使未满八周岁或者由于身体、心理原因需要特别照顾的未成年人处于无人看护状态,或者将其交由无民事行为能力、限制民事行为能力、患有严重传染性疾病或者其他不适宜的人员临时照护。

未成年人的父母或者其他监护人不得使未满十六周岁的未成年人脱离监护单独生活。

第二十二条 未成年人的父母或者其他监护人因外出务工等原因在一定期限内不能完全履行监护职责的,应当委托具有照护能力的完全民事行为能力人代为照护;无正当理由的,不得委托他人代为照护。

未成年人的父母或者其他监护人在确定被委托人时,应当综合考虑其道德品质、家庭状况、身心健康状况、与未成年人生活情感上的联系等情况,并听取有表达意愿能力未成年人的意见。

具有下列情形之一的,不得作为被委托人:

(一)曾实施性侵害、虐待、遗弃、拐卖、暴力伤害等违法犯罪行为;

(二)有吸毒、酗酒、赌博等恶习;

(三)曾拒不履行或者长期怠于履行监护、照护职责;

(四)其他不适宜担任被委托人的情形。

第二十三条 未成年人的父母或者其他监护人应当及时将委托照护情况书面告知未成年人所在学校、幼儿园和实际居住地的居民委员会、村民委员会,加强和未成年人所在学校、幼儿园的沟通;与未成年人、被委托人至少每周联系和交流一次,了解未成年人的生活、学习、心理等情况,并给予未成年人亲情关爱。

未成年人的父母或者其他监护人接到被委托人、居民委员会、村民委员会、学校、幼儿园等关于未成年人心理、行为异常的通知后,应当及时采取干预措施。

第二十四条 未成年人的父母离婚时,应当妥善处理未成年子女的抚养、教育、探望、财产等事宜,听取有表达意愿能力未成年人的意见。不得以抢夺、藏匿未成年子女等方式争夺抚养权。

未成年人的父母离婚后,不直接抚养未成年子女的一方应当依照协议、人民法院判决或者调解确定的时间和方式,在不影响未成年人学习、生活的情况下探望未成年子女,直接抚养的一方应当配合,但被人民法院依法中止探望权的除外。

第三章 学校保护

第二十五条 学校应当全面贯彻国家教育方针,坚持立德树人,实施素质教育,提高教育质量,注重培养未成年学生认知能力、合作能力、创新能力和实践能力,促进未成年学生全面发展。

学校应当建立未成年学生保护工作制度,健全学生行为规范,培养未成年学生遵纪守法的良好行为习惯。

第二十六条 幼儿园应当做好保育、教育工作,遵循幼儿身心发展规律,实施启蒙教育,促进幼儿在体质、智力、品德等方面和谐发展。

第二十七条 学校、幼儿园的教职员工应当尊重未成年人人格尊严,不得对未成年人实施体罚、变相体罚或者其他侮辱人格尊严的行为。

第二十八条 学校应当保障未成年学生受教育的权利,不得违反国家规定开除、变相开除未成年学生。

学校应当对尚未完成义务教育的辍学未成年学生进行登记并劝返复学;劝返无效的,应当及时向教育行政部门书面报告。

第二十九条 学校应当关心、爱护未成年学生,不得因家庭、身体、心理、学习能力等情况歧视学生。对家庭困难、身心有障碍的学生,应当提供关爱;对行为异常、学习有困难的学生,应当耐心帮助。

学校应当配合政府有关部门建立留守未成年学生、困境未成年学生的信息档案,开展关爱帮扶工作。

第三十条 学校应当根据未成年学生身心发展特点,进行社会生活指导、心理健康辅导、青春期教育和生命教育。

第三十一条 学校应当组织未成年学生参加与其年龄相适应的日常生活劳动、生产劳动和服务性劳动,帮助未成年学生掌握必要的劳动知识和技能,养成良好的劳动习惯。

第三十二条 学校、幼儿园应当开展勤俭节约、反对浪费、珍惜粮食、文明饮食等宣传教育活动,帮助未成年人树立浪费可耻、节约为荣的意识,养成文明健康、绿色环保的生活习惯。

第三十三条 学校应当与未成年学生的父母或者其他监护人互相配合,合理安排未成年学生的学习时间,保障其休息、娱乐和体育锻炼的时间。

学校不得占用国家法定节假日、休息日及寒暑假期,组织义务教育阶段的未成年学生集体补课,加重其学习负担。

幼儿园、校外培训机构不得对学龄前未成年人进行小学课程教育。

第三十四条 学校、幼儿园应当提供必要的卫生保健条件,协助卫生健康部门做好在校、在园未成年人的卫生保健工作。

第三十五条 学校、幼儿园应当建立安全管理制度,对未成年人进行安全教育,完善安保设施、配备安保人员,保障未成年人在校、在园期间的人身和财产安全。

学校、幼儿园不得在危及未成年人人身安全、身心健康的校舍和其他设施、场所中进行教育教学活动。

学校、幼儿园安排未成年人参加文化娱乐、社会实践等集体活动,应当保护未成年人的身心健康,防止发生人身伤害事故。

第三十六条 使用校车的学校、幼儿园应当建立健全校车安全管理制度,配备安全管理人员,定期对校车进行安全检查,对校车驾驶人进行安全教育,并向未成年人讲解校车安全乘坐知识,培养未成年人校车安全事故应急处理技能。

第三十七条 学校、幼儿园应当根据需要,制定应对自然灾害、事故灾难、公共卫生事件等突发事件和意外伤害的预案,配备相应设施并定期进行必要的演练。

未成年人在校内、园内或者本校、本园组织的校外、园外活动中发生人身伤害事故的,学校、幼儿园应当立即救护,妥善处理,及时通知未成年人的父母或者其他监护人,并向有关部门报告。

第三十八条 学校、幼儿园不得安排未成年人参加商业性活动,不得向未成年人及其父母或者其他监护人推销或者要求其购买指定的商品和服务。

学校、幼儿园不得与校外培训机构合作为未成年人提供有偿课程辅导。

第三十九条 学校应当建立学生欺凌防控工作制度,对教职员工、学生等开展防治学生欺凌的教育和培训。

学校对学生欺凌行为应当立即制止,通知实施欺凌和被欺凌未成年学生的父母或者其他监护人参与欺凌行为的认定和处理;对相关未成年学生及时给予心理辅导、教育和引导;对相关未成年学生的父母或者其他监护人给予必要的家庭教育指导。

对实施欺凌的未成年学生,学校应当根据欺凌行为的性质和程度,依法加强管教。对严重的欺凌行为,学校不得隐瞒,应当及时向公安机关、教育行政部门报告,并配合相关部门依法处理。

第四十条 学校、幼儿园应当建立预防性侵害、性骚扰未成年人工作制度。对性侵害、性骚扰未成年人等违法犯罪行为,学校、幼儿园不得隐瞒,应当及时向公安机关、教育行政部门报告,并配合相关部门依法处理。

学校、幼儿园应当对未成年人开展适合其年龄的性教育,提高未成年人防范性侵害、性骚扰的自我保护意识和能力。对遭受性侵害、性骚扰的未成年人,学校、幼儿园应当及时采取相关的保护措施。

第四十一条 婴幼儿照护服务机构、早期教育服务机构、校外培训机构、校外托管机构等应当参照本章有关规定,根据不同年龄阶段未成年人的成长特点和规律,做好未成年人保护工作。

第四章 社会保护

第四十二条 全社会应当树立关心、爱护未成年人的良好风尚。

国家鼓励、支持和引导人民团体、企业事业单位、社会组织以及其他组织和个人,开展有利于未成年人健康成长的社会活动和服务。

第四十三条 居民委员会、村民委员会应当设置专人专岗负责未成年人保护工作,协助政府有关部门宣传未成年人保护方面的法律法规,指导、帮助和监督未成年人的父母或者其他监护人依法履行监护职责,建立留守未成年人、困境未成年人的信息档案并给予关爱帮扶。

居民委员会、村民委员会应当协助政府有关部门监督未成年人委托照护情况,发现被委托人缺乏照护能力、怠于履行照护职责等情况,应当及时向政府有关部门报告,并告知未成年人的父母或者其他监护人,帮助、督促被委托人履行照护职责。

第四十四条 爱国主义教育基地、图书馆、青少年宫、儿童活动中心、儿童之家应当对未成年人免费开放;博物馆、纪念馆、科技馆、展览馆、美术馆、文化馆、社区公益性互联网上网服务场所以及影剧院、体育场馆、动物园、植物园、公园等场所,应当按照有关规定对未成年人免费或者优惠开放。

国家鼓励爱国主义教育基地、博物馆、科技馆、美术馆等公共场馆开设未成年人专场,为未成年人提供有针对性的服务。

国家鼓励国家机关、企业事业单位、部队等开发自身教育资源,设立未成年人开放日,为未成年人主题教育、社会实践、职业体验等提供支持。

国家鼓励科研机构和科技类社会组织对未成年人开展科学普及活动。

第四十五条 城市公共交通以及公路、铁路、水路、航空客运等应当按照有关规定对未成年人实施免费或者优惠票价。

第四十六条 国家鼓励大型公共场所、公共交通工具、旅游景区景点等设置母婴室、婴儿护理台以及方便幼儿使用的坐便器、洗手台等卫生设施,为未成年人提供便利。

第四十七条 任何组织或者个人不得违反有关规定,限制未成年人应当享有的照顾或者优惠。

第四十八条 国家鼓励创作、出版、制作和传播有利于未成年人健康成长的图书、报刊、电影、广播电视节目、舞台艺术作品、音像制品、电子出版物和网络信息等。

第四十九条 新闻媒体应当加强未成年人保护方面的宣传,对侵犯未成年人合法权益的行为进行舆论监督。新闻媒体采访报道涉及未成年人事件应当客观、审慎和适度,不得侵犯未成年人的名誉、隐私和其他合法权益。

第五十条 禁止制作、复制、出版、发布、传播含有宣扬淫秽、色情、暴力、邪教、迷信、赌博、引诱自杀、恐怖主义、分裂主义、极端主义等危害未成年人身心健康内容的图书、报刊、电影、广播电视节目、舞台艺术作品、音像制品、电子出版物和网络信息等。

第五十一条 任何组织或者个人出版、发布、传播的图书、报刊、电影、广播电视节目、舞台艺术作品、音像制品、电子出版物或者网络信息,包含可能影响未成年人身心健康内容的,应当以显著方式作出提示。

引用文档:法律(1)篇

第五十二条 禁止制作、复制、发布、传播或者持有有关未成年人的淫秽色情物品和网络信息。

第五十三条 任何组织或者个人不得刊登、播放、张贴或者散发含有危害未成年人身心健康内容的广告;不得在学校、幼儿园播放、张贴或者散发商业广告;不得利用校服、教材等发布或者变相发布商业广告。

第五十四条 禁止拐卖、绑架、虐待、非法收养未成年人,禁止对未成年人实施性侵害、性骚扰。

禁止胁迫、引诱、教唆未成年人参加黑社会性质组织或者从事违法犯罪活动。

禁止胁迫、诱骗、利用未成年人乞讨。

第五十五条 生产、销售用于未成年人的食品、药品、玩具、用具和游戏游艺设备、游乐设施等,应当符合国家或者行业标准,不得危害未成年人的人身安全和身心健康。上述产品的生产者应当在显著位置标明注意事项,未标明注意事项的不得销售。

第五十六条 未成年人集中活动的公共场所应当符合国家或者行业安全标准,并采取相应安全保护措施。对可能存在安全风险的设施,应当定期进行维护,在显著位置设置安全警示标志并标明适龄范围和注意事项;必要时应当安排专门人员看管。

大型的商场、超市、医院、图书馆、博物馆、科技馆、游乐场、车站、码头、机场、旅游景区景点等场所运营单位应当设置搜寻走失未成年人的安全警报系统。场所运营单位接到求助后,应当立即启动安全警报系统,组织人员进行搜寻并向公安机关报告。

公共场所发生突发事件时,应当优先救护未成年人。

第五十七条 旅馆、宾馆、酒店等住宿经营者接待未成年人入住,或者接待未成年人和成年人共同入住时,应当询问父母或者其他监护人的联系方式、入住人员的身份关系等有关情况;发现有违法犯罪嫌疑的,应当立即向公安机关报告,并及时联系未成年人的父母或者其他监护人。

第五十八条 学校、幼儿园周边不得设置营业性娱乐场所、酒吧、互联网上网服务营业场所等不适宜未成年人活动的场所。营业性歌舞娱乐场所、酒吧、互联网上网服务营业场所等不适宜未成年人活动场所的经营者,不得允许未成年人进入;游艺娱乐场所设置的电子游戏设备,除国家法定节假日外,不得向未成年人提供。经营者应当在显著位置设置未成年人禁入、限入标志;对难以判明是否是未成年人的,应当要求其出示身份证件。

第五十九条 学校、幼儿园周边不得设置烟、酒、彩票销售网点。禁止向未成年人销售烟、酒、彩票或者兑付彩票奖金。烟、酒和彩票经营者应当在显著位置设置不向未成年人销售烟、酒或者彩票的标志;对难以判明是否是未成年人的,应当要求其出示身份证件。

任何人不得在学校、幼儿园和其他未成年人集中活动的公共场所吸烟、饮酒。

第六十条 禁止向未成年人提供、销售管制刀具或者其他可能致人严重伤害的器具等物品。经营者难以判明购买者是否是未成年人的,应当要求其出示身份证件。

第六十一条 任何组织或者个人不得招用未满十六周岁未成年人,国家另有规定的除外。

营业性娱乐场所、酒吧、互联网上网服务营业场所等不适宜未成年人活动的场所不得招用已满十六周岁的未成年人。

招用已满十六周岁未成年人的单位和个人应当执行国家在工种、劳动时间、劳动强度和保护措施等方面的规定,不得安排其从事过重、有毒、有害等危害未成年人身心健康的劳动或者危险作业。

任何组织或者个人不得组织未成年人进行危害其身心健康的表演等活动。经未成年人的父母或者其他监护人同意,未成年人参与演出、节目制作等活动,活动组织方应当根据国家有关规定,保障未成年人合法权益。

第六十二条 密切接触未成年人的单位招聘工作人员时,应当向公安机关、人民检察院查询应聘者是否具有性侵害、虐待、拐卖、暴力伤害等违法犯罪记录;发现其具有前述行为记录的,不得录用。

密切接触未成年人的单位应当每年定期对工作人员是否具有上述违法犯罪记录进行查询。通过查询或者其他方式发现其工作人员具有上述行为的,应当及时解聘。

第六十三条 任何组织或者个人不得隐匿、毁弃、非法删除未成年人的信件、日记、电子邮件或者其他网络通讯内容。

除下列情形外,任何组织或者个人不得开拆、查阅未成年人的信件、日记、电子邮件或者其他网络通讯内容:

(一)无民事行为能力未成年人的父母或者其他监护人代未成年人开拆、

查阅;

(二)因国家安全或者追查刑事犯罪依法进行检查;

(三)紧急情况下为了保护未成年人本人的人身安全。

第五章 网 络 保 护

第六十四条 国家、社会、学校和家庭应当加强未成年人网络素养宣传教育,培养和提高未成年人的网络素养,增强未成年人科学、文明、安全、合理使用网络的意识和能力,保障未成年人在网络空间的合法权益。

第六十五条 国家鼓励和支持有利于未成年人健康成长的网络内容的创作与传播,鼓励和支持专门以未成年人为服务对象、适合未成年人身心健康特点的网络技术、产品、服务的研发、生产和使用。

第六十六条 网信部门及其他有关部门应当加强对未成年人网络保护工作的监督检查,依法惩处利用网络从事危害未成年人身心健康的活动,为未成年人提供安全、健康的网络环境。

第六十七条 网信部门会同公安、文化和旅游、新闻出版、电影、广播电视等部门根据保护不同年龄阶段未成年人的需要,确定可能影响未成年人身心健康网络信息的种类、范围和判断标准。

第六十八条 新闻出版、教育、卫生健康、文化和旅游、网信等部门应当定期开展预防未成年人沉迷网络的宣传教育,监督网络产品和服务提供者履行预防未成年人沉迷网络的义务,指导家庭、学校、社会组织互相配合,采取科学、合理的方式对未成年人沉迷网络进行预防和干预。

任何组织或者个人不得以侵害未成年人身心健康的方式对未成年人沉迷网络进行干预。

第六十九条 学校、社区、图书馆、文化馆、青少年宫等场所为未成年人提供的互联网上网服务设施,应当安装未成年人网络保护软件或者采取其他安全保护技术措施。

智能终端产品的制造者、销售者应当在产品上安装未成年人网络保护软件,或者以显著方式告知用户未成年人网络保护软件的安装渠道和方法。

第七十条 学校应当合理使用网络开展教学活动。未经学校允许,未成年学生不得将手机等智能终端产品带入课堂,带入学校的应当统一管理。

学校发现未成年学生沉迷网络的,应当及时告知其父母或者其他监护人,共同对未成年学生进行教育和引导,帮助其恢复正常的学习生活。

第七十一条 未成年人的父母或者其他监护人应当提高网络素养,规范自身使用网络的行为,加强对未成年人使用网络行为的引导和监督。

未成年人的父母或者其他监护人应当通过在智能终端产品上安装未成年人网络保护软件、选择适合未成年人的服务模式和管理功能等方式,避免未成年人接触危害或者可能影响其身心健康的网络信息,合理安排未成年人使用网络的时间,有效预防未成年人沉迷网络。

第七十二条 信息处理者通过网络处理未成年人个人信息的,应当遵循合法、正当和必要的原则。处理不满十四周岁未成年人个人信息的,应当征得未成年人的父母或者其他监护人同意,但法律、行政法规另有规定的除外。

未成年人、父母或者其他监护人要求信息处理者更正、删除未成年人个人信息的,信息处理者应当及时采取措施予以更正、删除,但法律、行政法规另有规定的除外。

第七十三条 网络服务提供者发现未成年人通过网络发布私密信息的,应当及时提示,并采取必要的保护措施。

第七十四条 网络产品和服务提供者不得向未成年人提供诱导其沉迷的产品和服务。

网络游戏、网络直播、网络音视频、网络社交等网络服务提供者应当针对未成年人使用其服务设置相应的时间管理、权限管理、消费管理等功能。

以未成年人为服务对象的在线教育网络产品和服务,不得插入网络游戏链接,不得推送广告等与教学无关的信息。

第七十五条 网络游戏经依法审批后方可运营。

国家建立统一的未成年人网络游戏电子身份认证系统。网络游戏服务提供者应当要求未成年人以真实身份信息注册并登录网络游戏。

网络游戏服务提供者应当按照国家有关规定和标准,对游戏产品进行分类,作出适龄提示,并采取技术措施,不得让未成年人接触不适宜的游戏或者游戏功能。

网络游戏服务提供者不得在每日二十二时至次日八时向未成年人提供网络游戏服务。

第七十六条 网络直播服务提供者不得为未满十六周岁的未成年人提供网络直播发布者账号注册服务;为年满十六周岁的未成年人提供网络直播发布者账号注册服务时,应当对其身份信息进行认证,并征得其父母或者其他监护人同意。

第七十七条 任何组织或者个人不得通过网络以文字、图片、音视频等形式，对未成年人实施侮辱、诽谤、威胁或者恶意损害形象等网络欺凌行为。

遭受网络欺凌的未成年人及其父母或者其他监护人有权通知网络服务提供者采取删除、屏蔽、断开链接等措施。网络服务提供者接到通知后，应当及时采取必要的措施制止网络欺凌行为，防止信息扩散。

第七十八条 网络产品和服务提供者应当建立便捷、合理、有效的投诉和举报渠道，公开投诉、举报方式等信息，及时受理并处理涉及未成年人的投诉、举报。

第七十九条 任何组织或者个人发现网络产品、服务含有危害未成年人身心健康的信息，有权向网络产品和服务提供者或者网信、公安等部门投诉、举报。

第八十条 网络服务提供者发现用户发布、传播可能影响未成年人身心健康的信息且未作显著提示的，应当作出提示或者通知用户予以提示；未作出提示的，不得传输相关信息。

网络服务提供者发现用户发布、传播含有危害未成年人身心健康内容的信息的，应当立即停止传输相关信息，采取删除、屏蔽、断开链接等处置措施，保存有关记录，并向网信、公安等部门报告。

网络服务提供者发现用户利用其网络服务对未成年人实施违法犯罪行为的，应当立即停止向该用户提供网络服务，保存有关记录，并向公安机关报告。

第六章　政　府　保　护

第八十一条 县级以上人民政府承担未成年人保护协调机制具体工作的职能部门应当明确相关内设机构或者专门人员，负责承担未成年人保护工作。

乡镇人民政府和街道办事处应当设立未成年人保护工作站或者指定专门人员，及时办理未成年人相关事务；支持、指导居民委员会、村民委员会设立专人专岗，做好未成年人保护工作。

第八十二条 各级人民政府应当将家庭教育指导服务纳入城乡公共服务体系，开展家庭教育知识宣传，鼓励和支持有关人民团体、企业事业单位、社会组织开展家庭教育指导服务。

第八十三条 各级人民政府应当保障未成年人受教育的权利，并采取措施保障留守未成年人、困境未成年人、残疾未成年人接受义务教育。

对尚未完成义务教育的辍学未成年学生，教育行政部门应当责令父母或者其他监护人将其送入学校接受义务教育。

第八十四条 各级人民政府应当发展托育、学前教育事业,办好婴幼儿照护服务机构、幼儿园,支持社会力量依法兴办母婴室、婴幼儿照护服务机构、幼儿园。

县级以上地方人民政府及其有关部门应当培养和培训婴幼儿照护服务机构、幼儿园的保教人员,提高其职业道德素质和业务能力。

第八十五条 各级人民政府应当发展职业教育,保障未成年人接受职业教育或者职业技能培训,鼓励和支持人民团体、企业事业单位、社会组织为未成年人提供职业技能培训服务。

第八十六条 各级人民政府应当保障具有接受普通教育能力、能适应校园生活的残疾未成年人就近在普通学校、幼儿园接受教育;保障不具有接受普通教育能力的残疾未成年人在特殊教育学校、幼儿园接受学前教育、义务教育和职业教育。

各级人民政府应当保障特殊教育学校、幼儿园的办学、办园条件,鼓励和支持社会力量举办特殊教育学校、幼儿园。

第八十七条 地方人民政府及其有关部门应当保障校园安全,监督、指导学校、幼儿园等单位落实校园安全责任,建立突发事件的报告、处置和协调机制。

第八十八条 公安机关和其他有关部门应当依法维护校园周边的治安和交通秩序,设置监控设备和交通安全设施,预防和制止侵害未成年人的违法犯罪行为。

第八十九条 地方人民政府应当建立和改善适合未成年人的活动场所和设施,支持公益性未成年人活动场所和设施的建设和运行,鼓励社会力量兴办适合未成年人的活动场所和设施,并加强管理。

地方人民政府应当采取措施,鼓励和支持学校在国家法定节假日、休息日及寒暑假期将文化体育设施对未成年人免费或者优惠开放。

地方人民政府应当采取措施,防止任何组织或者个人侵占、破坏学校、幼儿园、婴幼儿照护服务机构等未成年人活动场所的场地、房屋和设施。

第九十条 各级人民政府及其有关部门应当对未成年人进行卫生保健和营养指导,提供卫生保健服务。

卫生健康部门应当依法对未成年人的疫苗预防接种进行规范,防治未成年人常见病、多发病,加强传染病防治和监督管理,做好伤害预防和干预,指导和监督学校、幼儿园、婴幼儿照护服务机构开展卫生保健工作。

教育行政部门应当加强未成年人的心理健康教育,建立未成年人心理问题

第六章 婚姻纠纷相关法律规定

的早期发现和及时干预机制。卫生健康部门应当做好未成年人心理治疗、心理危机干预以及精神障碍早期识别和诊断治疗等工作。

第九十一条 各级人民政府及其有关部门对困境未成年人实施分类保障，采取措施满足其生活、教育、安全、医疗康复、住房等方面的基本需要。

第九十二条 具有下列情形之一的，民政部门应当依法对未成年人进行临时监护：

（一）未成年人流浪乞讨或者身份不明，暂时查找不到父母或者其他监护人；

（二）监护人下落不明且无其他人可以担任监护人；

（三）监护人因自身客观原因或者因发生自然灾害、事故灾难、公共卫生事件等突发事件不能履行监护职责，导致未成年人监护缺失；

（四）监护人拒绝或者怠于履行监护职责，导致未成年人处于无人照料的状态；

（五）监护人教唆、利用未成年人实施违法犯罪行为，未成年人需要被带离安置；

（六）未成年人遭受监护人严重伤害或者面临人身安全威胁，需要被紧急安置；

（七）法律规定的其他情形。

第九十三条 对临时监护的未成年人，民政部门可以采取委托亲属抚养、家庭寄养等方式进行安置，也可以交由未成年人救助保护机构或者儿童福利机构进行收留、抚养。

临时监护期间，经民政部门评估，监护人重新具备履行监护职责条件的，民政部门可以将未成年人送回监护人抚养。

第九十四条 具有下列情形之一的，民政部门应当依法对未成年人进行长期监护：

（一）查找不到未成年人的父母或者其他监护人；

（二）监护人死亡或者被宣告死亡且无其他人可以担任监护人；

（三）监护人丧失监护能力且无其他人可以担任监护人；

（四）人民法院判决撤销监护人资格并指定由民政部门担任监护人；

（五）法律规定的其他情形。

第九十五条 民政部门进行收养评估后，可以依法将其长期监护的未成年人交由符合条件的申请人收养。收养关系成立后，民政部门与未成年人的监护关系终止。

第九十六条 民政部门承担临时监护或者长期监护职责的,财政、教育、卫生健康、公安等部门应当根据各自职责予以配合。

县级以上人民政府及其民政部门应根据需要设立未成年人救助保护机构、儿童福利机构,负责收留、抚养由民政部门监护的未成年人。

第九十七条 县级以上人民政府应当开通全国统一的未成年人保护热线,及时受理、转介侵犯未成年人合法权益的投诉、举报;鼓励和支持人民团体、企业事业单位、社会组织参与建设未成年人保护服务平台、服务热线、服务站点,提供未成年人保护方面的咨询、帮助。

第九十八条 国家建立性侵害、虐待、拐卖、暴力伤害等违法犯罪人员信息查询系统,向密切接触未成年人的单位提供免费查询服务。

第九十九条 地方人民政府应当培育、引导和规范有关社会组织、社会工作者参与未成年人保护工作,开展家庭教育指导服务,为未成年人的心理辅导、康复救助、监护及收养评估等提供专业服务。

第七章 司 法 保 护

第一百条 公安机关、人民检察院、人民法院和司法行政部门应当依法履行职责,保障未成年人合法权益。

第一百零一条 公安机关、人民检察院、人民法院和司法行政部门应当确定专门机构或者指定专门人员,负责办理涉及未成年人案件。办理涉及未成年人案件的人员应当经过专门培训,熟悉未成年人身心特点。专门机构或者专门人员中,应当有女性工作人员。

公安机关、人民检察院、人民法院和司法行政部门应当对上述机构和人员实行与未成年人保护工作相适应的评价考核标准。

第一百零二条 公安机关、人民检察院、人民法院和司法行政部门办理涉及未成年人案件,应当考虑未成年人身心特点和健康成长的需要,使用未成年人能够理解的语言和表达方式,听取未成年人的意见。

第一百零三条 公安机关、人民检察院、人民法院、司法行政部门以及其他组织和个人不得披露有关案件中未成年人的姓名、影像、住所、就读学校以及其他可能识别出其身份的信息,但查找失踪、被拐卖未成年人等情形除外。

第一百零四条 对需要法律援助或者司法救助的未成年人,法律援助机构或者公安机关、人民检察院、人民法院和司法行政部门应当给予帮助,依法为其提供法律援助或者司法救助。

法律援助机构应当指派熟悉未成年人身心特点的律师为未成年人提供法律援助服务。

法律援助机构和律师协会应当对办理未成年人法律援助案件的律师进行指导和培训。

第一百零五条 人民检察院通过行使检察权,对涉及未成年人的诉讼活动等依法进行监督。

第一百零六条 未成年人合法权益受到侵犯,相关组织和个人未代为提起诉讼的,人民检察院可以督促、支持其提起诉讼;涉及公共利益的,人民检察院有权提起公益诉讼。

第一百零七条 人民法院审理继承案件,应当依法保护未成年人的继承权和受遗赠权。

人民法院审理离婚案件,涉及未成年子女抚养问题的,应当尊重已满八周岁未成年子女的真实意愿,根据双方具体情况,按照最有利于未成年子女的原则依法处理。

第一百零八条 未成年人的父母或者其他监护人不依法履行监护职责或者严重侵犯被监护的未成年人合法权益的,人民法院可以根据有关人员或者单位的申请,依法作出人身安全保护令或者撤销监护人资格。

被撤销监护人资格的父母或者其他监护人应当依法继续负担抚养费用。

第一百零九条 人民法院审理离婚、抚养、收养、监护、探望等案件涉及未成年人的,可以自行或者委托社会组织对未成年人的相关情况进行社会调查。

第一百一十条 公安机关、人民检察院、人民法院讯问未成年犯罪嫌疑人、被告人,询问未成年被害人、证人,应当依法通知其法定代理人或者其成年亲属、所在学校的代表等合适成年人到场,并采取适当方式,在适当场所进行,保障未成年人的名誉权、隐私权和其他合法权益。

人民法院开庭审理涉及未成年人案件,未成年被害人、证人一般不出庭作证;必须出庭的,应当采取保护其隐私的技术手段和心理干预等保护措施。

第一百一十一条 公安机关、人民检察院、人民法院应当与其他有关政府部门、人民团体、社会组织互相配合,对遭受性侵害或者暴力伤害的未成年被害人及其家庭实施必要的心理干预、经济救助、法律援助、转学安置等保护措施。

第一百一十二条 公安机关、人民检察院、人民法院办理未成年人遭受性侵害或者暴力伤害案件,在询问未成年被害人、证人时,应当采取同步录音录像等措施,尽量一次完成;未成年被害人、证人是女性的,应当由女性工作人员进行。

第一百一十三条 对违法犯罪的未成年人,实行教育、感化、挽救的方针,坚持教育为主、惩罚为辅的原则。

对违法犯罪的未成年人依法处罚后,在升学、就业等方面不得歧视。

第一百一十四条 公安机关、人民检察院、人民法院和司法行政部门发现有关单位未尽到未成年人教育、管理、救助、看护等保护职责的,应当向该单位提出建议。被建议单位应当在一个月内作出书面回复。

第一百一十五条 公安机关、人民检察院、人民法院和司法行政部门应当结合实际,根据涉及未成年人案件的特点,开展未成年人法治宣传教育工作。

第一百一十六条 国家鼓励和支持社会组织、社会工作者参与涉及未成年人案件中未成年人的心理干预、法律援助、社会调查、社会观护、教育矫治、社区矫正等工作。

第八章 法律责任

第一百一十七条 违反本法第十一条第二款规定,未履行报告义务造成严重后果的,由上级主管部门或者所在单位对直接负责的主管人员和其他直接责任人员依法给予处分。

第一百一十八条 未成年人的父母或者其他监护人不依法履行监护职责或者侵犯未成年人合法权益的,由其居住地的居民委员会、村民委员会予以劝诫、制止;情节严重的,居民委员会、村民委员会应当及时向公安机关报告。

公安机关接到报告或者公安机关、人民检察院、人民法院在办理案件过程中发现未成年人的父母或者其他监护人存在上述情形的,应当予以训诫,并可以责令其接受家庭教育指导。

第一百一十九条 学校、幼儿园、婴幼儿照护服务等机构及其教职员工违反本法第二十七条、第二十八条、第三十九条规定的,由公安、教育、卫生健康、市场监督管理等部门按照职责分工责令改正;拒不改正或者情节严重的,对直接负责的主管人员和其他直接责任人员依法给予处分。

第一百二十条 违反本法第四十四条、第四十五条、第四十七条规定,未给予未成年人免费或者优惠待遇的,由市场监督管理、文化和旅游、交通运输等部门按照职责分工责令限期改正,给予警告;拒不改正的,处一万元以上十万元以下罚款。

第一百二十一条 违反本法第五十条、第五十一条规定的,由新闻出版、广播电视、电影、网信等部门按照职责分工责令限期改正,给予警告,没收违法所得,可以并处十万元以下罚款;拒不改正或者情节严重的,责令暂停相关业务、停产停业或者吊销营业执照、吊销相关许可证,违法所得一百万元以上的,并处违法所得一倍以上十倍以下的罚款,没有违法所得或者违法所得不足一百万元的,并处十万元以上一百万元以下罚款。

第一百二十二条　场所运营单位违反本法第五十六条第二款规定、住宿经营者违反本法第五十七条规定的,由市场监督管理、应急管理、公安等部门按照职责分工责令限期改正,给予警告;拒不改正或者造成严重后果的,责令停业整顿或者吊销营业执照、吊销相关许可证,并处一万元以上十万元以下罚款。

第一百二十三条　相关经营者违反本法第五十八条、第五十九条第一款、第六十条规定的,由文化和旅游、市场监督管理、烟草专卖、公安等部门按照职责分工责令限期改正,给予警告,没收违法所得,可以并处五万元以下罚款;拒不改正或者情节严重的,责令停业整顿或者吊销营业执照、吊销相关许可证,可以并处五万元以上五十万元以下罚款。

第一百二十四条　违反本法第五十九条第二款规定,在学校、幼儿园和其他未成年人集中活动的公共场所吸烟、饮酒的,由卫生健康、教育、市场监督管理等部门按照职责分工责令改正,给予警告,可以并处五百元以下罚款;场所管理者未及时制止的,由卫生健康、教育、市场监督管理等部门按照职责分工给予警告,并处一万元以下罚款。

第一百二十五条　违反本法第六十一条规定的,由文化和旅游、人力资源和社会保障、市场监督管理等部门按照职责分工责令限期改正,给予警告,没收违法所得,可以并处十万元以下罚款;拒不改正或者情节严重的,责令停产停业或者吊销营业执照、吊销相关许可证,并处十万元以上一百万元以下罚款。

第一百二十六条　密切接触未成年人的单位违反本法第六十二条规定,未履行查询义务,或者招用、继续聘用具有相关违法犯罪记录人员的,由教育、人力资源和社会保障、市场监督管理等部门按照职责分工责令限期改正,给予警告,并处五万元以下罚款;拒不改正或者造成严重后果的,责令停业整顿或者吊销营业执照、吊销相关许可证,并处五万元以上五十万元以下罚款,对直接负责的主管人员和其他直接责任人员依法给予处分。

第一百二十七条　信息处理者违反本法第七十二条规定,或者网络产品和服务提供者违反本法第七十三条、第七十四条、第七十五条、第七十六条、第七十七条、第八十条规定的,由公安、网信、电信、新闻出版、广播电视、文化和旅游等有关部门按照职责分工责令改正,给予警告,没收违法所得,违法所得一百万元以上的,并处违法所得一倍以上十倍以下罚款,没有违法所得或者违法所得不足一百万元的,并处十万元以上一百万元以下罚款,对直接负责的主管人员和其他责任人员处一万元以上十万元以下罚款;拒不改正或者情节严重的,并可以责令暂停相关业务、停业整顿、关闭网站、吊销营业执照或者吊销相关许可证。

第一百二十八条　国家机关工作人员玩忽职守、滥用职权、徇私舞弊,损害未成年人合法权益的,依法给予处分。

第一百二十九条　违反本法规定,侵犯未成年人合法权益,造成人身、财产或者其他损害的,依法承担民事责任。

违反本法规定,构成违反治安管理行为的,依法给予治安管理处罚;构成犯罪的,依法追究刑事责任。

第九章　附　　则

第一百三十条　本法中下列用语的含义:

(一)密切接触未成年人的单位,是指学校、幼儿园等教育机构;校外培训机构;未成年人救助保护机构、儿童福利机构等未成年人安置、救助机构;婴幼儿照护服务机构、早期教育服务机构;校外托管、临时看护机构;家政服务机构;为未成年人提供医疗服务的医疗机构;其他对未成年人负有教育、培训、监护、救助、看护、医疗等职责的企业事业单位、社会组织等。

(二)学校,是指普通中小学、特殊教育学校、中等职业学校、专门学校。

(三)学生欺凌,是指发生在学生之间,一方蓄意或者恶意通过肢体、语言及网络等手段实施欺压、侮辱,造成另一方人身伤害、财产损失或者精神损害的行为。

第一百三十一条　对中国境内未满十八周岁的外国人、无国籍人,依照本法有关规定予以保护。

第一百三十二条　本法自2021年6月1日起施行。

4. 中华人民共和国民事诉讼法（2023修正）（节录）

（1991年4月9日第七届全国人民代表大会第四次会议通过　根据2007年10月28日第十届全国人民代表大会常务委员会第三十次会议《关于修改〈中华人民共和国民事诉讼法〉的决定》第一次修正　根据2012年8月31日第十一届全国人民代表大会常务委员会第二十八次会议《关于修改〈中华人民共和国民事诉讼法〉的决定》第二次修正　根据2017年6月27日第十二届全国人民代表大会常务委员会第二十八次会议《关于修改〈中华人民共和国民事诉讼法〉和〈中华人民共和国行政诉讼法〉的决定》第三次修正　根据2021年12月24日第十三届全国人民代表大会常务委员会第三十二次会议《关于修改〈中华人民共和国民事诉讼法〉的决定》第四次修正　根据2023年9月1日第十四届全国人民代表大会常务委员会第五次会议《关于修改〈中华人民共和国民事诉讼法〉的决定》第五次修正）

第二章　管　辖

第一节　级别管辖

第十八条　基层人民法院管辖第一审民事案件，但本法另有规定的除外。

第十九条　中级人民法院管辖下列第一审民事案件：

（一）重大涉外案件；

（二）在本辖区有重大影响的案件；

（三）最高人民法院确定由中级人民法院管辖的案件。

第二十条　高级人民法院管辖在本辖区有重大影响的第一审民事案件。

第二十一条　最高人民法院管辖下列第一审民事案件：

（一）在全国有重大影响的案件；

（二）认为应当由本院审理的案件。

第二节　地域管辖

第二十二条　对公民提起的民事诉讼，由被告住所地人民法院管辖；被告住所地与经常居住地不一致的，由经常居住地人民法院管辖。

对法人或者其他组织提起的民事诉讼，由被告住所地人民法院管辖。

同一诉讼的几个被告住所地、经常居住地在两个以上人民法院辖区的，各该人民法院都有管辖权。

第二十三条 下列民事诉讼,由原告住所地人民法院管辖;原告住所地与经常居住地不一致的,由原告经常居住地人民法院管辖:

(一)对不在中华人民共和国领域内居住的人提起的有关身份关系的诉讼;

(二)对下落不明或者宣告失踪的人提起的有关身份关系的诉讼;

(三)对被采取强制性教育措施的人提起的诉讼;

(四)对被监禁的人提起的诉讼。

第二十四条 因合同纠纷提起的诉讼,由被告住所地或者合同履行地人民法院管辖。

第二十五条 因保险合同纠纷提起的诉讼,由被告住所地或者保险标的物所在地人民法院管辖。

第二十六条 因票据纠纷提起的诉讼,由票据支付地或者被告住所地人民法院管辖。

第二十七条 因公司设立、确认股东资格、分配利润、解散等纠纷提起的诉讼,由公司住所地人民法院管辖。

第二十八条 因铁路、公路、水上、航空运输和联合运输合同纠纷提起的诉讼,由运输始发地、目的地或者被告住所地人民法院管辖。

第二十九条 因侵权行为提起的诉讼,由侵权行为地或者被告住所地人民法院管辖。

第三十条 因铁路、公路、水上和航空事故请求损害赔偿提起的诉讼,由事故发生地或者车辆、船舶最先到达地、航空器最先降落地或者被告住所地人民法院管辖。

第三十一条 因船舶碰撞或者其他海事损害事故请求损害赔偿提起的诉讼,由碰撞发生地、碰撞船舶最先到达地、加害船舶被扣留地或者被告住所地人民法院管辖。

第三十二条 因海难救助费用提起的诉讼,由救助地或者被救助船舶最先到达地人民法院管辖。

第三十三条 因共同海损提起的诉讼,由船舶最先到达地、共同海损理算地或者航程终止地的人民法院管辖。

第三十四条 下列案件,由本条规定的人民法院专属管辖:

(一)因不动产纠纷提起的诉讼,由不动产所在地人民法院管辖;

(二)因港口作业中发生纠纷提起的诉讼,由港口所在地人民法院管辖;

(三)因继承遗产纠纷提起的诉讼,由被继承人死亡时住所地或者主要遗产所在地人民法院管辖。

第三十五条 合同或者其他财产权益纠纷的当事人可以书面协议选择被告住所地、合同履行地、合同签订地、原告住所地、标的物所在地等与争议有实际联系的地点的人民法院管辖,但不得违反本法对级别管辖和专属管辖的规定。

第三十六条 两个以上人民法院都有管辖权的诉讼,原告可以向其中一个人民法院起诉;原告向两个以上有管辖权的人民法院起诉的,由最先立案的人民法院管辖。

第三节 移送管辖和指定管辖

第三十七条 人民法院发现受理的案件不属于本院管辖的,应当移送有管辖权的人民法院,受移送的人民法院应当受理。受移送的人民法院认为受移送的案件依照规定不属于本院管辖的,应当报请上级人民法院指定管辖,不得再自行移送。

第三十八条 有管辖权的人民法院由于特殊原因,不能行使管辖权的,由上级人民法院指定管辖。

人民法院之间因管辖权发生争议,由争议双方协商解决;协商解决不了的,报请它们的共同上级人民法院指定管辖。

第三十九条 上级人民法院有权审理下级人民法院管辖的第一审民事案件;确有必要将本院管辖的第一审民事案件交下级人民法院审理的,应当报请其上级人民法院批准。

下级人民法院对它所管辖的第一审民事案件,认为需要由上级人民法院审理的,可以报请上级人民法院审理。

第五章 诉讼参加人

第一节 当 事 人

第五十一条 公民、法人和其他组织可以作为民事诉讼的当事人。

法人由其法定代表人进行诉讼。其他组织由其主要负责人进行诉讼。

第五十二条 当事人有权委托代理人,提出回避申请,收集、提供证据,进行辩论,请求调解,提起上诉,申请执行。

当事人可以查阅本案有关材料,并可以复制本案有关材料和法律文书。查阅、复制本案有关材料的范围和办法由最高人民法院规定。

当事人必须依法行使诉讼权利,遵守诉讼秩序,履行发生法律效力的判决书、裁定书和调解书。

第五十三条 双方当事人可以自行和解。

第五十四条 原告可以放弃或者变更诉讼请求。被告可以承认或者反驳诉讼请求,有权提起反诉。

第五十五条 当事人一方或者双方为二人以上,其诉讼标的是共同的,或者诉讼标的是同一种类、人民法院认为可以合并审理并经当事人同意的,为共同诉讼。

共同诉讼的一方当事人对诉讼标的有共同权利义务的,其中一人的诉讼行为经其他共同诉讼人承认,对其他共同诉讼人发生效力;对诉讼标的没有共同权利义务的,其中一人的诉讼行为对其他共同诉讼人不发生效力。

第五十六条 当事人一方人数众多的共同诉讼,可以由当事人推选代表人进行诉讼。代表人的诉讼行为对其所代表的当事人发生效力,但代表人变更、放弃诉讼请求或者承认对方当事人的诉讼请求,进行和解,必须经被代表的当事人同意。

第五十七条 诉讼标的是同一种类、当事人一方人数众多在起诉时人数尚未确定的,人民法院可以发出公告,说明案件情况和诉讼请求,通知权利人在一定期间向人民法院登记。

向人民法院登记的权利人可以推选代表人进行诉讼;推选不出代表人的,人民法院可以与参加登记的权利人商定代表人。

代表人的诉讼行为对其所代表的当事人发生效力,但代表人变更、放弃诉讼请求或者承认对方当事人的诉讼请求,进行和解,必须经被代表的当事人同意。

人民法院作出的判决、裁定,对参加登记的全体权利人发生效力。未参加登记的权利人在诉讼时效期间提起诉讼的,适用该判决、裁定。

第五十八条 对污染环境、侵害众多消费者合法权益等损害社会公共利益的行为,法律规定的机关和有关组织可以向人民法院提起诉讼。

人民检察院在履行职责中发现破坏生态环境和资源保护、食品药品安全领域侵害众多消费者合法权益等损害社会公共利益的行为,在没有前款规定的机关和组织或者前款规定的机关和组织不提起诉讼的情况下,可以向人民法院提起诉讼。前款规定的机关或者组织提起诉讼的,人民检察院可以支持起诉。

第五十九条 对当事人双方的诉讼标的,第三人认为有独立请求权的,有权提起诉讼。

对当事人双方的诉讼标的,第三人虽然没有独立请求权,但案件处理结果同他有法律上的利害关系的,可以申请参加诉讼,或者由人民法院通知他参加诉讼。人民法院判决承担民事责任的第三人,有当事人的诉讼权利义务。

前两款规定的第三人,因不能归责于本人的事由未参加诉讼,但有证据证明发生法律效力的判决、裁定、调解书的部分或者全部内容错误,损害其民事权益的,可以自知道或者应当知道其民事权益受到损害之日起六个月内,向作出该判决、裁定、调解书的人民法院提起诉讼。人民法院经审理,诉讼请求成立的,应当改变或者撤销原判决、裁定、调解书;诉讼请求不成立的,驳回诉讼请求。

第二节 诉讼代理人

第六十条 无诉讼行为能力人由他的监护人作为法定代理人代为诉讼。法定代理人之间互相推诿代理责任的,由人民法院指定其中一人代为诉讼。

第六十一条 当事人、法定代理人可以委托一至二人作为诉讼代理人。

下列人员可以被委托为诉讼代理人:

(一)律师、基层法律服务工作者;

(二)当事人的近亲属或者工作人员;

(三)当事人所在社区、单位以及有关社会团体推荐的公民。

第六十二条 委托他人代为诉讼,必须向人民法院提交由委托人签名或者盖章的授权委托书。

授权委托书必须记明委托事项和权限。诉讼代理人代为承认、放弃、变更诉讼请求,进行和解,提起反诉或者上诉,必须有委托人的特别授权。

侨居在国外的中华人民共和国公民从国外寄交或者托交的授权委托书,必须经中华人民共和国驻该国的使领馆证明;没有使领馆的,由与中华人民共和国有外交关系的第三国驻该国的使领馆证明,再转由中华人民共和国驻该第三国使领馆证明,或者由当地的爱国华侨团体证明。

第六十三条 诉讼代理人的权限如果变更或者解除,当事人应当书面告知人民法院,并由人民法院通知对方当事人。

第六十四条 代理诉讼的律师和其他诉讼代理人有权调查收集证据,可以查阅本案有关材料。查阅本案有关材料的范围和办法由最高人民法院规定。

第六十五条 离婚案件有诉讼代理人的,本人除不能表达意思的以外,仍应出庭;确因特殊情况无法出庭的,必须向人民法院提交书面意见。

第八章 调 解

第九十六条 人民法院审理民事案件,根据当事人自愿的原则,在事实清楚的基础上,分清是非,进行调解。

第九十七条 人民法院进行调解,可以由审判员一人主持,也可以由合议庭主持,并尽可能就地进行。

人民法院进行调解,可以用简便方式通知当事人、证人到庭。

第九十八条 人民法院进行调解,可以邀请有关单位和个人协助。被邀请的单位和个人,应当协助人民法院进行调解。

第九十九条 调解达成协议,必须双方自愿,不得强迫。调解协议的内容不得违反法律规定。

第一百条 调解达成协议,人民法院应当制作调解书。调解书应当写明诉讼请求、案件的事实和调解结果。

调解书由审判人员、书记员署名,加盖人民法院印章,送达双方当事人。

调解书经双方当事人签收后,即具有法律效力。

第一百零一条 下列案件调解达成协议,人民法院可以不制作调解书:

(一)调解和好的离婚案件;

(二)调解维持收养关系的案件;

(三)能够即时履行的案件;

(四)其他不需要制作调解书的案件。

对不需要制作调解书的协议,应当记入笔录,由双方当事人、审判人员、书记员签名或者盖章后,即具有法律效力。

第一百零二条 调解未达成协议或者调解书送达前一方反悔的,人民法院应当及时判决。

第二编 审 判 程 序

第十二章 第一审普通程序

第一节 起诉和受理

第一百二十二条 起诉必须符合下列条件:

(一)原告是与本案有直接利害关系的公民、法人和其他组织;

(二)有明确的被告;

(三)有具体的诉讼请求和事实、理由;

(四)属于人民法院受理民事诉讼的范围和受诉人民法院管辖。

第一百二十三条 起诉应当向人民法院递交起诉状,并按照被告人数提出副本。

书写起诉状确有困难的,可以口头起诉,由人民法院记入笔录,并告知对方当事人。

第一百二十四条 起诉状应当记明下列事项:

(一)原告的姓名、性别、年龄、民族、职业、工作单位、住所、联系方式,法人或者其他组织的名称、住所和法定代表人或者主要负责人的姓名、职务、联系方式;

(二)被告的姓名、性别、工作单位、住所等信息,法人或者其他组织的名称、住所等信息;

(三)诉讼请求和所根据的事实与理由;

(四)证据和证据来源,证人姓名和住所。

第一百二十五条 当事人起诉到人民法院的民事纠纷,适宜调解的,先行调解,但当事人拒绝调解的除外。

第一百二十六条 人民法院应当保障当事人依照法律规定享有的起诉权利。对符合本法第一百二十二条的起诉,必须受理。符合起诉条件的,应当在七日内立案,并通知当事人;不符合起诉条件的,应当在七日内作出裁定书,不予受理;原告对裁定不服的,可以提起上诉。

第一百二十七条 人民法院对下列起诉,分别情形,予以处理:

(一)依照行政诉讼法的规定,属于行政诉讼受案范围的,告知原告提起行政诉讼;

(二)依照法律规定,双方当事人达成书面仲裁协议申请仲裁、不得向人民法院起诉的,告知原告向仲裁机构申请仲裁;

(三)依照法律规定,应当由其他机关处理的争议,告知原告向有关机关申请解决;

(四)对不属于本院管辖的案件,告知原告向有管辖权的人民法院起诉;

(五)对判决、裁定、调解书已经发生法律效力的案件,当事人又起诉的,告知原告申请再审,但人民法院准许撤诉的裁定除外;

(六)依照法律规定,在一定期限内不得起诉的案件,在不得起诉的期限内起诉的,不予受理;

(七)判决不准离婚和调解和好的离婚案件,判决、调解维持收养关系的案件,没有新情况、新理由,原告在六个月内又起诉的,不予受理。

第二节 审理前的准备

第一百二十八条 人民法院应当在立案之日起五日内将起诉状副本发送被告,被告应当在收到之日起十五日内提出答辩状。答辩状应当记明被告的姓名、性别、年龄、民族、职业、工作单位、住所、联系方式;法人或者其他组织的名称、住所和法定代表人或者主要负责人的姓名、职务、联系方式。人民法院应当在收到答辩状之日起五日内将答辩状副本发送原告。

被告不提出答辩状的,不影响人民法院审理。

第一百二十九条 人民法院对决定受理的案件,应当在受理案件通知书和应诉通知书中向当事人告知有关的诉讼权利义务,或者口头告知。

第一百三十条 人民法院受理案件后,当事人对管辖权有异议的,应当在提交答辩状期间提出。人民法院对当事人提出的异议,应当审查。异议成立的,裁定将案件移送有管辖权的人民法院;异议不成立的,裁定驳回。

当事人未提出管辖异议,并应诉答辩或者提出反诉的,视为受诉人民法院有管辖权,但违反级别管辖和专属管辖规定的除外。

第一百三十一条 审判人员确定后,应当在三日内告知当事人。

第一百三十二条 审判人员必须认真审核诉讼材料,调查收集必要的证据。

第一百三十三条 人民法院派出人员进行调查时,应当向被调查人出示证件。

调查笔录经被调查人校阅后,由被调查人、调查人签名或者盖章。

第一百三十四条 人民法院在必要时可以委托外地人民法院调查。

委托调查,必须提出明确的项目和要求。受委托人民法院可以主动补充调查。

受委托人民法院收到委托书后,应当在三十日内完成调查。因故不能完成的,应当在上述期限内函告委托人民法院。

第一百三十五条 必须共同进行诉讼的当事人没有参加诉讼的,人民法院应当通知其参加诉讼。

第一百三十六条 人民法院对受理的案件,分别情形,予以处理:

(一)当事人没有争议,符合督促程序规定条件的,可以转入督促程序;

(二)开庭前可以调解的,采取调解方式及时解决纠纷;

(三)根据案件情况,确定适用简易程序或者普通程序;

(四)需要开庭审理的,通过要求当事人交换证据等方式,明确争议焦点。

第三节 开庭审理

第一百三十七条 人民法院审理民事案件,除涉及国家秘密、个人隐私或者法律另有规定的以外,应当公开进行。

离婚案件,涉及商业秘密的案件,当事人申请不公开审理的,可以不公开审理。

第一百三十八条 人民法院审理民事案件,根据需要进行巡回审理,就地办案。

第一百三十九条 人民法院审理民事案件,应当在开庭三日前通知当事人和其他诉讼参与人。公开审理的,应当公告当事人姓名、案由和开庭的时间、地点。

第一百四十条 开庭审理前,书记员应当查明当事人和其他诉讼参与人是否到庭,宣布法庭纪律。

开庭审理时,由审判长或者独任审判员核对当事人,宣布案由,宣布审判人员、法官助理、书记员等的名单,告知当事人有关的诉讼权利义务,询问当事人是否提出回避申请。

第一百四十一条 法庭调查按照下列顺序进行:

(一)当事人陈述;

(二)告知证人的权利义务,证人作证,宣读未到庭的证人证言;

(三)出示书证、物证、视听资料和电子数据;

(四)宣读鉴定意见;

(五)宣读勘验笔录。

第一百四十二条 当事人在法庭上可以提出新的证据。

当事人经法庭许可,可以向证人、鉴定人、勘验人发问。

当事人要求重新进行调查、鉴定或者勘验的,是否准许,由人民法院决定。

第一百四十三条 原告增加诉讼请求,被告提出反诉,第三人提出与本案有关的诉讼请求,可以合并审理。

第一百四十四条 法庭辩论按照下列顺序进行:

(一)原告及其诉讼代理人发言;

(二)被告及其诉讼代理人答辩;

(三)第三人及其诉讼代理人发言或者答辩;

（四）互相辩论。

法庭辩论终结，由审判长或者独任审判员按照原告、被告、第三人的先后顺序征询各方最后意见。

第一百四十五条 法庭辩论终结，应当依法作出判决。判决前能够调解的，还可以进行调解，调解不成的，应当及时判决。

第一百四十六条 原告经传票传唤，无正当理由拒不到庭的，或者未经法庭许可中途退庭的，可以按撤诉处理；被告反诉的，可以缺席判决。

第一百四十七条 被告经传票传唤，无正当理由拒不到庭的，或者未经法庭许可中途退庭的，可以缺席判决。

第一百四十八条 宣判前，原告申请撤诉的，是否准许，由人民法院裁定。

人民法院裁定不准许撤诉的，原告经传票传唤，无正当理由拒不到庭的，可以缺席判决。

第一百四十九条 有下列情形之一的，可以延期开庭审理：

（一）必须到庭的当事人和其他诉讼参与人有正当理由没有到庭的；

（二）当事人临时提出回避申请的；

（三）需要通知新的证人到庭，调取新的证据，重新鉴定、勘验，或者需要补充调查的；

（四）其他应当延期的情形。

第一百五十条 书记员应当将法庭审理的全部活动记入笔录，由审判人员和书记员签名。

法庭笔录应当当庭宣读，也可以告知当事人和其他诉讼参与人当庭或者在五日内阅读。当事人和其他诉讼参与人认为对自己的陈述记录有遗漏或者差错的，有权申请补正。如果不予补正，应当将申请记录在案。

法庭笔录由当事人和其他诉讼参与人签名或者盖章。拒绝签名盖章的，记明情况附卷。

第一百五十一条 人民法院对公开审理或者不公开审理的案件，一律公开宣告判决。

当庭宣判的，应当在十日内发送判决书；定期宣判的，宣判后立即发给判决书。

宣告判决时，必须告知当事人上诉权利、上诉期限和上诉的法院。

宣告离婚判决，必须告知当事人在判决发生法律效力前不得另行结婚。

第一百五十二条 人民法院适用普通程序审理的案件，应当在立案之日起六个月内审结。有特殊情况需要延长的,经本院院长批准,可以延长六个月;还需要延长的,报请上级人民法院批准。

第四节 诉讼中止和终结

第一百五十三条 有下列情形之一的,中止诉讼:
(一)一方当事人死亡,需要等待继承人表明是否参加诉讼的;
(二)一方当事人丧失诉讼行为能力,尚未确定法定代理人的;
(三)作为一方当事人的法人或者其他组织终止,尚未确定权利义务承受人的;
(四)一方当事人因不可抗拒的事由,不能参加诉讼的;
(五)本案必须以另一案的审理结果为依据,而另一案尚未审结的;
(六)其他应当中止诉讼的情形。
中止诉讼的原因消除后,恢复诉讼。

第一百五十四条 有下列情形之一的,终结诉讼:
(一)原告死亡,没有继承人,或者继承人放弃诉讼权利的;
(二)被告死亡,没有遗产,也没有应当承担义务的人的;
(三)离婚案件一方当事人死亡的;
(四)追索赡养费、扶养费、抚养费以及解除收养关系案件的一方当事人死亡的。

第五节 判决和裁定

第一百五十五条 判决书应当写明判决结果和作出该判决的理由。判决书内容包括:
(一)案由、诉讼请求、争议的事实和理由;
(二)判决认定的事实和理由、适用的法律和理由;
(三)判决结果和诉讼费用的负担;
(四)上诉期间和上诉的法院。
判决书由审判人员、书记员署名,加盖人民法院印章。

第一百五十六条 人民法院审理案件,其中一部分事实已经清楚,可以就该部分先行判决。

第一百五十七条 裁定适用于下列范围:
(一)不予受理;

(二)对管辖权有异议的;

(三)驳回起诉;

(四)保全和先予执行;

(五)准许或者不准许撤诉;

(六)中止或者终结诉讼;

(七)补正判决书中的笔误;

(八)中止或者终结执行;

(九)撤销或者不予执行仲裁裁决;

(十)不予执行公证机关赋予强制执行效力的债权文书;

(十一)其他需要裁定解决的事项。

对前款第一项至第三项裁定,可以上诉。

裁定书应当写明裁定结果和作出该裁定的理由。裁定书由审判人员、书记员署名,加盖人民法院印章。口头裁定的,记入笔录。

第一百五十八条 最高人民法院的判决、裁定,以及依法不准上诉或者超过上诉期没有上诉的判决、裁定,是发生法律效力的判决、裁定。

第一百五十九条 公众可以查阅发生法律效力的判决书、裁定书,但涉及国家秘密、商业秘密和个人隐私的内容除外。

5. 婚姻登记条例(2025 修订)

(2003 年 8 月 8 日中华人民共和国国务院令第 387 号公布 根据2024 年12 月 6 日《国务院关于修改和废止部分行政法规的决定》第一次修订 2025 年 4 月 6 日中华人民共和国国务院令第 804 号第二次修订)

第一章 总　　则

第一条 为了规范婚姻登记工作,保障婚姻自由、一夫一妻、男女平等的婚姻制度的实施,保护婚姻当事人的合法权益,根据《中华人民共和国民法典》(以下简称民法典),制定本条例。

第二条 内地居民办理婚姻登记的机关是县级人民政府民政部门或者省、自治区、直辖市人民政府按照便民原则确定的乡(镇)人民政府。

中国公民同外国人、内地居民同香港特别行政区居民(以下简称香港居民)、澳门特别行政区居民(以下简称澳门居民)、台湾地区居民(以下简称台湾居民)、华侨办理婚姻登记的机关是省、自治区、直辖市人民政府民政部门或者省、自治区、直辖市人民政府民政部门确定的机关。

第三条 县级以上地方人民政府应当采取措施提升婚姻登记服务水平,加强对婚姻登记场所的规范化、便利化建设,为办理婚姻登记提供保障。

第四条 国务院民政部门统筹规划、完善全国婚姻基础信息库,会同外交、公安等有关部门以及最高人民法院建立健全信息共享机制,保障婚姻信息准确、及时、完整、安全。省、自治区、直辖市人民政府民政部门负责统筹本地区婚姻登记信息系统的建设、管理、维护和信息安全工作。

第五条 县级以上地方人民政府应当加强综合性婚姻家庭服务指导工作和婚姻家庭辅导服务体系建设,治理高额彩礼问题,倡导文明婚俗,促进家庭和谐,引导树立正确的婚恋观、生育观、家庭观。

婚姻登记机关应当提供婚姻家庭辅导服务,充分发挥婚姻家庭辅导师等专业人员和其他社会力量在婚前教育、婚姻家庭关系辅导等方面的作用。妇女联合会等组织协助和配合婚姻登记机关开展婚姻家庭辅导服务。

民政部门应当加强婚姻家庭辅导服务专业人员队伍建设,组织开展婚姻家庭辅导师职业培训,持续提升婚姻家庭辅导服务专业人员的职业素质和业务技能水平。

第六条 婚姻登记机关从事婚姻登记的工作人员应当接受婚姻登记业务培训,依照有关规定经考核合格,方可从事婚姻登记工作。

婚姻登记机关办理婚姻登记,不得收取费用。

婚姻登记机关及其工作人员在婚姻登记工作中发现疑似被拐卖、绑架的妇女的,应当依法及时向有关部门报告;发现当事人遭受家庭暴力或者面临家庭暴力的现实危险的,应当及时劝阻并告知受害人寻求救助的途径。

婚姻登记机关及其工作人员应当对在婚姻登记工作中知悉的个人隐私、个人信息予以保密,不得泄露或者向他人非法提供。

第二章 结婚登记

第七条 内地居民结婚,男女双方应当亲自到婚姻登记机关共同申请结婚登记。

中国公民同外国人在中国内地结婚的,内地居民同香港居民、澳门居民、台湾居民、华侨在中国内地结婚的,男女双方应当亲自到本条例第二条第二款规定的婚姻登记机关共同申请结婚登记。

婚姻登记机关可以结合实际为结婚登记当事人提供预约、颁证仪式等服务。鼓励当事人邀请双方父母等参加颁证仪式。

第八条 申请结婚登记的内地居民应当出具下列证件和书面材料：

（一）本人的居民身份证；

（二）本人无配偶以及与对方当事人没有直系血亲和三代以内旁系血亲关系的签字声明。

申请结婚登记的香港居民、澳门居民、台湾居民应当出具下列证件和书面材料：

（一）本人的有效通行证或者港澳台居民居住证、身份证；

（二）经居住地公证机构公证的本人无配偶以及与对方当事人没有直系血亲和三代以内旁系血亲关系的声明。

申请结婚登记的华侨应当出具下列证件和书面材料：

（一）本人的有效护照；

（二）居住国公证机构或者有权机关出具的、经中华人民共和国驻该国使（领）馆认证的本人无配偶以及与对方当事人没有直系血亲和三代以内旁系血亲关系的证明，或者中华人民共和国驻该国使（领）馆出具的本人无配偶以及与对方当事人没有直系血亲和三代以内旁系血亲关系的证明。中华人民共和国缔结或者参加的国际条约另有规定的，按照国际条约规定的证明手续办理。

申请结婚登记的外国人应当出具下列证件和书面材料：

（一）本人的有效护照或者其他有效的国际旅行证件，或者外国人永久居留身份证等中国政府主管机关签发的身份证件；

（二）所在国公证机构或者有权机关出具的、经中华人民共和国驻该国使（领）馆认证或者该国驻华使（领）馆认证的本人无配偶的证明，或者所在国驻华使（领）馆出具的本人无配偶的证明。中华人民共和国缔结或者参加的国际条约另有规定的，按照国际条约规定的证明手续办理。

申请结婚登记的当事人对外国主管机关依据本条第三款、第四款提及的国际条约出具的证明文书的真实性负责，并签署书面声明。

第九条 申请结婚登记的当事人有下列情形之一的，婚姻登记机关不予登记：

（一）未到法定结婚年龄的；

（二）非男女双方完全自愿的；

（三）一方或者双方已有配偶的；

(四)属于直系血亲或者三代以内旁系血亲的。

第十条 婚姻登记机关应当核对结婚登记当事人出具的证件、书面材料,询问相关情况,并对当事人的身份以及婚姻状况信息进行联网核对,依法维护当事人的权益。对当事人符合结婚条件的,应当当场予以登记,发给结婚证;对当事人不符合结婚条件不予登记的,应当向当事人说明理由。

第十一条 要求结婚的男女双方未办理结婚登记的,应当补办登记。男女双方补办结婚登记的,适用本条例结婚登记的规定。

第十二条 因胁迫结婚的,受胁迫的当事人可以依据民法典第一千零五十二条的规定向人民法院请求撤销婚姻。一方当事人患有重大疾病的,应当在结婚登记前如实告知另一方当事人;不如实告知的,另一方当事人可以依据民法典第一千零五十三条的规定向人民法院请求撤销婚姻。

第三章　离 婚 登 记

第十三条 内地居民自愿离婚的,男女双方应当签订书面离婚协议,亲自到婚姻登记机关共同申请离婚登记。

中国公民同外国人在中国内地自愿离婚的,内地居民同香港居民、澳门居民、台湾居民、华侨在中国内地自愿离婚的,男女双方应当签订书面离婚协议,亲自到本条例第二条第二款规定的婚姻登记机关共同申请离婚登记。

离婚协议应当载明双方自愿离婚的意思表示和对子女抚养、财产以及债务处理等事项协商一致的意见。

第十四条 申请离婚登记的当事人有下列情形之一的,婚姻登记机关不予受理:

(一)未达成离婚协议的;

(二)属于无民事行为能力人或者限制民事行为能力人的;

(三)其结婚登记不是在中国内地办理的。

第十五条 申请离婚登记的内地居民应当出具下列证件:

(一)本人的居民身份证;

(二)本人的结婚证。

申请离婚登记的香港居民、澳门居民、台湾居民、华侨、外国人除应当出具前款第二项规定的证件外,香港居民、澳门居民、台湾居民还应当出具本人的有效通行证或者港澳台居民居住证、身份证;华侨、外国人还应当出具本人的有效护照或者其他有效的国际旅行证件,或者外国人永久居留身份证等中国政府主管机关签发的身份证件。

第十六条　婚姻登记机关应当在法律规定期限内,根据当事人的申请,核对离婚登记当事人出具的证件、书面材料并询问相关情况。对当事人确属自愿离婚,并已经对子女抚养、财产以及债务处理等事项协商一致,男女双方亲自到收到离婚登记申请的婚姻登记机关共同申请发给离婚证的,婚姻登记机关应当当场予以登记,发给离婚证。

当事人未在法律规定期限内申请发给离婚证的,视为撤回离婚登记申请,离婚登记程序终止。

第十七条　婚姻登记机关在办理离婚登记过程中,可以根据情况及时对离婚登记当事人开展心理辅导、调解等工作。

第十八条　离婚后,男女双方自愿恢复婚姻关系的,应当依照本条例规定到婚姻登记机关重新申请结婚登记。

第四章　婚姻登记档案管理

第十九条　婚姻登记机关应当建立婚姻登记档案。婚姻登记档案应当长期保管并按规定为当事人或者有权机关提供查询服务。具体管理办法由国务院民政部门会同国家档案管理部门规定。

第二十条　婚姻登记机关收到人民法院确认婚姻无效或者撤销婚姻的判决书副本后,应当在当事人的婚姻登记档案中及时备注婚姻无效或者撤销婚姻的信息,并将相关信息上传至全国婚姻基础信息库。

第二十一条　当事人需要补领结婚证或者离婚证的,可以持居民身份证或者本条例第八条第二款至第四款规定的有效身份证件向婚姻登记机关申请办理。

婚姻登记机关对当事人的婚姻登记档案进行查证,确认属实的,应当为当事人补发结婚证或者离婚证。

第五章　法 律 责 任

第二十二条　婚姻登记机关及其工作人员有下列行为之一的,对负有责任的领导人员和直接责任人员依法依规给予处分:

(一)为不符合婚姻登记条件的当事人办理婚姻登记的;

(二)违反规定泄露或者向他人非法提供婚姻登记工作中知悉的个人隐私或者个人信息的;

(三)玩忽职守造成婚姻登记档案损毁、灭失的;
(四)办理婚姻登记收取费用的;
(五)其他违反本条例规定的行为。

违反前款第四项规定收取的费用,应当退还当事人。

第二十三条 当事人应当对所出具证件和书面材料的真实性、合法性负责,出具虚假证件或者书面材料的,应当承担相应法律责任,相关信息按照国家有关规定记入信用记录,并纳入全国信用信息共享平台。

第二十四条 违反本条例规定,构成违反治安管理行为的,依法给予治安管理处罚;构成犯罪的,依法追究刑事责任。

第六章 附 则

第二十五条 中华人民共和国驻外使(领)馆可以依照本条例的有关规定,为男女双方均居住于驻在国的中国公民办理婚姻登记。

第二十六条 男女双方均非内地居民的中国公民在内地办理婚姻登记的具体办法,由国务院民政部门另行制定。

第二十七条 本条例规定的婚姻登记证由国务院民政部门规定式样并监制。

第二十八条 本条例自2025年5月10日起施行。

二、司法解释

6. 最高人民法院关于适用《中华人民共和国民法典》婚姻家庭编的解释(一)

(2020年12月25日最高人民法院审判委员会第1825次会议通过 法释〔2020〕22号 2020年12月29日公布 自2021年1月1日起施行)

为正确审理婚姻家庭纠纷案件,根据《中华人民共和国民法典》《中华人民共和国民事诉讼法》等相关法律规定,结合审判实践,制定本解释。

一、一般规定

第一条 持续性、经常性的家庭暴力,可以认定为民法典第一千零四十二条、第一千零七十九条、第一千零九十一条所称的"虐待"。

第二条 民法典第一千零四十二条、第一千零七十九条、第一千零九十一条规定的"与他人同居"的情形，是指有配偶者与婚外异性，不以夫妻名义，持续、稳定地共同居住。

第三条 当事人提起诉讼仅请求解除同居关系的，人民法院不予受理；已经受理的，裁定驳回起诉。

当事人因同居期间财产分割或者子女抚养纠纷提起诉讼的，人民法院应当受理。

第四条 当事人仅以民法典第一千零四十三条为依据提起诉讼的，人民法院不予受理；已经受理的，裁定驳回起诉。

第五条 当事人请求返还按照习俗给付的彩礼的，如果查明属于以下情形，人民法院应当予以支持：

（一）双方未办理结婚登记手续的；

（二）双方办理结婚登记手续但确未共同生活的；

（三）婚前给付并导致给付人生活困难。

适用前款第二项、第三项的规定，应当以双方离婚为条件。

二、结　　婚

第六条 男女双方依据民法典第一千零四十九条规定补办结婚登记的，婚姻关系的效力从双方均符合民法典所规定的结婚的实质要件时起算。

第七条 未依据民法典第一千零四十九条规定办理结婚登记而以夫妻名义共同生活的男女，提起诉讼要求离婚的，应当区别对待：

（一）1994年2月1日民政部《婚姻登记管理条例》公布实施以前，男女双方已经符合结婚实质要件的，按事实婚姻处理。

（二）1994年2月1日民政部《婚姻登记管理条例》公布实施以后，男女双方符合结婚实质要件的，人民法院应当告知其补办结婚登记。未补办结婚登记的，依据本解释第三条规定处理。

第八条 未依据民法典第一千零四十九条规定办理结婚登记而以夫妻名义共同生活的男女，一方死亡，另一方以配偶身份主张享有继承权的，依据本解释第七条的原则处理。

第九条 有权依据民法典第一千零五十一条规定向人民法院就已办理结婚登记的婚姻请求确认婚姻无效的主体，包括婚姻当事人及利害关系人。其中，利害关系人包括：

（一）以重婚为由的，为当事人的近亲属及基层组织；

（二）以未到法定婚龄为由的，为未到法定婚龄者的近亲属；

（三）以有禁止结婚的亲属关系为由的，为当事人的近亲属。

第十条 当事人依据民法典第一千零五十一条规定向人民法院请求确认婚姻无效，法定的无效婚姻情形在提起诉讼时已经消失的，人民法院不予支持。

第十一条 人民法院受理请求确认婚姻无效案件后，原告申请撤诉的，不予准许。

对婚姻效力的审理不适用调解，应当依法作出判决。

涉及财产分割和子女抚养的，可以调解。调解达成协议的，另行制作调解书；未达成调解协议的，应当一并作出判决。

第十二条 人民法院受理离婚案件后，经审理确属无效婚姻的，应当将婚姻无效的情形告知当事人，并依法作出确认婚姻无效的判决。

第十三条 人民法院就同一婚姻关系分别受理了离婚和请求确认婚姻无效案件的，对于离婚案件的审理，应当待请求确认婚姻无效案件作出判决后进行。

第十四条 夫妻一方或者双方死亡后，生存一方或者利害关系人依据民法典第一千零五十一条的规定请求确认婚姻无效的，人民法院应当受理。

第十五条 利害关系人依据民法典第一千零五十一条的规定，请求人民法院确认婚姻无效的，利害关系人为原告，婚姻关系当事人双方为被告。

夫妻一方死亡的，生存一方为被告。

第十六条 人民法院审理重婚导致的无效婚姻案件时，涉及财产处理的，应当准许合法婚姻当事人作为有独立请求权的第三人参加诉讼。

第十七条 当事人以民法典第一千零五十一条规定的三种无效婚姻以外的情形请求确认婚姻无效的，人民法院应当判决驳回当事人的诉讼请求。

当事人以结婚登记程序存在瑕疵为由提起民事诉讼，主张撤销结婚登记的，告知其可以依法申请行政复议或者提起行政诉讼。

第十八条 行为人以给另一方当事人或者其近亲属的生命、身体、健康、名誉、财产等方面造成损害为要挟，迫使另一方当事人违背真实意愿结婚的，可以认定为民法典第一千零五十二条所称的"胁迫"。

因受胁迫而请求撤销婚姻的，只能是受胁迫一方的婚姻关系当事人本人。

第十九条 民法典第一千零五十二条规定的"一年"，不适用诉讼时效中止、中断或者延长的规定。

受胁迫或者被非法限制人身自由的当事人请求撤销婚姻的,不适用民法典第一百五十二条第二款的规定。

第二十条 民法典第一千零五十四条所规定的"自始没有法律约束力",是指无效婚姻或者可撤销婚姻在依法被确认无效或者被撤销时,才确定该婚姻自始不受法律保护。

第二十一条 人民法院根据当事人的请求,依法确认婚姻无效或者撤销婚姻的,应当收缴双方的结婚证书并将生效的判决书寄送当地婚姻登记管理机关。

第二十二条 被确认无效或者被撤销的婚姻,当事人同居期间所得的财产,除有证据证明为当事人一方所有的以外,按共同共有处理。

三、夫妻关系

第二十三条 夫以妻擅自终止妊娠侵犯其生育权为由请求损害赔偿的,人民法院不予支持;夫妻双方因是否生育发生纠纷,致使感情确已破裂,一方请求离婚的,人民法院经调解无效,应依照民法典第一千零七十九条第三款第五项的规定处理。

第二十四条 民法典第一千零六十二条第一款第三项规定的"知识产权的收益",是指婚姻关系存续期间,实际取得或者已经明确可以取得的财产性收益。

第二十五条 婚姻关系存续期间,下列财产属于民法典第一千零六十二条规定的"其他应当归共同所有的财产":

(一)一方以个人财产投资取得的收益;

(二)男女双方实际取得或者应当取得的住房补贴、住房公积金;

(三)男女双方实际取得或者应当取得的基本养老金、破产安置补偿费。

第二十六条 夫妻一方个人财产在婚后产生的收益,除孳息和自然增值外,应认定为夫妻共同财产。

第二十七条 由一方婚前承租、婚后用共同财产购买的房屋,登记在一方名下的,应当认定为夫妻共同财产。

第二十八条 一方未经另一方同意出售夫妻共同所有的房屋,第三人善意购买、支付合理对价并已办理不动产登记,另一方主张追回该房屋的,人民法院不予支持。

夫妻一方擅自处分共同所有的房屋造成另一方损失,离婚时另一方请求赔偿损失的,人民法院应予支持。

第二十九条 当事人结婚前,父母为双方购置房屋出资的,该出资应当认定为对自己子女个人的赠与,但父母明确表示赠与双方的除外。

当事人结婚后,父母为双方购置房屋出资的,依照约定处理;没有约定或者约定不明确的,按照民法典第一千零六十二条第一款第四项规定的原则处理。

第三十条　军人的伤亡保险金、伤残补助金、医药生活补助费属于个人财产。

第三十一条　民法典第一千零六十三条规定为夫妻一方的个人财产,不因婚姻关系的延续而转化为夫妻共同财产。但当事人另有约定的除外。

第三十二条　婚前或者婚姻关系存续期间,当事人约定将一方所有的房产赠与另一方或者共有,赠与方在赠与房产变更登记之前撤销赠与,另一方请求判令继续履行的,人民法院可以按照民法典第六百五十八条的规定处理。

第三十三条　债权人就一方婚前所负个人债务向债务人的配偶主张权利的,人民法院不予支持。但债权人能够证明所负债务用于婚后家庭共同生活的除外。

第三十四条　夫妻一方与第三人串通,虚构债务,第三人主张该债务为夫妻共同债务的,人民法院不予支持。

夫妻一方在从事赌博、吸毒等违法犯罪活动中所负债务,第三人主张该债务为夫妻共同债务的,人民法院不予支持。

第三十五条　当事人的离婚协议或者人民法院生效判决、裁定、调解书已经对夫妻财产分割问题作出处理的,债权人仍有权就夫妻共同债务向男女双方主张权利。

一方就夫妻共同债务承担清偿责任后,主张由另一方按照离婚协议或者人民法院的法律文书承担相应债务的,人民法院应予支持。

第三十六条　夫或者妻一方死亡的,生存一方应当对婚姻关系存续期间的夫妻共同债务承担清偿责任。

第三十七条　民法典第一千零六十五条第三款所称"相对人知道该约定的",夫妻一方对此负有举证责任。

第三十八条　婚姻关系存续期间,除民法典第一千零六十六条规定情形以外,夫妻一方请求分割共同财产的,人民法院不予支持。

四、父母子女关系

第三十九条　父或者母向人民法院起诉请求否认亲子关系,并已提供必要证据予以证明,另一方没有相反证据又拒绝做亲子鉴定的,人民法院可以认定否认亲子关系一方的主张成立。

父或者母以及成年子女起诉请求确认亲子关系,并提供必要证据予以证明,另一方没有相反证据又拒绝做亲子鉴定的,人民法院可以认定确认亲子关系一方的主张成立。

第四十条 婚姻关系存续期间,夫妻双方一致同意进行人工授精,所生子女应视为婚生子女,父母子女间的权利义务关系适用民法典的有关规定。

第四十一条 尚在校接受高中及其以下学历教育,或者丧失、部分丧失劳动能力等非因主观原因而无法维持正常生活的成年子女,可以认定为民法典第一千零六十七条规定的"不能独立生活的成年子女"。

第四十二条 民法典第一千零六十七条所称"抚养费",包括子女生活费、教育费、医疗费等费用。

第四十三条 婚姻关系存续期间,父母双方或者一方拒不履行抚养子女义务,未成年子女或者不能独立生活的成年子女请求支付抚养费的,人民法院应予支持。

第四十四条 离婚案件涉及未成年子女抚养的,对不满两周岁的子女,按照民法典第一千零八十四条第三款规定的原则处理。母亲有下列情形之一,父亲请求直接抚养的,人民法院应予支持:

(一)患有久治不愈的传染性疾病或者其他严重疾病,子女不宜与其共同生活;

(二)有抚养条件不尽抚养义务,而父亲要求子女随其生活;

(三)因其他原因,子女确不宜随母亲生活。

第四十五条 父母双方协议不满两周岁子女由父亲直接抚养,并对子女健康成长无不利影响的,人民法院应予支持。

第四十六条 对已满两周岁的未成年子女,父母均要求直接抚养,一方有下列情形之一的,可予优先考虑:

(一)已做绝育手术或者因其他原因丧失生育能力;

(二)子女随其生活时间较长,改变生活环境对子女健康成长明显不利;

(三)无其他子女,而另一方有其他子女;

(四)子女随其生活,对子女成长有利,而另一方患有久治不愈的传染性疾病或者其他严重疾病,或者有其他不利于子女身心健康的情形,不宜与子女共同生活。

第四十七条 父母抚养子女的条件基本相同,双方均要求直接抚养子女,但子女单独随祖父母或者外祖父母共同生活多年,且祖父母或者外祖父母要求并且有能力帮助子女照顾孙子女或者外孙子女的,可以作为父或者母直接抚养子女的优先条件予以考虑。

第四十八条 在有利于保护子女利益的前提下,父母双方协议轮流直接抚养子女的,人民法院应予支持。

第四十九条 抚养费的数额,可以根据子女的实际需要、父母双方的负担能力和当地的实际生活水平确定。

有固定收入的,抚养费一般可以按其月总收入的百分之二十至三十的比例给付。负担两个以上子女抚养费的,比例可以适当提高,但一般不得超过月总收入的百分之五十。

无固定收入的,抚养费的数额可以依据当年总收入或者同行业平均收入,参照上述比例确定。

有特殊情况的,可以适当提高或者降低上述比例。

第五十条 抚养费应当定期给付,有条件的可以一次性给付。

第五十一条 父母一方无经济收入或者下落不明的,可以用其财物折抵抚养费。

第五十二条 父母双方可以协议由一方直接抚养子女并由直接抚养方负担子女全部抚养费。但是,直接抚养方的抚养能力明显不能保障子女所需费用,影响子女健康成长的,人民法院不予支持。

第五十三条 抚养费的给付期限,一般至子女十八周岁为止。

十六周岁以上不满十八周岁,以其劳动收入为主要生活来源,并能维持当地一般生活水平的,父母可以停止给付抚养费。

第五十四条 生父与继母离婚或者生母与继父离婚时,对曾受其抚养教育的继子女,继父或者继母不同意继续抚养的,仍应由生父或者生母抚养。

第五十五条 离婚后,父母一方要求变更子女抚养关系的,或者子女要求增加抚养费的,应当另行提起诉讼。

第五十六条 具有下列情形之一,父母一方要求变更子女抚养关系的,人民法院应予支持:

(一)与子女共同生活的一方因患严重疾病或者因伤残无力继续抚养子女;

(二)与子女共同生活的一方不尽抚养义务或有虐待子女行为,或者其与子女共同生活对子女身心健康确有不利影响;

(三)已满八周岁的子女,愿随另一方生活,该方又有抚养能力;

(四)有其他正当理由需要变更。

第五十七条 父母双方协议变更子女抚养关系的,人民法院应予支持。

第五十八条 具有下列情形之一,子女要求有负担能力的父或者母增加抚养费的,人民法院应予支持:

(一)原定抚养费数额不足以维持当地实际生活水平;

(二)因子女患病、上学,实际需要已超过原定数额;

(三)有其他正当理由应当增加。

第五十九条 父母不得因子女变更姓氏而拒付子女抚养费。父或者母擅自将子女姓氏改为继母或继父姓氏而引起纠纷的,应当责令恢复原姓氏。

第六十条 在离婚诉讼期间,双方均拒绝抚养子女的,可以先行裁定暂由一方抚养。

第六十一条 对拒不履行或者妨害他人履行生效判决、裁定、调解书中有关子女抚养义务的当事人或者其他人,人民法院可依照民事诉讼法第一百一十一条的规定采取强制措施。

五、离 婚

第六十二条 无民事行为能力人的配偶有民法典第三十六条第一款规定行为,其他有监护资格的人可以要求撤销其监护资格,并依法指定新的监护人;变更后的监护人代理无民事行为能力一方提起离婚诉讼的,人民法院应予受理。

第六十三条 人民法院审理离婚案件,符合民法典第一千零七十九条第三款规定"应当准予离婚"情形的,不应当因当事人有过错而判决不准离婚。

第六十四条 民法典第一千零八十一条所称的"军人一方有重大过错",可以依据民法典第一千零七十九条第三款前三项规定及军人有其他重大过错导致夫妻感情破裂的情形予以判断。

第六十五条 人民法院作出的生效的离婚判决中未涉及探望权,当事人就探望权问题单独提起诉讼的,人民法院应予受理。

第六十六条 当事人在履行生效判决、裁定或者调解书的过程中,一方请求中止探望的,人民法院在征询双方当事人意见后,认为需要中止探望的,依法作出裁定;中止探望的情形消失后,人民法院应当根据当事人的请求书面通知其恢复探望。

第六十七条 未成年子女、直接抚养子女的父或者母以及其他对未成年子女负担抚养、教育、保护义务的法定监护人,有权向人民法院提出中止探望的请求。

第六十八条 对于拒不协助另一方行使探望权的有关个人或者组织,可以由人民法院依法采取拘留、罚款等强制措施,但是不能对子女的人身、探望行为进行强制执行。

第六十九条 当事人达成的以协议离婚或者到人民法院调解离婚为条件的财产以及债务处理协议,如果双方离婚未成,一方在离婚诉讼中反悔的,人民法院应当认定该财产以及债务处理协议没有生效,并根据实际情况依照民法典第一千零八十七条和第一千零八十九条的规定判决。

当事人依照民法典第一千零七十六条签订的离婚协议中关于财产以及债务处理的条款,对男女双方具有法律约束力。登记离婚后当事人因履行上述协议发生纠纷提起诉讼的,人民法院应当受理。

第七十条 夫妻双方协议离婚后就财产分割问题反悔,请求撤销财产分割协议的,人民法院应当受理。

人民法院审理后,未发现订立财产分割协议时存在欺诈、胁迫等情形的,应当依法驳回当事人的诉讼请求。

第七十一条 人民法院审理离婚案件,涉及分割发放到军人名下的复员费、自主择业费等一次性费用的,以夫妻婚姻关系存续年限乘以年平均值,所得数额为夫妻共同财产。

前款所称年平均值,是指将发放到军人名下的上述费用总额按具体年限均分得出的数额。其具体年限为人均寿命七十岁与军人入伍时实际年龄的差额。

第七十二条 夫妻双方分割共同财产中的股票、债券、投资基金份额等有价证券以及未上市股份有限公司股份时,协商不成或者按市价分配有困难的,人民法院可以根据数量按比例分配。

第七十三条 人民法院审理离婚案件,涉及分割夫妻共同财产中以一方名义在有限责任公司的出资额,另一方不是该公司股东的,按以下情形分别处理:

(一)夫妻双方协商一致将出资额部分或者全部转让给该股东的配偶,其他股东过半数同意,并且其他股东均明确表示放弃优先购买权的,该股东的配偶可以成为该公司股东;

(二)夫妻双方就出资额转让份额和转让价格等事项协商一致后,其他股东半数以上不同意转让,但愿意以同等条件购买该出资额的,人民法院可以对转让出资所得财产进行分割。其他股东半数以上不同意转让,也不愿意以同等条件购买该出资额的,视为其同意转让,该股东的配偶可以成为该公司股东。

用于证明前款规定的股东同意的证据,可以是股东会议材料,也可以是当事人通过其他合法途径取得的股东的书面声明材料。

第七十四条 人民法院审理离婚案件,涉及分割夫妻共同财产中以一方名义在合伙企业中的出资,另一方不是该企业合伙人的,当夫妻双方协商一致,将其合伙企业中的财产份额全部或者部分转让给对方时,按以下情形分别处理:

(一)其他合伙人一致同意的,该配偶依法取得合伙人地位;

(二)其他合伙人不同意转让,在同等条件下行使优先购买权的,可以对转让所得的财产进行分割;

(三)其他合伙人不同意转让,也不行使优先购买权,但同意该合伙人退伙或者削减部分财产份额的,可以对结算后的财产进行分割;

(四)其他合伙人既不同意转让,也不行使优先购买权,又不同意该合伙人退伙或者削减部分财产份额的,视为全体合伙人同意转让,该配偶依法取得合伙人地位。

第七十五条 夫妻以一方名义投资设立个人独资企业的,人民法院分割夫妻在该个人独资企业中的共同财产时,应当按照以下情形分别处理:

(一)一方主张经营该企业的,对企业资产进行评估后,由取得企业资产所有权一方给予另一方相应的补偿;

(二)双方均主张经营该企业的,在双方竞价基础上,由取得企业资产所有权的一方给予另一方相应的补偿;

(三)双方均不愿意经营该企业的,按照《中华人民共和国个人独资企业法》等有关规定办理。

第七十六条 双方对夫妻共同财产中的房屋价值及归属无法达成协议时,人民法院按以下情形分别处理:

(一)双方均主张房屋所有权并且同意竞价取得的,应当准许;

(二)一方主张房屋所有权的,由评估机构按市场价格对房屋作出评估,取得房屋所有权的一方应当给予另一方相应的补偿;

(三)双方均不主张房屋所有权的,根据当事人的申请拍卖、变卖房屋,就所得价款进行分割。

第七十七条 离婚时双方对尚未取得所有权或者尚未取得完全所有权的房屋有争议且协商不成的,人民法院不宜判决房屋所有权的归属,应当根据实际情况判决由当事人使用。

当事人就前款规定的房屋取得完全所有权后,有争议的,可以另行向人民法院提起诉讼。

第七十八条 夫妻一方婚前签订不动产买卖合同,以个人财产支付首付款并在银行贷款,婚后用夫妻共同财产还贷,不动产登记于首付款支付方名下的,离婚时该不动产由双方协议处理。

依前款规定不能达成协议的,人民法院可以判决该不动产归登记一方,尚未归还的贷款为不动产登记一方的个人债务。双方婚后共同还贷支付的款项及其相对应财产增值部分,离婚时应根据民法典第一千零八十七条第一款规定的原则,由不动产登记一方对另一方进行补偿。

第七十九条 婚姻关系存续期间,双方用夫妻共同财产出资购买以一方父母名义参加房改的房屋,登记在一方父母名下,离婚时另一方主张按照夫妻共同财产对该房屋进行分割的,人民法院不予支持。购买该房屋时的出资,可以作为债权处理。

第八十条 离婚时夫妻一方尚未退休、不符合领取基本养老金条件,另一方请求按照夫妻共同财产分割基本养老金的,人民法院不予支持;婚后以夫妻共同财产缴纳基本养老保险费,离婚时一方主张将养老金账户中婚姻关系存续期间个人实际缴纳部分及利息作为夫妻共同财产分割的,人民法院应予支持。

第八十一条 婚姻关系存续期间,夫妻一方作为继承人依法可以继承的遗产,在继承人之间尚未实际分割,起诉离婚时另一方请求分割的,人民法院应当告知当事人在继承人之间实际分割遗产后另行起诉。

第八十二条 夫妻之间订立借款协议,以夫妻共同财产出借给一方从事个人经营活动或者用于其他个人事务的,应视为双方约定处分夫妻共同财产的行为,离婚时可以按照借款协议的约定处理。

第八十三条 离婚后,一方以尚有夫妻共同财产未处理为由向人民法院起诉请求分割的,经审查该财产确属离婚时未涉及的夫妻共同财产,人民法院应当依法予以分割。

第八十四条 当事人依据民法典第一千零九十二条的规定向人民法院提起诉讼,请求再次分割夫妻共同财产的诉讼时效期间为三年,从当事人发现之日起计算。

第八十五条 夫妻一方申请对配偶的个人财产或者夫妻共同财产采取保全措施的,人民法院可以在采取保全措施可能造成损失的范围内,根据实际情况,确定合理的财产担保数额。

第八十六条 民法典第一千零九十一条规定的"损害赔偿",包括物质损害赔偿和精神损害赔偿。涉及精神损害赔偿的，适用《最高人民法院关于确定民事侵权精神损害赔偿责任若干问题的解释》的有关规定。

第八十七条 承担民法典第一千零九十一条规定的损害赔偿责任的主体，为离婚诉讼当事人中无过错方的配偶。

人民法院判决不准离婚的案件，对于当事人基于民法典第一千零九十一条提出的损害赔偿请求，不予支持。

在婚姻关系存续期间，当事人不起诉离婚而单独依据民法典第一千零九十一条提起损害赔偿请求的，人民法院不予受理。

第八十八条 人民法院受理离婚案件时，应当将民法典第一千零九十一条等规定中当事人的有关权利义务，书面告知当事人。在适用民法典第一千零九十一条时，应当区分以下不同情况：

（一）符合民法典第一千零九十一条规定的无过错方作为原告基于该条规定向人民法院提起损害赔偿请求的，必须在离婚诉讼的同时提出。

（二）符合民法典第一千零九十一条规定的无过错方作为被告的离婚诉讼案件，如果被告不同意离婚也不基于该条规定提起损害赔偿请求的，可以就此单独提起诉讼。

（三）无过错方作为被告的离婚诉讼案件，一审时被告未基于民法典第一千零九十一条规定提出损害赔偿请求，二审期间提出的，人民法院应当进行调解；调解不成的，告知当事人另行起诉。双方当事人同意由第二审人民法院一并审理的，第二审人民法院可以一并裁判。

第八十九条 当事人在婚姻登记机关办理离婚登记手续后，以民法典第一千零九十一条规定为由向人民法院提出损害赔偿请求的，人民法院应当受理。但当事人在协议离婚时已经明确表示放弃该项请求的，人民法院不予支持。

第九十条 夫妻双方均有民法典第一千零九十一条规定的过错情形，一方或者双方向对方提出离婚损害赔偿请求的，人民法院不予支持。

六、附　　则

第九十一条 本解释自 2021 年 1 月 1 日起施行。

7. 最高人民法院关于适用《中华人民共和国民法典》婚姻家庭编的解释（二）

（2024年11月25日最高人民法院审判委员会第1933次会议通过　法释〔2025〕1号　2025年1月15日公布　自2025年2月1日起施行）

为正确审理婚姻家庭纠纷案件，根据《中华人民共和国民法典》《中华人民共和国民事诉讼法》等相关法律规定，结合审判实践，制定本解释。

第一条　当事人依据民法典第一千零五十一条第一项规定请求确认重婚的婚姻无效，提起诉讼时合法婚姻当事人已经离婚或者配偶已经死亡，被告以此为由抗辩后一婚姻自以上情形发生时转为有效的，人民法院不予支持。

第二条　夫妻登记离婚后，一方以双方意思表示虚假为由请求确认离婚无效的，人民法院不予支持。

第三条　夫妻一方的债权人有证据证明离婚协议中财产分割条款影响其债权实现，请求参照适用民法典第五百三十八条或者第五百三十九条规定撤销相关条款的，人民法院应当综合考虑夫妻共同财产整体分割及履行情况、子女抚养费负担、离婚过错等因素，依法予以支持。

第四条　双方均无配偶的同居关系析产纠纷案件中，对同居期间所得的财产，有约定的，按照约定处理；没有约定且协商不成的，人民法院按照以下情形分别处理：

（一）各自所得的工资、奖金、劳务报酬、知识产权收益，各自继承或者受赠的财产以及单独生产、经营、投资的收益等，归各自所有；

（二）共同出资购置的财产或者共同生产、经营、投资的收益以及其他无法区分的财产，以各自出资比例为基础，综合考虑共同生活情况、有无共同子女、对财产的贡献大小等因素进行分割。

第五条　婚前或者婚姻关系存续期间，当事人约定将一方所有的房屋转移登记至另一方或者双方名下，离婚诉讼时房屋所有权尚未转移登记，双方对房屋归属或者分割有争议且协商不成的，人民法院可以根据当事人诉讼请求，结合给予目的，综合考虑婚姻关系存续时间、共同生活及孕育共同子女情况、离婚过错、对家庭的贡献大小以及离婚时房屋市场价格等因素，判决房屋归其中一方所有，并确定是否由获得房屋一方对另一方予以补偿以及补偿的具体数额。

婚前或者婚姻关系存续期间，一方将其所有的房屋转移登记至另一方或者双方名下,离婚诉讼中,双方对房屋归属或者分割有争议且协商不成的,如果婚姻关系存续时间较短且给予方无重大过错,人民法院可以根据当事人诉讼请求,判决该房屋归给予方所有,并结合给予目的,综合考虑共同生活及孕育共同子女情况、离婚过错、对家庭的贡献大小以及离婚时房屋市场价格等因素,确定是否由获得房屋一方对另一方予以补偿以及补偿的具体数额。

给予方有证据证明另一方存在欺诈、胁迫、严重侵害给予方或者其近亲属合法权益、对给予方有扶养义务而不履行等情形,请求撤销前两款规定的民事法律行为的,人民法院依法予以支持。

第六条 夫妻一方未经另一方同意,在网络直播平台用夫妻共同财产打赏,数额明显超出其家庭一般消费水平,严重损害夫妻共同财产利益的,可以认定为民法典第一千零六十六条和第一千零九十二条规定的"挥霍"。另一方请求在婚姻关系存续期间分割夫妻共同财产,或者在离婚分割夫妻共同财产时请求对打赏一方少分或者不分的,人民法院应予支持。

第七条 夫妻一方为重婚、与他人同居以及其他违反夫妻忠实义务等目的,将夫妻共同财产赠与他人或者以明显不合理的价格处分夫妻共同财产,另一方主张该民事法律行为违背公序良俗无效的,人民法院应予支持并依照民法典第一百五十七条规定处理。

夫妻一方存在前款规定情形,另一方以该方存在转移、变卖夫妻共同财产行为,严重损害夫妻共同财产利益为由,依据民法典第一千零六十六条规定请求在婚姻关系存续期间分割夫妻共同财产,或者依据民法典第一千零九十二条规定请求在离婚分割夫妻共同财产时对该方少分或者不分的,人民法院应予支持。

第八条 婚姻关系存续期间,夫妻购置房屋由一方父母全额出资,如果赠与合同明确约定只赠与自己子女一方的,按照约定处理;没有约定或者约定不明确的,离婚分割夫妻共同财产时,人民法院可以判决该房屋归出资人子女一方所有,并综合考虑共同生活及孕育共同子女情况、离婚过错、对家庭的贡献大小以及离婚时房屋市场价格等因素,确定是否由获得房屋一方对另一方予以补偿以及补偿的具体数额。

婚姻关系存续期间,夫妻购置房屋由一方父母部分出资或者双方父母出资,如果赠与合同明确约定相应出资只赠与自己子女一方的,按照约定处理;没有约定或者约定不明确的,离婚分割夫妻共同财产时,人民法院可以根据当事人诉讼请求,以出资来源及比例为基础,综合考虑共同生活及孕育共同子女情况、离婚过错、对家庭的贡献大小以及离婚时房屋市场价格等因素,判决房屋归其中一方所有,并由获得房屋一方对另一方予以合理补偿。

第九条 夫妻一方转让用夫妻共同财产出资但登记在自己名下的有限责任公司股权,另一方以未经其同意侵害夫妻共同财产利益为由请求确认股权转让合同无效的,人民法院不予支持,但有证据证明转让人与受让人恶意串通损害另一方合法权益的除外。

第十条 夫妻以共同财产投资有限责任公司,并均登记为股东,双方对相应股权的归属没有约定或者约定不明确,离婚时,一方请求按照股东名册或者公司章程记载的各自出资额确定股权分割比例的,人民法院不予支持;对当事人分割夫妻共同财产的请求,人民法院依照民法典第一千零八十七条规定处理。

第十一条 夫妻一方以另一方可继承的财产为夫妻共同财产、放弃继承侵害夫妻共同财产利益为由主张另一方放弃继承无效的,人民法院不予支持,但有证据证明放弃继承导致放弃一方不能履行法定扶养义务的除外。

第十二条 父母一方或者其近亲属等抢夺、藏匿未成年子女,另一方向人民法院申请人身安全保护令或者参照适用民法典第九百九十七条规定申请人格权侵害禁令的,人民法院依法予以支持。

抢夺、藏匿未成年子女一方以另一方存在赌博、吸毒、家庭暴力等严重侵害未成年子女合法权益情形,主张其抢夺、藏匿行为有合理事由的,人民法院应当告知其依法通过撤销监护人资格、中止探望或者变更抚养关系等途径解决。当事人对其上述主张未提供证据证明且未在合理期限内提出相关请求的,人民法院依照前款规定处理。

第十三条 夫妻分居期间,一方或者其近亲属等抢夺、藏匿未成年子女,致使另一方无法履行监护职责,另一方请求行为人承担民事责任的,人民法院可以参照适用民法典第一千零八十四条关于离婚后子女抚养的有关规定,暂时确定未成年子女的抚养事宜,并明确暂时直接抚养未成年子女一方有协助另一方履行监护职责的义务。

第十四条 离婚诉讼中,父母均要求直接抚养已满两周岁的未成年子女,一方有下列情形之一的,人民法院应当按照最有利于未成年子女的原则,优先考虑由另一方直接抚养:

(一)实施家庭暴力或者虐待、遗弃家庭成员;

(二)有赌博、吸毒等恶习;

(三)重婚、与他人同居或者其他严重违反夫妻忠实义务情形;

(四)抢夺、藏匿未成年子女且另一方不存在本条第一项或者第二项等严重

侵害未成年子女合法权益情形;

(五)其他不利于未成年子女身心健康的情形。

第十五条 父母双方以法定代理人身份处分用夫妻共同财产购买并登记在未成年子女名下的房屋后,又以违反民法典第三十五条规定损害未成年子女利益为由向相对人主张该民事法律行为无效的,人民法院不予支持。

第十六条 离婚协议中关于一方直接抚养未成年子女或者不能独立生活的成年子女、另一方不负担抚养费的约定,对双方具有法律约束力。但是,离婚后,直接抚养子女一方经济状况发生变化导致原生活水平显著降低或者子女生活、教育、医疗等必要合理费用确有显著增加,未成年子女或者不能独立生活的成年子女请求另一方支付抚养费的,人民法院依法予以支持,并综合考虑离婚协议整体约定、子女实际需要、另一方的负担能力、当地生活水平等因素,确定抚养费的数额。

前款但书规定情形下,另一方以直接抚养子女一方无抚养能力为由请求变更抚养关系的,人民法院依照民法典第一千零八十四条规定处理。

第十七条 离婚后,不直接抚养子女一方未按照离婚协议约定或者以其他方式作出的承诺给付抚养费,未成年子女或者不能独立生活的成年子女请求其支付欠付的抚养费的,人民法院应予支持。

前款规定情形下,如果子女已经成年并能够独立生活,直接抚养子女一方请求另一方支付欠付的费用的,人民法院依法予以支持。

第十八条 对民法典第一千零七十二条中继子女受继父或者继母抚养教育的事实,人民法院应当以共同生活时间长短为基础,综合考虑共同生活期间继父母是否实际进行生活照料、是否履行家庭教育职责、是否承担抚养费等因素予以认定。

第十九条 生父与继母或者生母与继父离婚后,当事人主张继父或者继母和曾受其抚养教育的继子女之间的权利义务关系不再适用民法典关于父母子女关系规定的,人民法院应予支持,但继父或者继母与继子女存在依法成立的收养关系或者继子女仍与继父或者继母共同生活的除外。

继父母子女关系解除后,缺乏劳动能力又缺乏生活来源的继父或者继母请求曾受其抚养教育的成年继子女给付生活费的,人民法院可以综合考虑抚养教育情况、成年继子女负担能力等因素,依法予以支持,但是继父或者继母曾存在虐待、遗弃继子女等情况的除外。

第二十条 离婚协议约定将部分或者全部夫妻共同财产给予子女,离婚后,一方在财产权利转移之前请求撤销该约定的,人民法院不予支持,但另一方同意的除外。

一方不履行前款离婚协议约定的义务，另一方请求其承担继续履行或者因无法履行而赔偿损失等民事责任的，人民法院依法予以支持。

双方在离婚协议中明确约定子女可以就本条第一款中的相关财产直接主张权利，一方不履行离婚协议约定的义务，子女请求参照适用民法典第五百二十二条第二款规定，由该方承担继续履行或者因无法履行而赔偿损失等民事责任的，人民法院依法予以支持。

离婚协议约定将部分或者全部夫妻共同财产给予子女，离婚后，一方有证据证明签订离婚协议时存在欺诈、胁迫等情形，请求撤销该约定的，人民法院依法予以支持；当事人同时请求分割该部分夫妻共同财产的，人民法院依照民法典第一千零八十七条规定处理。

第二十一条 离婚诉讼中，夫妻一方有证据证明在婚姻关系存续期间因抚育子女、照料老年人、协助另一方工作等负担较多义务，依据民法典第一千零八十八条规定请求另一方给予补偿的，人民法院可以综合考虑负担相应义务投入的时间、精力和对双方的影响以及给付方负担能力、当地居民人均可支配收入等因素，确定补偿数额。

第二十二条 离婚诉讼中，一方存在年老、残疾、重病等生活困难情形，依据民法典第一千零九十条规定请求有负担能力的另一方给予适当帮助的，人民法院可以根据当事人请求，结合另一方财产状况，依法予以支持。

第二十三条 本解释自 2025 年 2 月 1 日起施行。

8. 最高人民法院关于审理涉彩礼纠纷案件
适用法律若干问题的规定

（2023 年 11 月 13 日最高人民法院审判委员会第 1905 次会议通过　法释〔2024〕1 号　2024 年 1 月 17 日公布　自 2024 年 2 月 1 日起施行）

为正确审理涉彩礼纠纷案件，根据《中华人民共和国民法典》、《中华人民共和国民事诉讼法》等法律规定，结合审判实践，制定本规定。

第一条 以婚姻为目的依据习俗给付彩礼后，因要求返还产生的纠纷，适用本规定。

第二条 禁止借婚姻索取财物。一方以彩礼为名借婚姻索取财物，另一方要求返还的，人民法院应予支持。

第三条 人民法院在审理涉彩礼纠纷案件中，可以根据一方给付财物的目的,综合考虑双方当地习俗、给付的时间和方式、财物价值、给付人及接收人等事实,认定彩礼范围。

下列情形给付的财物,不属于彩礼:
(一)一方在节日、生日等有特殊纪念意义时点给付的价值不大的礼物、礼金;
(二)一方为表达或者增进感情的日常消费性支出;
(三)其他价值不大的财物。

第四条 婚约财产纠纷中,婚约一方及其实际给付彩礼的父母可以作为共同原告;婚约另一方及其实际接收彩礼的父母可以作为共同被告。

离婚纠纷中,一方提出返还彩礼诉讼请求的,当事人仍为夫妻双方。

第五条 双方已办理结婚登记且共同生活,离婚时一方请求返还按照习俗给付的彩礼的,人民法院一般不予支持。但是,如果共同生活时间较短且彩礼数额过高,人民法院可以根据彩礼实际使用及嫁妆情况,综合考虑彩礼数额、共同生活及孕育情况、双方过错等事实,结合当地习俗,确定是否返还以及返还的具体比例。

人民法院认定彩礼数额是否过高,应当综合考虑彩礼给付方所在地居民人均可支配收入、给付方家庭经济情况以及当地习俗等因素。

第六条 双方未办理结婚登记但已共同生活,一方请求返还按照习俗给付的彩礼的,人民法院应当根据彩礼实际使用及嫁妆情况,综合考虑共同生活及孕育情况、双方过错等事实,结合当地习俗,确定是否返还以及返还的具体比例。

第七条 本规定自2024年2月1日起施行。

本规定施行后,人民法院尚未审结的一审、二审案件适用本规定。本规定施行前已经终审、施行后当事人申请再审或者按照审判监督程序决定再审的案件,不适用本规定。

9. 最高人民法院关于确定民事侵权精神损害赔偿责任若干问题的解释(2020修正)

(2001年2月26日最高人民法院审判委员会第1161次会议通过 根据2020年12月23日最高人民法院审判委员会第1823次会议通过的《最高人民法院关于修改〈最高人民法院关于在民事审判工作中适用《中华人民共和国工会法》若干问题的解释〉等二十七件民事类司法解释的决定》修正)

为在审理民事侵权案件中正确确定精神损害赔偿责任,根据《中华人民共和国民法典》等有关法律规定,结合审判实践,制定本解释。

第一条　因人身权益或者具有人身意义的特定物受到侵害,自然人或者其近亲属向人民法院提起诉讼请求精神损害赔偿的,人民法院应当依法予以受理。

第二条　非法使被监护人脱离监护,导致亲子关系或者近亲属间的亲属关系遭受严重损害,监护人向人民法院起诉请求赔偿精神损害的,人民法院应当依法予以受理。

第三条　死者的姓名、肖像、名誉、荣誉、隐私、遗体、遗骨等受到侵害,其近亲属向人民法院提起诉讼请求精神损害赔偿的,人民法院应当依法予以支持。

第四条　法人或者非法人组织以名誉权、荣誉权、名称权遭受侵害为由,向人民法院起诉请求精神损害赔偿的,人民法院不予支持。

第五条　精神损害的赔偿数额根据以下因素确定:

(一)侵权人的过错程度,但是法律另有规定的除外;

(二)侵权行为的目的、方式、场合等具体情节;

(三)侵权行为所造成的后果;

(四)侵权人的获利情况;

(五)侵权人承担责任的经济能力;

(六)受理诉讼法院所在地的平均生活水平。

第六条　在本解释公布施行之前已经生效施行的司法解释,其内容有与本解释不一致的,以本解释为准。

10. 最高人民法院关于适用《中华人民共和国民事诉讼法》的解释(2022修正)(节录)

(2014年12月18日最高人民法院审判委员会第1636次会议通过　根据2020年12月23日最高人民法院审判委员会第1823次会议通过的《最高人民法院关于修改〈最高人民法院关于人民法院民事调解工作若干问题的规定〉等十九件民事诉讼类司法解释的决定》第一次修正　根据2022年3月22日最高人民法院审判委员会第1866次会议通过的《最高人民法院关于修改〈最高人民法院关于适用《中华人民共和国民事诉讼法》的解释〉的决定》第二次修正　该修正自2022年4月10日起施行)

第一条　民事诉讼法第十九条第一项规定的重大涉外案件,包括争议标的额大的案件、案情复杂的案件,或者一方当事人人数众多等具有重大影响的案件。

第二条 专利纠纷案件由知识产权法院、最高人民法院确定的中级人民法院和基层人民法院管辖。

海事、海商案件由海事法院管辖。

第三条 公民的住所地是指公民的户籍所在地，法人或者其他组织的住所地是指法人或者其他组织的主要办事机构所在地。

法人或者其他组织的主要办事机构所在地不能确定的，法人或者其他组织的注册地或者登记地为住所地。

第四条 公民的经常居住地是指公民离开住所地至起诉时已连续居住一年以上的地方，但公民住院就医的地方除外。

第五条 对没有办事机构的个人合伙、合伙型联营体提起的诉讼，由被告注册登记地人民法院管辖。没有注册登记，几个被告又不在同一辖区的，被告住所地的人民法院都有管辖权。

第六条 被告被注销户籍的，依照民事诉讼法第二十三条规定确定管辖；原告、被告均被注销户籍的，由被告居住地人民法院管辖。

第七条 当事人的户籍迁出后尚未落户，有经常居住地的，由该地人民法院管辖；没有经常居住地的，由其原户籍所在地人民法院管辖。

第八条 双方当事人都被监禁或者被采取强制性教育措施的，由被告原住所地人民法院管辖。被告被监禁或者被采取强制性教育措施一年以上的，由被告被监禁地或者被采取强制性教育措施地人民法院管辖。

第九条 追索赡养费、扶养费、抚养费案件的几个被告住所地不在同一辖区的，可以由原告住所地人民法院管辖。

第十条 不服指定监护或者变更监护关系的案件，可以由被监护人住所地人民法院管辖。

第十一条 双方当事人均为军人或者军队单位的民事案件由军事法院管辖。

第十二条 夫妻一方离开住所地超过一年，另一方起诉离婚的案件，可以由原告住所地人民法院管辖。

夫妻双方离开住所地超过一年，一方起诉离婚的案件，由被告经常居住地人民法院管辖；没有经常居住地的，由原告起诉时被告居住地人民法院管辖。

第十三条 在国内结婚并定居国外的华侨，如定居国法院以离婚诉讼须由婚姻缔结地法院管辖为由不予受理，当事人向人民法院提出离婚诉讼的，由婚姻缔结地或者一方在国内的最后居住地人民法院管辖。

第十四条 在国外结婚并定居国外的华侨,如定居国法院以离婚诉讼须由国籍所属国法院管辖为由不予受理,当事人向人民法院提出离婚诉讼的,由一方原住所地或者在国内的最后居住地人民法院管辖。

第十五条 中国公民一方居住在国外,一方居住在国内,不论哪一方向人民法院提起离婚诉讼,国内一方住所地人民法院都有权管辖。国外一方在居住国法院起诉,国内一方向人民法院起诉的,受诉人民法院有权管辖。

第十六条 中国公民双方在国外但未定居,一方向人民法院起诉离婚的,应由原告或者被告原住所地人民法院管辖。

第十七条 已经离婚的中国公民,双方均定居国外,仅就国内财产分割提起诉讼的,由主要财产所在地人民法院管辖。

第十八条 合同约定履行地点的,以约定的履行地点为合同履行地。

合同对履行地点没有约定或者约定不明确,争议标的为给付货币的,接收货币一方所在地为合同履行地;交付不动产的,不动产所在地为合同履行地;其他标的,履行义务一方所在地为合同履行地。即时结清的合同,交易行为地为合同履行地。

合同没有实际履行,当事人双方住所地都不在合同约定的履行地的,由被告住所地人民法院管辖。

第十九条 财产租赁合同、融资租赁合同以租赁物使用地为合同履行地。合同对履行地有约定的,从其约定。

第二十条 以信息网络方式订立的买卖合同,通过信息网络交付标的的,以买受人住所地为合同履行地;通过其他方式交付标的的,收货地为合同履行地。合同对履行地有约定的,从其约定。

第二十一条 因财产保险合同纠纷提起的诉讼,如果保险标的物是运输工具或者运输中的货物,可以由运输工具登记注册地、运输目的地、保险事故发生地人民法院管辖。

因人身保险合同纠纷提起的诉讼,可以由被保险人住所地人民法院管辖。

第二十二条 因股东名册记载、请求变更公司登记、股东知情权、公司决议、公司合并、公司分立、公司减资、公司增资等纠纷提起的诉讼,依照民事诉讼法第二十七条规定确定管辖。

第二十三条 债权人申请支付令,适用民事诉讼法第二十二条规定,由债务人住所地基层人民法院管辖。

第二十四条 民事诉讼法第二十九条规定的侵权行为地,包括侵权行为实施地、侵权结果发生地。

第二十五条　信息网络侵权行为实施地包括实施被诉侵权行为的计算机等信息设备所在地，侵权结果发生地包括被侵权人住所地。

第二十六条　因产品、服务质量不合格造成他人财产、人身损害提起的诉讼，产品制造地、产品销售地、服务提供地、侵权行为地和被告住所地人民法院都有管辖权。

第二十七条　当事人申请诉前保全后没有在法定期间起诉或者申请仲裁，给被申请人、利害关系人造成损失引起的诉讼，由采取保全措施的人民法院管辖。

当事人申请诉前保全后在法定期间内起诉或者申请仲裁，被申请人、利害关系人因保全受到损失提起的诉讼，由受理起诉的人民法院或者采取保全措施的人民法院管辖。

第二十八条　民事诉讼法第三十四条第一项规定的不动产纠纷是指因不动产的权利确认、分割、相邻关系等引起的物权纠纷。

农村土地承包经营合同纠纷、房屋租赁合同纠纷、建设工程施工合同纠纷、政策性房屋买卖合同纠纷，按照不动产纠纷确定管辖。

不动产已登记的，以不动产登记簿记载的所在地为不动产所在地；不动产未登记的，以不动产实际所在地为不动产所在地。

第二十九条　民事诉讼法第三十五条规定的书面协议，包括书面合同中的协议管辖条款或者诉讼前以书面形式达成的选择管辖的协议。

第三十条　根据管辖协议，起诉时能够确定管辖法院的，从其约定；不能确定的，依照民事诉讼法的相关规定确定管辖。

管辖协议约定两个以上与争议有实际联系的地点的人民法院管辖，原告可以向其中一个人民法院起诉。

第三十一条　经营者使用格式条款与消费者订立管辖协议，未采取合理方式提请消费者注意，消费者主张管辖协议无效的，人民法院应予支持。

第三十二条　管辖协议约定由一方当事人住所地人民法院管辖，协议签订后当事人住所地变更的，由签订管辖协议时的住所地人民法院管辖，但当事人另有约定的除外。

第三十三条　合同转让的，合同的管辖协议对合同受让人有效，但转让时受让人不知道有管辖协议，或者转让协议另有约定且原合同相对人同意的除外。

第三十四条　当事人因同居或者在解除婚姻、收养关系后发生财产争议，约定管辖的,可以适用民事诉讼法第三十五条规定确定管辖。

第三十五条 当事人在答辩期间届满后未应诉答辩,人民法院在一审开庭前,发现案件不属于本院管辖的,应当裁定移送有管辖权的人民法院。

第三十六条 两个以上人民法院都有管辖权的诉讼,先立案的人民法院不得将案件移送给另一个有管辖权的人民法院。人民法院在立案前发现其他有管辖权的人民法院已先立案的,不得重复立案;立案后发现其他有管辖权的人民法院已先立案的,裁定将案件移送给先立案的人民法院。

第三十七条 案件受理后,受诉人民法院的管辖权不受当事人住所地、经常居住地变更的影响。

第三十八条 有管辖权的人民法院受理案件后,不得以行政区域变更为由,将案件移送给变更后有管辖权的人民法院。判决后的上诉案件和依审判监督程序提审的案件,由原审人民法院的上级人民法院进行审判;上级人民法院指令再审、发回重审的案件,由原审人民法院再审或者重审。

第三十九条 人民法院对管辖异议审查后确定有管辖权的,不因当事人提起反诉、增加或者变更诉讼请求等改变管辖,但违反级别管辖、专属管辖规定的除外。

人民法院发回重审或者按第一审程序再审的案件,当事人提出管辖异议的,人民法院不予审查。

第四十条 依照民事诉讼法第三十八条第二款规定,发生管辖权争议的两个人民法院因协商不成报请它们的共同上级人民法院指定管辖时,双方为同属一个地、市辖区的基层人民法院的,由该地、市的中级人民法院及时指定管辖;同属一个省、自治区、直辖市的两个人民法院的,由该省、自治区、直辖市的高级人民法院及时指定管辖;双方为跨省、自治区、直辖市的人民法院,高级人民法院协商不成的,由最高人民法院及时指定管辖。

依照前款规定报请上级人民法院指定管辖时,应当逐级进行。

第四十一条 人民法院依照民事诉讼法第三十八条第二款规定指定管辖的,应当作出裁定。

对报请上级人民法院指定管辖的案件,下级人民法院应当中止审理。指定管辖裁定作出前,下级人民法院对案件作出判决、裁定的,上级人民法院应当在裁定指定管辖的同时,一并撤销下级人民法院的判决、裁定。

第四十二条 下列第一审民事案件,人民法院依照民事诉讼法第三十九条第一款规定,可以在开庭前交下级人民法院审理:

（一）破产程序中有关债务人的诉讼案件；
（二）当事人人数众多且不方便诉讼的案件；
（三）最高人民法院确定的其他类型案件。

人民法院交下级人民法院审理前，应当报请其上级人民法院批准。上级人民法院批准后，人民法院应当裁定将案件交下级人民法院审理。

第一百四十五条 人民法院审理民事案件，应当根据自愿、合法的原则进行调解。当事人一方或者双方坚持不愿调解的，应当及时裁判。

人民法院审理离婚案件，应当进行调解，但不应久调不决。

第一百四十六条 人民法院审理民事案件，调解过程不公开，但当事人同意公开的除外。

调解协议内容不公开，但为保护国家利益、社会公共利益、他人合法权益，人民法院认为确有必要公开的除外。

主持调解以及参与调解的人员，对调解过程以及调解过程中获悉的国家秘密、商业秘密、个人隐私和其他不宜公开的信息，应当保守秘密，但为保护国家利益、社会公共利益、他人合法权益的除外。

第一百四十七条 人民法院调解案件时，当事人不能出庭的，经其特别授权，可由其委托代理人参加调解，达成的调解协议，可由委托代理人签名。

离婚案件当事人确因特殊情况无法出庭参加调解的，除本人不能表达意志的以外，应当出具书面意见。

第一百四十八条 当事人自行和解或者调解达成协议后，请求人民法院按照和解协议或者调解协议的内容制作判决书的，人民法院不予准许。

无民事行为能力人的离婚案件，由其法定代理人进行诉讼。法定代理人与对方达成协议要求发给判决书的，可根据协议内容制作判决书。

第二百一十四条 原告撤诉或者人民法院按撤诉处理后，原告以同一诉讼请求再次起诉的，人民法院应予受理。

原告撤诉或者按撤诉处理的离婚案件，没有新情况、新理由，六个月内又起诉的，比照民事诉讼法第一百二十七条第七项的规定不予受理。

第二百一十五条 依照民事诉讼法第一百二十七条第二项的规定，当事人在书面合同中订有仲裁条款，或者在发生纠纷后达成书面仲裁协议，一方向人民法院起诉的，人民法院应当告知原告向仲裁机构申请仲裁，其坚持起诉的，裁定不予受理，但仲裁条款或者仲裁协议不成立、无效、失效、内容不明确无法执行的除外。

第二百一十六条　在人民法院首次开庭前,被告以有书面仲裁协议为由对受理民事案件提出异议的,人民法院应当进行审查。

经审查符合下列情形之一的,人民法院应当裁定驳回起诉:

(一)仲裁机构或者人民法院已经确认仲裁协议有效的;

(二)当事人没有在仲裁庭首次开庭前对仲裁协议的效力提出异议的;

(三)仲裁协议符合仲裁法第十六条规定且不具有仲裁法第十七条规定情形的。

第二百一十七条　夫妻一方下落不明,另一方诉至人民法院,只要求离婚,不申请宣告下落不明人失踪或者死亡的案件,人民法院应当受理,对下落不明人公告送达诉讼文书。

第二百一十八条　赡养费、扶养费、抚养费案件,裁判发生法律效力后,因新情况、新理由,一方当事人再行起诉要求增加或者减少费用的,人民法院应作为新案受理。

第二百三十四条　无民事行为能力人的离婚诉讼,当事人的法定代理人应当到庭;法定代理人不能到庭的,人民法院应当在查清事实的基础上,依法作出判决。

第三百二十七条　一审判决不准离婚的案件,上诉后,第二审人民法院认为应当判决离婚的,可以根据当事人自愿的原则,与子女抚养、财产问题一并调解;调解不成的,发回重审。

双方当事人同意由第二审人民法院一并审理的,第二审人民法院可以一并裁判。

第三百八十条　当事人就离婚案件中的财产分割问题申请再审,如涉及判决中已分割的财产,人民法院应当依照民事诉讼法第二百零七条的规定进行审查,符合再审条件的,应当裁定再审;如涉及判决中未作处理的夫妻共同财产,应当告知当事人另行起诉。

第五百四十四条　对外国法院作出的发生法律效力的判决、裁定或者外国仲裁裁决,需要中华人民共和国法院执行的,当事人应当先向人民法院申请承认。人民法院经审查,裁定承认后,再根据民事诉讼法第三编的规定予以执行。

当事人仅申请承认而未同时申请执行的,人民法院仅对应否承认进行审查并作出裁定。

11. 最高人民法院关于民事诉讼证据的若干规定

（2001年12月6日最高人民法院审判委员会第1201次会议通过 根据2019年10月14日最高人民法院审判委员会第1777次会议《关于修改〈关于民事诉讼证据的若干规定〉的决定》修正 法释〔2019〕19号）

为保证人民法院正确认定案件事实，公正、及时审理民事案件，保障和便利当事人依法行使诉讼权利，根据《中华人民共和国民事诉讼法》（以下简称民事诉讼法）等有关法律的规定，结合民事审判经验和实际情况，制定本规定。

一、当事人举证

第一条 原告向人民法院起诉或者被告提出反诉，应当提供符合起诉条件的相应的证据。

第二条 人民法院应当向当事人说明举证的要求及法律后果，促使当事人在合理期限内积极、全面、正确、诚实地完成举证。

当事人因客观原因不能自行收集的证据，可申请人民法院调查收集。

第三条 在诉讼过程中，一方当事人陈述的于己不利的事实，或者对于己不利的事实明确表示承认的，另一方当事人无须举证证明。

在证据交换、询问、调查过程中，或者在起诉状、答辩状、代理词等书面材料中，当事人明确承认于己不利的事实的，适用前款规定。

第四条 一方当事人对于另一方当事人主张的于己不利的事实既不承认也不否认，经审判人员说明并询问后，其仍然不明确表示肯定或者否定的，视为对该事实的承认。

第五条 当事人委托诉讼代理人参加诉讼的，除授权委托书明确排除的事项外，诉讼代理人的自认视为当事人的自认。

当事人在场对诉讼代理人的自认明确否认的，不视为自认。

第六条 普通共同诉讼中，共同诉讼人中一人或者数人作出的自认，对作出自认的当事人发生效力。

必要共同诉讼中，共同诉讼人中一人或者数人作出自认而其他共同诉讼人予以否认的，不发生自认的效力。其他共同诉讼人既不承认也不否认，经审判人员说明并询问后仍然不明确表示意见的，视为全体共同诉讼人的自认。

第七条 一方当事人对于另一方当事人主张的于己不利的事实有所限制或

者附加条件予以承认的,由人民法院综合案件情况决定是否构成自认。

第八条 《最高人民法院关于适用〈中华人民共和国民事诉讼法〉的解释》第九十六条第一款规定的事实,不适用有关自认的规定。

自认的事实与已经查明的事实不符的,人民法院不予确认。

第九条 有下列情形之一,当事人在法庭辩论终结前撤销自认的,人民法院应当准许:

(一)经对方当事人同意的;

(二)自认是在受胁迫或者重大误解情况下作出的。

人民法院准许当事人撤销自认的,应当作出口头或者书面裁定。

第十条 下列事实,当事人无须举证证明:

(一)自然规律以及定理、定律;

(二)众所周知的事实;

(三)根据法律规定推定的事实;

(四)根据已知的事实和日常生活经验法则推定出的另一事实;

(五)已为仲裁机构的生效裁决所确认的事实;

(六)已为人民法院发生法律效力的裁判所确认的基本事实;

(七)已为有效公证文书所证明的事实。

前款第二项至第五项事实,当事人有相反证据足以反驳的除外;第六项、第七项事实,当事人有相反证据足以推翻的除外。

第十一条 当事人向人民法院提供证据,应当提供原件或者原物。如需自己保存证据原件、原物或者提供原件、原物确有困难的,可以提供经人民法院核对无异的复制件或者复制品。

第十二条 以动产作为证据的,应当将原物提交人民法院。原物不宜搬移或者不宜保存的,当事人可以提供复制品、影像资料或者其他替代品。

人民法院在收到当事人提交的动产或者替代品后,应当及时通知双方当事人到人民法院或者保存现场查验。

第十三条 当事人以不动产作为证据的,应当向人民法院提供该不动产的影像资料。

人民法院认为有必要的,应当通知双方当事人到场进行查验。

第十四条 电子数据包括下列信息、电子文件:

(一)网页、博客、微博客等网络平台发布的信息;

(二)手机短信、电子邮件、即时通信、通讯群组等网络应用服务的通信信息；

（三）用户注册信息、身份认证信息、电子交易记录、通信记录、登录日志等信息；

（四）文档、图片、音频、视频、数字证书、计算机程序等电子文件；

（五）其他以数字化形式存储、处理、传输的能够证明案件事实的信息。

第十五条 当事人以视听资料作为证据的，应当提供存储该视听资料的原始载体。

当事人以电子数据作为证据的，应当提供原件。电子数据的制作者制作的与原件一致的副本，或者直接来源于电子数据的打印件或其他可以显示、识别的输出介质，视为电子数据的原件。

第十六条 当事人提供的公文书证系在中华人民共和国领域外形成的，该证据应当经所在国公证机关证明，或者履行中华人民共和国与该所在国订立的有关条约中规定的证明手续。

中华人民共和国领域外形成的涉及身份关系的证据，应当经所在国公证机关证明并经中华人民共和国驻该国使领馆认证，或者履行中华人民共和国与该所在国订立的有关条约中规定的证明手续。

当事人向人民法院提供的证据是在香港、澳门、台湾地区形成的，应当履行相关的证明手续。

第十七条 当事人向人民法院提供外文书证或者外文说明资料，应当附有中文译本。

第十八条 双方当事人无争议的事实符合《最高人民法院关于适用〈中华人民共和国民事诉讼法〉的解释》第九十六条第一款规定情形的，人民法院可以责令当事人提供有关证据。

第十九条 当事人应当对其提交的证据材料逐一分类编号，对证据材料的来源、证明对象和内容作简要说明，签名盖章，注明提交日期，并依照对方当事人人数提出副本。

人民法院收到当事人提交的证据材料，应当出具收据，注明证据的名称、份数和页数以及收到的时间，由经办人员签名或者盖章。

二、证据的调查收集和保全

第二十条 当事人及其诉讼代理人申请人民法院调查收集证据，应当在举证期限届满前提交书面申请。

申请书应当载明被调查人的姓名或者单位名称、住所地等基本情况、所要调查收集的证据名称或者内容、需要由人民法院调查收集证据的原因及其要证明的事实以及明确的线索。

第二十一条 人民法院调查收集的书证,可以是原件,也可以是经核对无误的副本或者复制件。是副本或者复制件的,应当在调查笔录中说明来源和取证情况。

第二十二条 人民法院调查收集的物证应当是原物。被调查人提供原物确有困难的,可以提供复制品或者影像资料。提供复制品或者影像资料的,应当在调查笔录中说明取证情况。

第二十三条 人民法院调查收集视听资料、电子数据,应当要求被调查人提供原始载体。

提供原始载体确有困难的,可以提供复制件。提供复制件的,人民法院应当在调查笔录中说明其来源和制作经过。

人民法院对视听资料、电子数据采取证据保全措施的,适用前款规定。

第二十四条 人民法院调查收集可能需要鉴定的证据,应当遵守相关技术规范,确保证据不被污染。

第二十五条 当事人或者利害关系人根据民事诉讼法第八十一条的规定申请证据保全的,申请书应当载明需要保全的证据的基本情况、申请保全的理由以及采取何种保全措施等内容。

当事人根据民事诉讼法第八十一条第一款的规定申请证据保全的,应当在举证期限届满前向人民法院提出。

法律、司法解释对诉前证据保全有规定的,依照其规定办理。

第二十六条 当事人或者利害关系人申请采取查封、扣押等限制保全标的物使用、流通等保全措施,或者保全可能对证据持有人造成损失的,人民法院应当责令申请人提供相应的担保。

担保方式或者数额由人民法院根据保全措施对证据持有人的影响、保全标的物的价值、当事人或者利害关系人争议的诉讼标的金额等因素综合确定。

第二十七条 人民法院进行证据保全,可以要求当事人或者诉讼代理人到场。

根据当事人的申请和具体情况,人民法院可以采取查封、扣押、录音、录像、复制、鉴定、勘验等方法进行证据保全,并制作笔录。

在符合证据保全目的的情况下,人民法院应当选择对证据持有人利益影响最小的保全措施。

第二十八条 申请证据保全错误造成财产损失,当事人请求申请人承担赔偿责任的,人民法院应予支持。

第二十九条 人民法院采取诉前证据保全措施后,当事人向其他有管辖权的人民法院提起诉讼的,采取保全措施的人民法院应当根据当事人的申请,将保全的证据及时移交受理案件的人民法院。

第三十条 人民法院在审理案件过程中认为待证事实需要通过鉴定意见证明的,应当向当事人释明,并指定提出鉴定申请的期间。

符合《最高人民法院关于适用〈中华人民共和国民事诉讼法〉的解释》第九十六条第一款规定情形的,人民法院应当依职权委托鉴定。

第三十一条 当事人申请鉴定,应当在人民法院指定期间内提出,并预交鉴定费用。逾期不提出申请或者不预交鉴定费用的,视为放弃申请。

对需要鉴定的待证事实负有举证责任的当事人,在人民法院指定期间内无正当理由不提出鉴定申请或者不预交鉴定费用,或者拒不提供相关材料,致使待证事实无法查明的,应当承担举证不能的法律后果。

第三十二条 人民法院准许鉴定申请的,应当组织双方当事人协商确定具备相应资格的鉴定人。当事人协商不成的,由人民法院指定。

人民法院依职权委托鉴定的,可以在询问当事人的意见后,指定具备相应资格的鉴定人。

人民法院在确定鉴定人后应当出具委托书,委托书中应当载明鉴定事项、鉴定范围、鉴定目的和鉴定期限。

第三十三条 鉴定开始之前,人民法院应当要求鉴定人签署承诺书。承诺书中应当载明鉴定人保证客观、公正、诚实地进行鉴定,保证出庭作证,如作虚假鉴定应当承担法律责任等内容。

鉴定人故意作虚假鉴定的,人民法院应当责令其退还鉴定费用,并根据情节,依照民事诉讼法第一百一十一条的规定进行处罚。

第三十四条 人民法院应当组织当事人对鉴定材料进行质证。未经质证的材料,不得作为鉴定的根据。

经人民法院准许,鉴定人可以调取证据、勘验物证和现场、询问当事人或者证人。

第三十五条 鉴定人应当在人民法院确定的期限内完成鉴定,并提交鉴定书。

鉴定人无正当理由未按期提交鉴定书的,当事人可以申请人民法院另行委托鉴定人进行鉴定。人民法院准许的,原鉴定人已经收取的鉴定费用应当退还;拒不退还的,依照本规定第八十一条第二款的规定处理。

第三十六条 人民法院对鉴定人出具的鉴定书,应当审查是否具有下列内容:

(一)委托法院的名称;

(二)委托鉴定的内容、要求;

(三)鉴定材料;

(四)鉴定所依据的原理、方法;

(五)对鉴定过程的说明;

(六)鉴定意见;

(七)承诺书。

鉴定书应当由鉴定人签名或者盖章,并附鉴定人的相应资格证明。委托机构鉴定的,鉴定书应当由鉴定机构盖章,并由从事鉴定的人员签名。

第三十七条 人民法院收到鉴定书后,应当及时将副本送交当事人。

当事人对鉴定书的内容有异议的,应当在人民法院指定期间内以书面方式提出。

对于当事人的异议,人民法院应当要求鉴定人作出解释、说明或者补充。人民法院认为有必要的,可以要求鉴定人对当事人未提出异议的内容进行解释、说明或者补充。

第三十八条 当事人在收到鉴定人的书面答复后仍有异议的,人民法院应当根据《诉讼费用交纳办法》第十一条的规定,通知有异议的当事人预交鉴定人出庭费用,并通知鉴定人出庭。有异议的当事人不预交鉴定人出庭费用的,视为放弃异议。

双方当事人对鉴定意见均有异议的,分摊预交鉴定人出庭费用。

第三十九条 鉴定人出庭费用按照证人出庭作证费用的标准计算,由败诉的当事人负担。因鉴定意见不明确或者有瑕疵需要鉴定人出庭的,出庭费用由其自行负担。

人民法院委托鉴定时已经确定鉴定人出庭费用包含在鉴定费用中的,不再通知当事人预交。

第四十条 当事人申请重新鉴定,存在下列情形之一的,人民法院应当准许:

(一)鉴定人不具备相应资格的；
(二)鉴定程序严重违法的；
(三)鉴定意见明显依据不足的；
(四)鉴定意见不能作为证据使用的其他情形。

存在前款第一项至第三项情形的，鉴定人已经收取的鉴定费用应当退还。拒不退还的，依照本规定第八十一条第二款的规定处理。

对鉴定意见的瑕疵，可以通过补正、补充鉴定或者补充质证、重新质证等方法解决的，人民法院不予准许重新鉴定的申请。

重新鉴定的，原鉴定意见不得作为认定案件事实的根据。

第四十一条 对于一方当事人就专门性问题自行委托有关机构或者人员出具的意见，另一方当事人有证据或者理由足以反驳并申请鉴定的，人民法院应予准许。

第四十二条 鉴定意见被采信后，鉴定人无正当理由撤销鉴定意见的，人民法院应当责令其退还鉴定费用，并可以根据情节，依照民事诉讼法第一百一十一条的规定对鉴定人进行处罚。当事人主张鉴定人负担由此增加的合理费用的，人民法院应予支持。

人民法院采信鉴定意见后准许鉴定人撤销的，应当责令其退还鉴定费用。

第四十三条 人民法院应当在勘验前将勘验的时间和地点通知当事人。当事人不参加的，不影响勘验进行。

当事人可以就勘验事项向人民法院进行解释和说明，可以请求人民法院注意勘验中的重要事项。

人民法院勘验物证或者现场，应当制作笔录，记录勘验的时间、地点、勘验人、在场人、勘验的经过、结果，由勘验人、在场人签名或者盖章。对于绘制的现场图应当注明绘制的时间、方位、测绘人姓名、身份等内容。

第四十四条 摘录有关单位制作的与案件事实相关的文件、材料，应当注明出处，并加盖制作单位或者保管单位的印章，摘录人和其他调查人员应当在摘录件上签名或者盖章。

摘录文件、材料应当保持内容相应的完整性。

第四十五条 当事人根据《最高人民法院关于适用〈中华人民共和国民事诉讼法〉的解释》第一百一十二条的规定申请人民法院责令对方当事人提交书证的，申请书应当载明所申请提交的书证名称或者内容、需要以该书证证明的事实及事实的重要性、对方当事人控制该书证的根据以及应当提交该书证的理由。

对方当事人否认控制书证的,人民法院应当根据法律规定、习惯等因素,结合案件的事实、证据,对于书证是否在对方当事人控制之下的事实作出综合判断。

第四十六条 人民法院对当事人提交书证的申请进行审查时,应当听取对方当事人的意见,必要时可以要求双方当事人提供证据、进行辩论。

当事人申请提交的书证不明确、书证对于待证事实的证明无必要、待证事实对于裁判结果无实质性影响、书证未在对方当事人控制之下或者不符合本规定第四十七条情形的,人民法院不予准许。

当事人申请理由成立的,人民法院应当作出裁定,责令对方当事人提交书证;理由不成立的,通知申请人。

第四十七条 下列情形,控制书证的当事人应当提交书证:
(一)控制书证的当事人在诉讼中曾经引用过的书证;
(二)为对方当事人的利益制作的书证;
(三)对方当事人依照法律规定有权查阅、获取的书证;
(四)账簿、记账原始凭证;
(五)人民法院认为应当提交书证的其他情形。

前款所列书证,涉及国家秘密、商业秘密、当事人或第三人的隐私,或者存在法律规定应当保密的情形的,提交后不得公开质证。

第四十八条 控制书证的当事人无正当理由拒不提交书证的,人民法院可以认定对方当事人所主张的书证内容为真实。

控制书证的当事人存在《最高人民法院关于适用〈中华人民共和国民事诉讼法〉的解释》第一百一十三条规定情形的,人民法院可以认定对方当事人主张以该书证证明的事实为真实。

三、举证时限与证据交换

第四十九条 被告应当在答辩期届满前提出书面答辩,阐明其对原告诉讼请求及所依据的事实和理由的意见。

第五十条 人民法院应当在审理前的准备阶段向当事人送达举证通知书。

举证通知书应当载明举证责任的分配原则和要求、可以向人民法院申请调查收集证据的情形、人民法院根据案件情况指定的举证期限以及逾期提供证据的法律后果等内容。

第五十一条 举证期限可以由当事人协商,并经人民法院准许。

人民法院指定举证期限的,适用第一审普通程序审理的案件不得少于十五日,当事人提供新的证据的第二审案件不得少于十日。适用简易程序审理的案件不得超过十五日,小额诉讼案件的举证期限一般不得超过七日。

举证期限届满后,当事人提供反驳证据或者对已经提供的证据的来源、形式等方面的瑕疵进行补正的,人民法院可以酌情再次确定举证期限,该期限不受前款规定的期间限制。

第五十二条 当事人在举证期限内提供证据存在客观障碍,属于民事诉讼法第六十五条第二款规定的"当事人在该期限内提供证据确有困难"的情形。

前款情形,人民法院应当根据当事人的举证能力、不能在举证期限内提供证据的原因等因素综合判断。必要时,可以听取对方当事人的意见。

第五十三条 诉讼过程中,当事人主张的法律关系性质或者民事行为效力与人民法院根据案件事实作出的认定不一致的,人民法院应当将法律关系性质或者民事行为效力作为焦点问题进行审理。但法律关系性质对裁判理由及结果没有影响,或者有关问题已经当事人充分辩论的除外。

存在前款情形,当事人根据法庭审理情况变更诉讼请求的,人民法院应当准许并可以根据案件的具体情况重新指定举证期限。

第五十四条 当事人申请延长举证期限的,应当在举证期限届满前向人民法院提出书面申请。

申请理由成立的,人民法院应当准许,适当延长举证期限,并通知其他当事人。延长的举证期限适用于其他当事人。

申请理由不成立的,人民法院不予准许,并通知申请人。

第五十五条 存在下列情形的,举证期限按照如下方式确定:

(一)当事人依照民事诉讼法第一百二十七条规定提出管辖权异议的,举证期限中止,自驳回管辖权异议的裁定生效之日起恢复计算;

(二)追加当事人、有独立请求权的第三人参加诉讼或者无独立请求权的第三人经人民法院通知参加诉讼的,人民法院应当依照本规定第五十一条的规定为新参加诉讼的当事人确定举证期限,该举证期限适用于其他当事人;

(三)发回重审的案件,第一审人民法院可以结合案件具体情况和发回重审的原因,酌情确定举证期限;

(四)当事人增加、变更诉讼请求或者提出反诉的,人民法院应当根据案件具体情况重新确定举证期限;

(五)公告送达的,举证期限自公告期届满之次日起计算。

第五十六条 人民法院依照民事诉讼法第一百三十三条第四项的规定,通过组织证据交换进行审理前准备的,证据交换之日举证期限届满。

证据交换的时间可以由当事人协商一致并经人民法院认可,也可以由人民法院指定。当事人申请延期举证经人民法院准许的,证据交换日相应顺延。

第五十七条 证据交换应当在审判人员的主持下进行。

在证据交换的过程中,审判人员对当事人无异议的事实、证据应当记录在卷;对有异议的证据,按照需要证明的事实分类记录在卷,并记载异议的理由。通过证据交换,确定双方当事人争议的主要问题。

第五十八条 当事人收到对方的证据后有反驳证据需要提交的,人民法院应当再次组织证据交换。

第五十九条 人民法院对逾期提供证据的当事人处以罚款的,可以结合当事人逾期提供证据的主观过错程度、导致诉讼迟延的情况、诉讼标的金额等因素,确定罚款数额。

四、质　　证

第六十条 当事人在审理前的准备阶段或者人民法院调查、询问过程中发表过质证意见的证据,视为质证过的证据。

当事人要求以书面方式发表质证意见,人民法院在听取对方当事人意见后认为有必要的,可以准许。人民法院应当及时将书面质证意见送交对方当事人。

第六十一条 对书证、物证、视听资料进行质证时,当事人应当出示证据的原件或者原物。但有下列情形之一的除外:

(一)出示原件或者原物确有困难并经人民法院准许出示复制件或者复制品的;

(二)原件或者原物已不存在,但有证据证明复制件、复制品与原件或者原物一致的。

第六十二条 质证一般按下列顺序进行:

(一)原告出示证据,被告、第三人与原告进行质证;

(二)被告出示证据,原告、第三人与被告进行质证;

(三)第三人出示证据,原告、被告与第三人进行质证。

人民法院根据当事人申请调查收集的证据,审判人员对调查收集证据的情况进行说明后,由提出申请的当事人与对方当事人、第三人进行质证。

人民法院依职权调查收集的证据,由审判人员对调查收集证据的情况进行说明后,听取当事人的意见。

第六十三条 当事人应当就案件事实作真实、完整的陈述。

当事人的陈述与此前陈述不一致的,人民法院应当责令其说明理由,并结合当事人的诉讼能力、证据和案件具体情况进行审查认定。

当事人故意作虚假陈述妨碍人民法院审理的,人民法院应当根据情节,依照民事诉讼法第一百一十一条的规定进行处罚。

第六十四条 人民法院认为有必要的,可以要求当事人本人到场,就案件的有关事实接受询问。

人民法院要求当事人到场接受询问的,应当通知当事人询问的时间、地点、拒不到场的后果等内容。

第六十五条 人民法院应当在询问前责令当事人签署保证书并宣读保证书的内容。

保证书应当载明保证据实陈述,绝无隐瞒、歪曲、增减,如有虚假陈述应当接受处罚等内容。当事人应当在保证书上签名、捺印。

当事人有正当理由不能宣读保证书的,由书记员宣读并进行说明。

第六十六条 当事人无正当理由拒不到场、拒不签署或宣读保证书或者拒不接受询问的,人民法院应当综合案件情况,判断待证事实的真伪。待证事实无其他证据证明的,人民法院应当作出不利于该当事人的认定。

第六十七条 不能正确表达意思的人,不能作为证人。

待证事实与其年龄、智力状况或者精神健康状况相适应的无民事行为能力人和限制民事行为能力人,可以作为证人。

第六十八条 人民法院应当要求证人出庭作证,接受审判人员和当事人的询问。证人在审理前的准备阶段或者人民法院调查、询问等双方当事人在场时陈述证言的,视为出庭作证。

双方当事人同意证人以其他方式作证并经人民法院准许的,证人可以不出庭作证。

无正当理由未出庭的证人以书面等方式提供的证言,不得作为认定案件事实的根据。

第六十九条 当事人申请证人出庭作证的,应当在举证期限届满前向人民法院提交申请书。

申请书应当载明证人的姓名、职业、住所、联系方式,作证的主要内容,作证内容与待证事实的关联性,以及证人出庭作证的必要性。

符合《最高人民法院关于适用〈中华人民共和国民事诉讼法〉的解释》第九

十六条第一款规定情形的,人民法院应当依职权通知证人出庭作证。

第七十条　人民法院准许证人出庭作证申请的,应当向证人送达通知书并告知双方当事人。通知书中应当载明证人作证的时间、地点,作证的事项、要求以及作伪证的法律后果等内容。

当事人申请证人出庭作证的事项与待证事实无关,或者没有通知证人出庭作证必要的,人民法院不予准许当事人的申请。

第七十一条　人民法院应当要求证人在作证之前签署保证书,并在法庭上宣读保证书的内容。但无民事行为能力人和限制民事行为能力人作为证人的除外。

证人确有正当理由不能宣读保证书的,由书记员代为宣读并进行说明。

证人拒绝签署或者宣读保证书的,不得作证,并自行承担相关费用。

证人保证书的内容适用当事人保证书的规定。

第七十二条　证人应当客观陈述其亲身感知的事实,作证时不得使用猜测、推断或者评论性语言。

证人作证前不得旁听法庭审理,作证时不得以宣读事先准备的书面材料的方式陈述证言。

证人言辞表达有障碍的,可以通过其他表达方式作证。

第七十三条　证人应当就其作证的事项进行连续陈述。

当事人及其法定代理人、诉讼代理人或者旁听人员干扰证人陈述的,人民法院应当及时制止,必要时可以依照民事诉讼法第一百一十条的规定进行处罚。

第七十四条　审判人员可以对证人进行询问。当事人及其诉讼代理人经审判人员许可后可以询问证人。

询问证人时其他证人不得在场。

人民法院认为有必要的,可以要求证人之间进行对质。

第七十五条　证人出庭作证后,可以向人民法院申请支付证人出庭作证费用。证人有困难需要预先支取出庭作证费用的,人民法院可以根据证人的申请在出庭作证前支付。

第七十六条　证人确有困难不能出庭作证,申请以书面证言、视听传输技术或者视听资料等方式作证的,应当向人民法院提交申请书。申请书中应当载明不能出庭的具体原因。

符合民事诉讼法第七十三条规定情形的,人民法院应当准许。

第七十七条　证人经人民法院准许,以书面证言方式作证的,应当签署保证书;以视听传输技术或者视听资料方式作证的,应当签署保证书并宣读保证书的内容。

第七十八条 当事人及其诉讼代理人对证人的询问与待证事实无关,或者存在威胁、侮辱证人或不适当引导等情形的,审判人员应当及时制止。必要时可以依照民事诉讼法第一百一十条、第一百一十一条的规定进行处罚。

证人故意作虚假陈述,诉讼参与人或者其他人以暴力、威胁、贿买等方法妨碍证人作证,或者在证人作证后以侮辱、诽谤、诬陷、恐吓、殴打等方式对证人打击报复的,人民法院应当根据情节,依照民事诉讼法第一百一十一条的规定,对行为人进行处罚。

第七十九条 鉴定人依照民事诉讼法第七十八条的规定出庭作证的,人民法院应当在开庭审理三日前将出庭的时间、地点及要求通知鉴定人。

委托机构鉴定的,应当由从事鉴定的人员代表机构出庭。

第八十条 鉴定人应当就鉴定事项如实答复当事人的异议和审判人员的询问。当庭答复确有困难的,经人民法院准许,可以在庭审结束后书面答复。

人民法院应当及时将书面答复送交当事人,并听取当事人的意见。必要时,可以再次组织质证。

第八十一条 鉴定人拒不出庭作证的,鉴定意见不得作为认定案件事实的根据。人民法院应当建议有关主管部门或者组织对拒不出庭作证的鉴定人予以处罚。

当事人要求退还鉴定费用的,人民法院应当在三日内作出裁定,责令鉴定人退还;拒不退还的,由人民法院依法执行。

当事人因鉴定人拒不出庭作证申请重新鉴定的,人民法院应当准许。

第八十二条 经法庭许可,当事人可以询问鉴定人、勘验人。

询问鉴定人、勘验人不得使用威胁、侮辱等不适当的言语和方式。

第八十三条 当事人依照民事诉讼法第七十九条和《最高人民法院关于适用〈中华人民共和国民事诉讼法〉的解释》第一百二十二条的规定,申请有专门知识的人出庭的,申请书中应当载明有专门知识的人的基本情况和申请的目的。

人民法院准许当事人申请的,应当通知双方当事人。

第八十四条 审判人员可以对有专门知识的人进行询问。经法庭准许,当事人可以对有专门知识的人进行询问,当事人各自申请的有专门知识的人可以就案件中的有关问题进行对质。

有专门知识的人不得参与对鉴定意见质证或者就专业问题发表意见之外的法庭审理活动。

五、证据的审核认定

第八十五条 人民法院应当以证据能够证明的案件事实为根据依法作出裁判。

审判人员应当依照法定程序,全面、客观地审核证据,依据法律的规定,遵循法官职业道德,运用逻辑推理和日常生活经验,对证据有无证明力和证明力大小独立进行判断,并公开判断的理由和结果。

第八十六条 当事人对于欺诈、胁迫、恶意串通事实的证明,以及对于口头遗嘱或赠与事实的证明,人民法院确信该待证事实存在的可能性能够排除合理怀疑的,应当认定该事实存在。

与诉讼保全、回避等程序事项有关的事实,人民法院结合当事人的说明及相关证据,认为有关事实存在的可能性较大的,可以认定该事实存在。

第八十七条 审判人员对单一证据可以从下列方面进行审核认定:

(一)证据是否为原件、原物,复制件、复制品与原件、原物是否相符;

(二)证据与本案事实是否相关;

(三)证据的形式、来源是否符合法律规定;

(四)证据的内容是否真实;

(五)证人或者提供证据的人与当事人有无利害关系。

第八十八条 审判人员对案件的全部证据,应当从各证据与案件事实的关联程度、各证据之间的联系等方面进行综合审查判断。

第八十九条 当事人在诉讼过程中认可的证据,人民法院应当予以确认。但法律、司法解释另有规定的除外。

当事人对认可的证据反悔的,参照《最高人民法院关于适用〈中华人民共和国民事诉讼法〉的解释》第二百二十九条的规定处理。

第九十条 下列证据不能单独作为认定案件事实的根据:

(一)当事人的陈述;

(二)无民事行为能力人或者限制民事行为能力人所作的与其年龄、智力状况或者精神健康状况不相当的证言;

(三)与一方当事人或者其代理人有利害关系的证人陈述的证言;

(四)存有疑点的视听资料、电子数据;

(五)无法与原件、原物核对的复制件、复制品。

第九十一条 公文书证的制作者根据文书原件制作的载有部分或者全部内

容的副本,与正本具有相同的证明力。

在国家机关存档的文件,其复制件、副本、节录本经档案部门或者制作原本的机关证明其内容与原本一致的,该复制件、副本、节录本具有与原本相同的证明力。

第九十二条 私文书证的真实性,由主张以私文书证证明案件事实的当事人承担举证责任。

私文书证由制作者或者其代理人签名、盖章或捺印的,推定为真实。

私文书证上有删除、涂改、增添或者其他形式瑕疵的,人民法院应当综合案件的具体情况判断其证明力。

第九十三条 人民法院对于电子数据的真实性,应当结合下列因素综合判断:

(一)电子数据的生成、存储、传输所依赖的计算机系统的硬件、软件环境是否完整、可靠;

(二)电子数据的生成、存储、传输所依赖的计算机系统的硬件、软件环境是否处于正常运行状态,或者不处于正常运行状态时对电子数据的生成、存储、传输是否有影响;

(三)电子数据的生成、存储、传输所依赖的计算机系统的硬件、软件环境是否具备有效的防止出错的监测、核查手段;

(四)电子数据是否被完整地保存、传输、提取,保存、传输、提取的方法是否可靠;

(五)电子数据是否在正常的往来活动中形成和存储;

(六)保存、传输、提取电子数据的主体是否适当;

(七)影响电子数据完整性和可靠性的其他因素。

人民法院认为有必要的,可以通过鉴定或者勘验等方法,审查判断电子数据的真实性。

第九十四条 电子数据存在下列情形的,人民法院可以确认其真实性,但有足以反驳的相反证据的除外:

(一)由当事人提交或者保管的于己不利的电子数据;

(二)由记录和保存电子数据的中立第三方平台提供或者确认的;

(三)在正常业务活动中形成的;

(四)以档案管理方式保管的;

(五)以当事人约定的方式保存、传输、提取的。

电子数据的内容经公证机关公证的,人民法院应当确认其真实性,但有相反证据足以推翻的除外。

第九十五条 一方当事人控制证据无正当理由拒不提交,对待证事实负有举证责任的当事人主张该证据的内容不利于控制人的,人民法院可以认定该主张成立。

第九十六条　人民法院认定证人证言,可以通过对证人的智力状况、品德、知识、经验、法律意识和专业技能等的综合分析作出判断。

第九十七条　人民法院应当在裁判文书中阐明证据是否采纳的理由。

对当事人无争议的证据,是否采纳的理由可以不在裁判文书中表述。

六、其　　他

第九十八条　对证人、鉴定人、勘验人的合法权益依法予以保护。

当事人或其他诉讼参与人伪造、毁灭证据,提供虚假证据,阻止证人作证,指使、贿买、胁迫他人作伪证,或者对证人、鉴定人、勘验人打击报复的,依照民事诉讼法第一百一十条、第一百一十一条的规定进行处罚。

第九十九条　本规定对证据保全没有规定的,参照适用法律、司法解释关于财产保全的规定。

除法律、司法解释另有规定外,对当事人、鉴定人、有专门知识的人的询问参照适用本规定中关于询问证人的规定;关于书证的规定适用于视听资料、电子数据;存储在电子计算机等电子介质中的视听资料,适用电子数据的规定。

第一百条　本规定自 2020 年 5 月 1 日起施行。

本规定公布施行后,最高人民法院以前发布的司法解释与本规定不一致的,不再适用。

三、部门规范性文件

12. 民政部关于贯彻落实《中华人民共和国民法典》中有关婚姻登记规定的通知

(民发〔2020〕116 号　2020 年 11 月 24 日公布　自 2021 年 1 月 1 日起施行)

各省、自治区、直辖市民政厅(局),各计划单列市民政局,新疆生产建设兵团民政局:

《中华人民共和国民法典》(以下简称《民法典》)将于 2021 年 1 月 1 日起施

行。根据《民法典》规定,对婚姻登记有关程序等作出如下调整:

一、婚姻登记机关不再受理因胁迫结婚请求撤销业务

《民法典》第一千零五十二条第一款规定:"因胁迫结婚的,受胁迫的一方可以向人民法院请求撤销婚姻。"因此,婚姻登记机关不再受理因胁迫结婚的撤销婚姻申请,《婚姻登记工作规范》第四条第三款、第五章废止,删除第十四条第(五)项中"及可撤销婚姻"、第二十五条第(二)项中"撤销受胁迫婚姻"及第七十二条第(二)项中"撤销婚姻"表述。

二、调整离婚登记程序

根据《民法典》第一千零七十六条、第一千零七十七条和第一千零七十八条规定,离婚登记按如下程序办理:

(一)申请。夫妻双方自愿离婚的,应当签订书面离婚协议,共同到有管辖权的婚姻登记机关提出申请,并提供以下证件和证明材料:

1. 内地婚姻登记机关或者中国驻外使(领)馆颁发的结婚证;

2. 符合《婚姻登记工作规范》第二十九条至第三十五条规定的有效身份证件;

3. 在婚姻登记机关现场填写的《离婚登记申请书》(附件1)。

(二)受理。婚姻登记员按照《婚姻登记工作规范》有关规定对当事人提交的上述材料进行初审。

申请办理离婚登记的当事人有一本结婚证丢失的,当事人应当书面声明遗失,婚姻登记员可以根据另一本结婚证受理离婚登记申请;申请办理离婚登记的当事人两本结婚证都丢失的,当事人应当书面声明结婚证遗失并提供加盖查档专用章的结婚登记档案复印件,婚姻登记员可根据当事人提供的上述材料受理离婚登记申请。

婚姻登记员对当事人提交的证件和证明材料初审无误后,发给《离婚登记申请受理回执单》(附件2)。不符合离婚登记申请条件的,不予受理。当事人要求出具《不予受理离婚登记申请告知书》(附件3)的,应当出具。

(三)冷静期。自婚姻登记机关收到离婚登记申请并向当事人发放《离婚登记申请受理回执单》之日起三十日内,任何一方不愿意离婚的,可以持本人有效身份证件和《离婚登记申请受理回执单》(遗失的可不提供,但需书面说明情况),向受理离婚登记申请的婚姻登记机关撤回离婚登记申请,并亲自填写《撤

回离婚登记申请书》(附件4)。经婚姻登记机关核实无误后，发给《撤回离婚登记申请确认单》(附件5)，并将《离婚登记申请书》、《撤回离婚登记申请书》与《撤回离婚登记申请确认单(存根联)》一并存档。

自离婚冷静期届满后三十日内，双方未共同到婚姻登记机关申请发给离婚证的，视为撤回离婚登记申请。

(四)审查。自离婚冷静期届满后三十日内(期间届满的最后一日是节假日的，以节假日后的第一日为期限届满的日期)，双方当事人应当持《婚姻登记工作规范》第五十五条第(四)至(七)项规定的证件和材料，共同到婚姻登记机关申请发给离婚证。

婚姻登记机关按照《婚姻登记工作规范》第五十六条和第五十七条规定的程序和条件执行和审查。婚姻登记机关对不符合离婚登记条件的，不予办理。当事人要求出具《不予办理离婚登记告知书》(附件7)的，应当出具。

(五)登记(发证)。婚姻登记机关按照《婚姻登记工作规范》第五十八条至六十条规定，予以登记，发给离婚证。

离婚协议书一式三份，男女双方各一份并自行保存，婚姻登记处存档一份。婚姻登记员在当事人持有的两份离婚协议书上加盖"此件与存件一致，涂改无效。XXXX婚姻登记处XXXX年XX月XX日"的长方形红色印章并填写日期。多页离婚协议书同时在骑缝处加盖此印章，骑缝处不填写日期。当事人亲自签订的离婚协议书原件存档。婚姻登记处在存档的离婚协议书加盖"XXX登记处存档件XXXX年XX月XX日"的长方形红色印章并填写日期。

三、离婚登记档案归档

婚姻登记机关应当按照《婚姻登记档案管理办法》规定建立离婚登记档案、形成电子档案。

归档材料应当增加离婚登记申请环节所有材料(含附件1、4、5)。

四、工作要求

(一)加强宣传培训。要将本《通知》纳入信息公开的范围，将更新后的婚姻登记相关规定和工作程序及时在相关网站、婚姻登记场所公开，让群众知悉婚姻登记的工作流程和工作要求，最大限度做到便民利民。要抓紧开展教育培训工作，使婚姻登记员及时掌握《通知》的各项规定和要求，确保婚姻登记工作依法依规开展。

（二）做好配套衔接。要加快推进本地区相关配套制度的"废改立"工作，确保与本《通知》的规定相一致。要做好婚姻登记信息系统的升级，及时将离婚登记的申请、撤回等环节纳入信息系统，确保婚姻登记程序的有效衔接。

（三）强化风险防控。要做好分析研判，对《通知》实施过程中可能出现的风险和问题要有应对措施，确保矛盾问题得到及时处置。要健全请示报告制度，在通知执行过程中遇到的重要问题和有关情况，要及时报告民政部。

本通知自2021年1月1日起施行。《民政部关于印发〈婚姻登记工作规范〉的通知》（民发〔2015〕230号）中与本通知不一致的，以本通知为准。

13. 民政部关于印发《婚姻登记工作规范》的通知（2025修订）

（2025年4月29日公布 民发〔2025〕23号 自2025年5月10日起施行）

各省、自治区、直辖市民政厅（局），各计划单列市民政局，新疆生产建设兵团民政局：

为切实保证《婚姻登记条例》的实施，进一步规范婚姻登记工作，我部修订了《婚姻登记工作规范》，现予印发，请认真贯彻执行。

婚姻登记工作规范

第一章 总 则

第一条 为加强婚姻登记规范化管理，维护婚姻当事人的合法权益，根据《中华人民共和国民法典》和《婚姻登记条例》，制定本规范。

第二条 各级婚姻登记机关应当依照法律法规及本规范，认真履行职责，做好婚姻登记工作。

第二章 婚姻登记机关

第三条 婚姻登记机关是依法履行婚姻登记行政职能的机关。

第四条 婚姻登记机关履行下列职责：

（一）办理婚姻登记；

（二）补发婚姻登记证件（包括结婚证、离婚证）；

（三）提供婚姻家庭辅导服务；

(四)建立和管理婚姻登记档案;
(五)宣传婚姻法律法规,破除高额彩礼等陈规陋习,倡导文明婚俗;
(六)提供颁证仪式等服务;
(七)按规定做好综合性婚姻家庭服务指导工作。
第五条 婚姻登记机关职能划分。
(一)县、不设区的市、市辖区人民政府民政部门办理内地居民之间的婚姻登记。
省级人民政府可以按照便民原则确定乡(镇)人民政府办理内地居民之间的婚姻登记。
(二)省级人民政府民政部门或者其确定的机关,办理涉外和涉香港、澳门、台湾居民以及华侨的婚姻登记。
经济技术开发区、高新技术开发区等特别区域办理内地居民婚姻登记的机关由省级人民政府民政部门提出意见报同级人民政府确定。
婚姻登记机关不得违反上述规定办理婚姻登记。
第六条 具有办理婚姻登记职能的县级以上人民政府民政部门和乡(镇)人民政府应当按照本规范要求设置婚姻登记处。
省级人民政府民政部门设置、变更或撤销婚姻登记处,应当形成文件并对外公布;市、县(市、区)人民政府民政部门、乡(镇)人民政府设置、变更或撤销婚姻登记处,应当形成文件,对外公布并逐级上报省级人民政府民政部门。省级人民政府民政部门应当相应调整婚姻登记信息系统使用相关权限。
第七条 省、市、县(市、区)人民政府民政部门和乡(镇)人民政府设置的婚姻登记处分别称为:
××省(自治区、直辖市)民政厅(局)婚姻登记处,××市民政局婚姻登记处,××县(市)民政局婚姻登记处;
××市××区民政局婚姻登记处;
××县(市、区)××乡(镇)人民政府婚姻登记处。
县、不设区的市、市辖区人民政府民政部门设置多个婚姻登记处的,应当在婚姻登记处前冠其所在地的地名。
第八条 婚姻登记处应当在门外醒目处悬挂婚姻登记处标牌。标牌尺寸不得小于1500mm×300mm 或 550mm×450mm。
第九条 婚姻登记处应当按照民政部要求,使用全国婚姻登记工作标识。
第十条 具有办理婚姻登记职能的县级以上人民政府民政部门和乡(镇)

人民政府应当刻制婚姻登记工作业务专用印章和钢印。专用印章和钢印为圆形，直径35mm。

婚姻登记工作业务专用印章和钢印，中央刊"★"，"★"外围刊婚姻登记处所属民政厅(局)或乡(镇)人民政府名称，如："××省民政厅"、"××市民政局"、"××市××区民政局"、"××县民政局"或者"××县××乡(镇)人民政府"。

"★"下方刊"婚姻登记专用章"。民政局设置多个婚姻登记处的，"婚姻登记专用章"下方刊婚姻登记处序号。

第十一条 婚姻登记处应当有独立的场所办理婚姻登记，并设有候登大厅、结婚登记区、离婚登记室、婚姻家庭辅导室、颁证厅和档案室，设置婚俗文化展示区域。结婚登记区、离婚登记室可合并为相应数量的婚姻登记室。

婚姻登记场所应当宽敞、庄严、整洁，具备基本的服务设施，设有婚姻登记公告栏，宣传文明婚俗，弘扬新型婚育文化。

结婚登记窗口保持独立或相对独立互不干扰；离婚登记应当有独立的空间。

档案室应当配备档案柜，档案柜数量能够满足婚姻登记档案保存需要，并配备防潮、防火、防虫、防盗等设备。

婚姻登记处不得设在婚纱摄影、婚庆服务、医疗等机构场所内，上述服务机构不得设置在婚姻登记场所内。

第十二条 婚姻登记处应当配备以下设备：

(一)电话机；

(二)复印机；

(三)传真机；

(四)高拍仪或扫描仪；

(五)证件及纸张打印机；

(六)计算机；

(七)身份证件阅读器；

(八)身份信息识别比对设备。

第十三条 婚姻登记处应当安装具有音频和视频功能的设备，并妥善保管音频和视频资料。

第十四条 婚姻登记处应当公开展示下列内容：

(一)本婚姻登记处的职能范围及依据；

(二)《中华人民共和国民法典》婚姻家庭编；

第六章 婚姻纠纷相关法律规定

(三)婚姻登记预约的流程;
(四)结婚登记(含补办)、离婚登记的条件与程序;
(五)补领婚姻登记证件的条件与程序;
(六)查询婚姻登记档案的条件与程序;
(七)婚姻家庭辅导、颁证服务事项;
(八)婚姻登记员职责及其照片、编号;
(九)婚姻登记处办公时间和服务电话,设置多个婚姻登记处的,应当同时公布,巡回登记的,应当公布巡回登记时间和地点;
(十)监督电话。

第十五条 婚姻登记处应当备有《中华人民共和国民法典》婚姻家庭编、《婚姻登记条例》及其他有关文件,供婚姻当事人免费查阅。

第十六条 婚姻登记处在工作日应当对外办公,办公时间在办公场所外公告。

第十七条 各级民政部门应当加强本行政区域内婚姻登记管理信息化建设,制定婚姻登记信息化管理制度,加强婚姻登记数据质量管理,保障婚姻登记数据联网审查端口应用。

婚姻登记处应当通过婚姻登记信息系统开展实时联网登记,并将婚姻登记电子数据实时传送给集中统一的全国婚姻基础信息库。

婚姻登记处应当及时将婚姻登记档案数据录入婚姻登记信息系统,保障婚姻登记信息准确、及时、完整、安全。

婚姻登记处应当将现存纸质婚姻登记档案进行数字化加工并形成数字化档案副本,自动生成电子档案。按照异地调档工作要求,及时配合调档发起方完成调档工作。

第十八条 婚姻登记处应当按照《婚姻登记档案管理办法》的规定管理婚姻登记档案。

第十九条 婚姻登记处应当制定婚姻登记印章、证书、纸质档案、电子档案等管理制度,完善业务学习、岗位责任、考评奖惩、应急预案、安全保密等制度。

第二十条 婚姻登记处应当提供婚姻登记预约服务和咨询电话,电话号码应当在当地114查询台登记。

具备条件的婚姻登记处应当通过互联网网页、微信公众号或服务小程序等进行公告,内容应当包括:办公时间、办公地点;办理权限;申请结婚登记的条件、办理结婚登记的程序;申请离婚登记的条件、办理离婚登记的程序;申请补领婚姻登记证件的程序和需要的证明材料等内容。

第二十一条 婚姻登记处应当设立婚姻家庭辅导室,在坚持群众自愿的前提下,开展婚姻家庭辅导服务。婚姻家庭辅导室可以按照辅导需求配备桌椅、茶几、沙发等家具和专业设备,营造私密、温馨、舒适的良好氛围。

婚姻登记处应当聘用专门人员从事婚姻家庭辅导工作,有条件的地方可以通过政府购买服务等方式聘用,也可以公开招募志愿者等社会力量参与婚姻家庭辅导工作。从事婚姻家庭辅导工作的人员可以从以下人员中聘用:

(一)婚姻家庭辅导师;

(二)社会工作师;

(三)律师;

(四)心理咨询师;

(五)其他相应专业资格的人员。

第二十二条 婚姻登记处设立颁证厅的,可以为有意愿的当事人免费提供颁证仪式服务或文明简约婚礼服务。有条件的婚姻登记机关可以设立室外颁证场所。

颁证厅应当设置颁证台,颁证台前展示婚姻登记处名称和颁证日期,设置亲友观礼席;可以配备音响、灯光设备,特色颁证厅可以根据颁证风格选择背景装饰。

第三章 婚姻登记员

第二十三条 专门从事婚姻登记的工作人员为婚姻登记员,婚姻登记机关应当配备专职婚姻登记员。

第二十四条 婚姻登记员由本级民政部门任命、管理。

婚姻登记员应当由设区的市级以上人民政府民政部门进行业务培训,经省级人民政府民政部门组织考核合格,取得婚姻登记员培训考核合格证明,方可从事婚姻登记工作。其他人员不得从事本规范第二十五条规定的工作。

婚姻登记员培训考核合格证明由省级人民政府民政部门统一印制。

婚姻登记员从事婚姻登记工作后,应当至少每2年参加一次设区的市级以上人民政府民政部门举办的业务培训考核。考核不合格的,不得办理婚姻登记业务。

婚姻登记处应当及时将婚姻登记员上岗或离岗信息逐级上报省级人民政府民政部门,省级人民政府民政部门应当根据上报的信息及时调整婚姻登记信

第六章 婚姻纠纷相关法律规定

系统使用相关权限。权限未调整到位的,婚姻登记员不得开展婚姻登记业务。

第二十五条 婚姻登记员的主要职责:

(一)负责对当事人有关婚姻状况声明的监誓;

(二)审查当事人是否具备结婚、离婚、补发婚姻登记证件的条件;

(三)办理婚姻登记手续,签发婚姻登记证件;

(四)建立婚姻登记档案;

(五)在婚姻登记工作中发现疑似被拐卖、绑架的妇女的,应当依法及时向有关部门报告;

(六)在婚姻登记工作中发现当事人遭受家庭暴力或者面临家庭暴力的现实危险的,应当及时劝阻并告知受害人寻求救助的途径。

第二十六条 婚姻登记员应当熟练掌握相关法律法规,熟练使用婚姻登记信息系统,文明执法,热情服务。婚姻登记员一般应具有大学专科以上学历。

婚姻登记员上岗应当佩戴标识并统一着装。

第四章 结婚登记

第二十七条 结婚登记应当按照初审—受理—审查—登记(发证)的程序办理。

第二十八条 受理结婚登记申请的条件是:

(一)申请事项属于该婚姻登记处职能范围;

(二)要求结婚的男女双方亲自共同到婚姻登记处提出申请;

(三)当事人男不得早于22周岁,女不得早于20周岁,生日当天可以受理;

(四)当事人双方均无配偶(未婚、离婚、丧偶);

(五)当事人双方没有直系血亲和三代以内旁系血亲关系;

(六)双方自愿结婚;

(七)当事人提交3张2寸双方近期半身免冠同版合影证件照;

(八)当事人持有本规范第二十九条至第三十五条规定的有效证件和书面材料。

第二十九条 内地居民办理结婚登记应当出具本人有效的居民身份证、本人无配偶以及与对方当事人没有直系血亲和三代以内旁系血亲关系的签字声明。因故不能出具身份证的可以出具有效的临时身份证。

当事人声明的婚姻状况与婚姻登记机关核查信息不一致的,当事人应当向登记机关提供能够证明其声明真实性的法院生效司法文书、配偶居民死亡医学证明(推断)书等材料。

第三十条　现役军人办理结婚登记应当提交本人有效的居民身份证、军人证件和部队出具的军人婚姻登记证明。

居民身份证、军人证件和军人婚姻登记证明上的姓名、性别、出生日期、公民身份号码应当一致;不一致的,当事人应当先到有关部门更正。

第三十一条　香港居民办理结婚登记应当提交:

(一)有效的港澳居民来往内地通行证或者港澳居民居住证;

(二)香港居民身份证;

(三)经香港委托公证人公证的本人无配偶以及与对方当事人没有直系血亲和三代以内旁系血亲关系的声明。

第三十二条　澳门居民办理结婚登记应当提交:

(一)有效的港澳居民来往内地通行证或者港澳居民居住证;

(二)澳门居民身份证;

(三)经澳门公证机构公证的本人无配偶以及与对方当事人没有直系血亲和三代以内旁系血亲关系的声明。

第三十三条　台湾居民办理结婚登记应当提交:

(一)有效的台湾居民来往大陆通行证或者其他有效旅行证件,或者台湾居民居住证;

(二)本人在台湾地区居住的有效身份证;

(三)经台湾公证机构公证的本人无配偶以及与对方当事人没有直系血亲和三代以内旁系血亲关系的声明。

第三十四条　华侨办理结婚登记应当提交:

(一)本人的有效护照;

(二)居住国公证机构或者有权机关出具的、经中华人民共和国驻该国使(领)馆认证的本人无配偶以及与对方当事人没有直系血亲和三代以内旁系血亲关系的证明或声明,或者中华人民共和国驻该国使(领)馆出具的本人无配偶以及与对方当事人没有直系血亲和三代以内旁系血亲关系的证明或经该使(领)馆公证的本人声明。

与中国无外交关系的国家出具的有关证明,应当经与该国及中国均有外交关系的第三国驻该国使(领)馆和中国驻第三国使(领)馆认证,或者经第三国驻华使(领)馆认证。

中华人民共和国缔结或者参加的国际条约另有规定的,按照条约规定的证明手续办理。

第三十五条　外国人办理结婚登记应当提交：

（一）本人的有效护照或者其他有效的国际旅行证件，或者外国人永久居留身份证等中国政府主管机关签发的身份证件；

（二）所在国公证机构或者有权机关出具的、经中华人民共和国驻该国使（领）馆认证或者该国驻华使（领）馆认证的本人无配偶的证明，或者所在国驻华使（领）馆出具的本人无配偶的证明。

与中国无外交关系的国家出具的有关证明，应当经与该国及中国均有外交关系的第三国驻该国使（领）馆和中国驻第三国使（领）馆认证，或者经第三国驻华使（领）馆认证。

中华人民共和国缔结或者参加的国际条约另有规定的，按照条约规定的证明手续办理。

第三十六条　婚姻登记员办理结婚登记申请，应当按照下列程序进行：

（一）向当事人双方询问身份信息、结婚意愿、婚姻状况；

（二）查看本规范第二十九条至第三十五条规定的相应证件和书面材料是否齐全；

（三）通过身份信息识别比对设备进行人证校验、指纹比对，并对当事人的婚姻状况进行联网核对；

（四）审查当事人提交的证件和书面材料；

（五）当事人现场填写《婚姻登记个人信用信息风险告知书》（见附件1）；

（六）自愿结婚的当事人双方现场各填写一份《申请结婚登记声明书》（见附件2）并阅知声明书内容；

"声明人"一栏的签名必须由声明人在监誓人面前完成并按指纹；

（七）婚姻登记员作监誓人并在监誓人一栏签名。

第三十七条　对符合结婚条件的，由婚姻登记员填写《结婚登记审查处理表》（见附件3）和结婚证。

第三十八条　《结婚登记审查处理表》的填写：

（一）《结婚登记审查处理表》项目的填写，按照下列规定通过计算机完成：

1."申请人姓名"：当事人是中国公民的，使用中文填写；当事人是外国人的，按照当事人护照上的姓名填写。

2."出生日期"：使用阿拉伯数字，按照身份证件上的出生日期填写为"××××年××月××日"。

3."身份证件号":当事人是内地居民的,填写公民身份证号码;当事人是香港、澳门、台湾居民的,填写香港、澳门、台湾居民身份证号,并在号码后加注"(香港)"、"(澳门)"或者"(台湾)";当事人是华侨的,填写护照号;当事人是外国人的,填写当事人的护照或者国际旅行证件号,或者外国人永久居留身份证等中国政府主管机关签发的身份证件号码。

证件号码前面有字符的,应当一并填写。

4."国籍":当事人是内地居民、香港居民、澳门居民、台湾居民、华侨的,填写"中国";当事人是外国人的,按照护照上的国籍填写;无国籍人,填写"无国籍"。

5."提供证件、证明材料情况":应当将当事人提供的证件、证明材料逐一填写,不得省略。

6."审查意见":填写"符合结婚条件,准予登记"。

7."结婚登记日期":使用阿拉伯数字,填写为:"××××年××月××日"。填写的日期应当与结婚证上的登记日期一致。

8."结婚证字号"填写式样按照民政部相关规定执行,填写规则见附则。

9."结婚证印制号"填写颁发给当事人的结婚证上印制的号码。

10."承办机关名称":填写承办该结婚登记的婚姻登记处的名称。

(二)"登记员签名":由办理该结婚登记的婚姻登记员亲笔签名,不得使用个人印章或者计算机打印。

(三)在"照片"处粘贴当事人提交的照片,并在骑缝处加盖钢印。

第三十九条 结婚证的填写:

(一)结婚证上"结婚证字号"、"姓名"、"性别"、"出生日期"、"身份证件号"、"国籍"、"登记日期"应当与《结婚登记审查处理表》中相应项目完全一致。

(二)"婚姻登记员":由办理该结婚登记的婚姻登记员使用黑色墨水钢笔或签字笔亲笔签名,签名应清晰可辨,不得使用个人印章或者计算机打印。

(三)在"照片"栏粘贴当事人双方合影照片。

(四)在照片与结婚证骑缝处加盖婚姻登记工作业务专用钢印。

(五)"登记机关":盖婚姻登记工作业务专用印章(红印)。

(六)"备注":持永居证外国人要求加注永居证号码的,"备注"栏填写"持证人同时持有××号外国人永久居留身份证"。

第四十条 婚姻登记员在完成结婚证填写后,应当进行认真核对、检查。对填写错误、证件被污染或者损坏的,应当将证件报废处理后,再重新填写。

第四十一条 发给结婚证,应当在当事人双方均在场时按照下列步骤进行:

(一)向当事人双方询问声明内容是否属实;

(二)告知当事人双方领取结婚证后的法律关系以及夫妻权利、义务;

(三)见证当事人本人亲自在《结婚登记审查处理表》上的"当事人领证签名并按指纹"一栏中签名并按指纹。

"当事人领证签名并按指纹"一栏不得空白,不得由他人代为填写、代按指纹。

(四)将结婚证分别发给结婚登记当事人双方,向双方当事人宣布:取得结婚证,完成结婚登记;

(五)祝贺新人。

婚姻登记员应当询问当事人是否需要接受婚前教育、婚姻家庭关系辅导。根据情况填写《婚姻家庭辅导服务记录表》(见附件4)。

婚姻登记员应当询问当事人是否需要提供颁证仪式服务。当事人需要提供颁证仪式服务的,鼓励邀请双方父母等参加颁证仪式。

第四十二条 申请补办结婚登记的,当事人填写《申请补办结婚登记声明书》(见附件5),婚姻登记机关按照结婚登记程序办理。

第四十三条 男女双方自愿恢复婚姻关系的,应当到婚姻登记机关重新进行结婚登记。

第四十四条 婚姻登记员每办完一对结婚登记,应当依照《婚姻登记档案管理办法》,对应当存档的材料进行整理、扫描、保存,不得出现原始材料丢失、损毁情况。

第四十五条 婚姻登记机关对不符合结婚登记条件的,不予办理结婚登记。当事人要求出具《不予办理结婚登记告知书》(见附件6)的,应当出具。

第五章 离婚登记

第四十六条 离婚登记按照申请—受理—三十日—审查—登记(发证)的程序办理。

第四十七条 受理离婚登记的条件是:

(一)申请事项属于该婚姻登记处职能范围;

(二)要求离婚的夫妻双方共同到婚姻登记处提出申请;

(三)双方均具有完全民事行为能力;

(四)当事人持有离婚协议书,协议书中载明双方自愿离婚的意思表示以及对子女抚养、财产及债务处理等事项协商一致的意见；

（五）当事人持有内地婚姻登记机关或者中国驻外使（领）馆颁发的结婚证；

（六）当事人各提交2张2寸单人近期半身免冠同版证件照；

（七）当事人持有本规范第二十九条至第三十五条规定的有效证件。

第四十八条 婚姻登记员受理离婚登记申请，应当按照下列程序进行：

（一）分开询问当事人双方的身份信息、离婚意愿、是否就子女抚养、财产、债务处理等事项达成一致意见并形成书面离婚协议；

（二）查看本规范第二十九条至第三十五条规定的有效身份证件；

（三）查看内地婚姻登记机关或者中国驻外使（领）馆颁发的结婚证。

一方当事人结婚证丢失的，应当书面声明遗失，婚姻登记机关可以根据另一本结婚证受理离婚登记申请；双方当事人结婚证都丢失的，应当书面声明结婚证遗失并提供加盖查档专用章的结婚登记档案或信息共享获取的婚姻登记电子档案，婚姻登记机关可根据当事人提供的上述材料受理离婚登记申请。

当事人提交的结婚证或结婚登记档案上的信息与当事人现身份信息不一致的，当事人应当提供能够证明身份信息一致的证明材料。

（四）通过身份信息识别比对设备进行人证校验、指纹比对；

（五）审查当事人提交的证件和书面材料；

（六）当事人双方在婚姻登记机关现场填写《离婚登记申请书》（见附件7）；

《离婚登记申请书》中"声明人"一栏的签名必须由声明人在监誓人面前完成并按指纹；

（七）婚姻登记员作监誓人并在监誓人一栏签名。

第四十九条 符合离婚登记申请条件的，发给《离婚登记申请受理回执单》（见附件8）。

不符合离婚登记申请条件的，不予受理。当事人要求出具《不予受理离婚登记申请告知书》（见附件9）的，应当出具。

第五十条 自婚姻登记机关收到离婚登记申请并向当事人发放《离婚登记申请受理回执单》之日起三十日内（自婚姻登记机关收到离婚登记申请之日的次日开始计算期间，期间的最后一日是法定休假日的，以法定休假日结束的次日为期间的最后一日），任何一方不愿意离婚的，可以持本人有效身份证件和《离婚登记申请受理回执单》（遗失的可不提供，但需书面说明情况，见附件10），向受理离婚登记申请的婚姻登记机关撤回离婚登记申请，并亲自填写《撤回离婚登记申请书》(见附件11)。经婚姻登记机关核实无误后,发给《撤回离婚登记申请确认单》(见附件12),并将《离婚登记申请书》、《撤回离婚登记申请书》与《撤回离婚登记申请确认单(存根联)》一并存档。

自前款规定的期限届满后三十日内(自届满日的次日开始计算期间,期间的最后一日是法定休假日的,以法定休假日结束的次日为期间的最后一日),双方未共同到婚姻登记机关申请发给离婚证的,视为撤回离婚登记申请。

一方当事人不愿意离婚,另一方当事人坚持离婚的,婚姻登记机关应当告知当事人依法可以由有关组织进行调解或者直接向人民法院提起离婚诉讼。

第五十一条　婚姻登记机关在办理离婚登记过程中,可以根据当事人意愿及时对离婚登记当事人开展心理辅导、调解等工作,并填写《婚姻家庭辅导服务记录表》。

第五十二条　自本规范第五十条第一款规定的期限届满后三十日内(自届满日的次日开始计算期间,期间的最后一日是法定休假日的,以法定休假日结束的次日为期间的最后一日),双方当事人应当持本规范第四十七条第(四)至(七)项规定的证件和材料,共同到受理离婚登记申请的婚姻登记机关办理离婚登记。离婚登记应当按照下列程序进行:

(一)分开询问当事人的离婚意愿,以及对离婚协议内容的意愿,并进行笔录,笔录当事人阅后签名;

(二)查验本规范第四十七条规定的证件和材料;

(三)通过身份信息识别比对设备进行人证校验、指纹比对;

(四)当事人现场填写《婚姻登记个人信用信息风险告知书》;

(五)双方自愿离婚且对子女抚养、财产及债务处理等事项协商一致的,填写《申请离婚登记声明书》(见附件13);

《申请离婚登记声明书》中"声明人"一栏的签名必须由声明人在监誓人面前完成并按指纹;

婚姻登记员作监誓人并在监誓人一栏签名。

(六)当事人提交离婚协议书原件1份,登记员复印2份后,现场见证当事人双方在3份离婚协议书上签名并按指纹、填写日期。

离婚协议书一式三份,男女双方各一份并自行保存,婚姻登记机关存档一份。婚姻登记机关在当事人持有的两份离婚协议书上加盖"此件与存档件一致,涂改无效。××××婚姻登记处×××年××月××日"的长方形红色印章并填写日期。多页离婚协议书同时在骑缝处加盖此印章,骑缝处不填写日期。当事人亲自签订的离婚协议书原件存档。婚姻登记机关在存档的离婚协议书加盖"××××婚姻登记处存档件×××年××月××日"的长方形红色印章并填写日期,多页离婚协议书同时在骑缝处加盖此印章,骑缝处不填写日期。

当事人因离婚协议书遗失等原因,要求婚姻登记机关复印其离婚协议书的,按照《婚姻登记档案管理办法》的规定调取婚姻登记档案。婚姻登记机关在离婚协议书复印件空白处加盖"此件与存档件一致,涂改无效。××××婚姻登记处×××年××月××日"的长方形红色印章并填写查档日期。

第五十三条 婚姻登记员对当事人提交的证件、《申请离婚登记声明书》、离婚协议书进行核对,符合离婚条件的,填写《离婚登记审查处理表》(见附件14)和离婚证。

《离婚登记审查处理表》和离婚证分别参照本规范第三十八条、第三十九条规定填写。

第五十四条 婚姻登记员在完成离婚证填写后,应当进行认真核对、检查。对打印或者书写错误、证件被污染或者损坏的,应当将证件报废处理后,再重新填写。

第五十五条 发给离婚证,应当在当事人双方均在场时按照下列步骤进行:

(一)见证当事人本人亲自在《离婚登记审查处理表》"当事人领证签名并按指纹"一栏中签名并按指纹。

"当事人领证签名并按指纹"一栏不得空白,不得由他人代为填写、代按指纹;

(二)在当事人的结婚证上加盖条形印章,其中注明"双方离婚,证件失效。××婚姻登记处"。注销后的结婚证复印存档,原件退还当事人;

(三)将离婚证及协议书发给离婚当事人,完成离婚登记。

离婚登记完成后,当事人要求更换离婚协议书或变更离婚协议内容的,婚姻登记机关不予受理。

第五十六条 婚姻登记员每办完一对离婚登记,应当依照《婚姻登记档案管理办法》,对应当存档的材料进行整理、扫描、保存,不得出现原始材料丢失、损毁情况。

第五十七条 婚姻登记机关对不符合离婚登记条件的,不予受理。当事人要求出具《不予办理离婚登记告知书》(见附件15)的,应当出具。

当事人属于无民事行为能力人或者限制民事行为能力人的,婚姻登记机关还应当指引其可以通过诉讼程序进行离婚。

第五十八条 自本规范第五十条规定的期限届满后的 30 日后,男女双方申请离婚登记的,应当按照本规范第四十七条规定的程序重新提出离婚申请。

第六章 补领婚姻登记证件

第五十九条 当事人需要补领婚姻登记证件的,可以向婚姻登记机关申请办理。

婚姻登记机关对当事人的婚姻登记档案进行查证,确认属实的,应当为当事人补发结婚证、离婚证。

第六十条 婚姻登记机关为当事人补发结婚证、离婚证,应当按照初审—受理—审查—发证程序进行。

第六十一条 受理补领结婚证、离婚证申请的条件是:

(一)申请事项属于该婚姻登记处职能范围;

(二)当事人依法登记结婚或者登记离婚,现今仍然维持该状况;

(三)当事人持有本规范第二十九条至第三十五条规定的有效证件;

(四)当事人持有加盖查档专用章的婚姻登记档案或信息共享获取的婚姻登记电子档案;

(五)补领结婚证的当事人双方亲自到婚姻登记处提出申请,填写《申请补领婚姻登记证件声明书》(见附件16);补领离婚证的当事人亲自到婚姻登记处提出申请,填写《申请补领婚姻登记证件声明书》。

当事人因故不能到婚姻登记处申请补领婚姻登记证件的,有档案可查且档案信息与身份信息一致的,可以委托他人办理。委托办理应当提交当事人的身份证件和经公证机关公证的授权委托书。委托书应当写明当事人姓名、身份证件号码、办理婚姻登记的时间及承办机关、目前的婚姻状况、委托事由、受委托人的姓名和身份证件号码。受委托人应当同时提交本人的有效身份证件。

第六十二条 婚姻登记员受理补领婚姻登记证件申请,应当按照下列程序进行:

(一)询问当事人的身份信息、婚姻状况;

(二)查看本规范第六十一条规定的证件和书面材料;

(三)通过身份信息识别比对设备进行人证校验、指纹比对;

(四)审查当事人提交的证件和书面材料;

(五)当事人现场填写《婚姻登记个人信用信息风险告知书》;

（六）当事人填写《申请补领婚姻登记证件声明书》，《申请补领婚姻登记证件声明书》中"声明人"一栏的签名必须由声明人在监誓人面前完成并按指纹；

（七）婚姻登记员作监誓人并在监誓人一栏签名；

（八）申请补领结婚证的，双方当事人提交3张2寸双方近期半身免冠同版合影证件照；申请补领离婚证的当事人提交2张2寸单人近期半身免冠同版证件照。

第六十三条　婚姻登记员对符合补发条件的，填写《补发婚姻登记证件审查处理表》（见附件17）和婚姻登记证件。《补发婚姻登记证件审查处理表》参照本规范第三十八条规定填写。

第六十四条　补发婚姻登记证件时，见证当事人本人亲自在《补发婚姻登记证件审查处理表》"当事人领证签名并按指纹"一栏中签名并按指纹，将婚姻登记证件发给当事人。

第六十五条　婚姻登记员每办完一例补发婚姻登记证件，应当依照《婚姻登记档案管理办法》，对应当存档的材料进行整理、扫描、保存，不得出现原始材料丢失、损毁情况。

第六十六条　当事人所持身份证件上姓名、出生日期、身份证件号码与婚姻登记档案记载不一致的，按照下列情形处理：公安机关出具的证明或当事人的户口簿上以曾用名的方式反映姓名变更的，婚姻登记机关可以采信。

当事人提供证明身份信息一致的证明材料，并能够证明一致的，婚姻登记机关可以采信。

当事人办理结婚登记时未达到法定婚龄，通过非法手段取得婚姻登记，其在申请补领时仍未达法定婚龄的，婚姻登记机关不得补发结婚证；其在申请补领时已达法定婚龄的，当事人应对结婚登记情况作出书面说明，填写《补领婚姻登记证件相关事项声明表》（见附件18），婚姻登记机关补发的结婚证登记日期为当事人达到法定婚龄当日。

第六十七条　具有以下情形的，当事人应当向本规范第五条第二款规定的婚姻登记机关申请：

（一）一方为外国人或香港、澳门、台湾居民及华侨的；

（二）双方为香港、澳门、台湾居民及华侨的。

申请补领婚姻登记证件时双方均为外国人的，不予补发，可以为其调取婚姻登记档案。

第六十八条　当事人补领婚姻登记证件时，结婚登记档案查找不到的，应当向婚姻登记机关提交下列至少两项婚姻关系证据的材料：

（一）户口簿上夫妻关系的记载或者户口簿上曾经记载为夫妻关系的材料；

（二）原婚姻登记机关出具的当事人何年何月何日办理过结婚登记的说明材料；

（三）加盖单位印章的记载夫妻关系的人事档案复印件及单位证明材料；

（四）村（居）民委员会主动出具的婚姻关系凭证材料；

（五）两名近亲属作出的当事人为夫妻关系的声明。相关证明人须持本人有效居民身份证与当事人共同到婚姻登记处补领结婚证，进行书面声明并对证明事项依法承担相应责任；

（六）其他能够充分证明当事人依法登记过的证明材料。

当事人声明依法登记且婚姻关系存续至今，能够提供充分证据的，婚姻登记机关经过严格审查后为其补发结婚证。

第六十九条 当事人办理过结婚登记，申请补领时的婚姻状况因离婚或丧偶发生改变的，不予补发结婚证；当事人办理过离婚登记的，申请补领时的婚姻状况因恢复婚姻关系发生改变的，不予补发离婚证。

第七十条 婚姻登记机关对不具备补领结婚证、离婚证受理条件的，不予受理。当事人要求出具《不予补发结婚证告知书》（见附件19）或者《不予补发离婚证告知书》（见附件20）的，应当出具。

第七章 撤销婚姻登记

第七十一条 撤销婚姻登记按照审查—告知—决定—送达—归档的程序办理。

第七十二条 审查撤销婚姻登记的条件：

（一）婚姻登记机关为原办理该婚姻登记的机关，属于该婚姻登记机关职能范围；

（二）公安、司法等部门出具的事实认定相关证明、情况说明、司法建议书、检察建议书等证据材料；

（三）符合法律法规规定的其他情形。

第七十三条 在收到公安、司法等部门出具的事实认定相关证明、情况说明、司法建议书、检察建议书等证据材料后，原办理婚姻登记的机关应当依法启动撤销婚姻登记程序，结合婚姻登记信息管理系统数据、婚姻历史档案以及当事人举证材料对相关情况进行审核，符合条件的撤销相关婚姻登记行政行为。

第七十四条 经审查符合第七十二条规定条件的,撤销婚姻登记的由婚姻登记处起草《关于撤销×××与×××婚姻登记的告知书》(见附件21)报批材料,报所属民政部门。符合撤销条件的,民政部门应当批准,并依法送达当事人及利害关系人。

对下落不明或无法查找到当事人的,可依法发布《关于撤销×××与×××婚姻登记的告知书送达公告》(见附件22),一般公告期限为10日,公告期满后即为送达。

第七十五条 《关于撤销×××与×××婚姻登记的告知书》依法送达15日内,无当事人或利害关系人提出异议的,由民政部门制作《关于撤销×××与×××婚姻登记的决定》(以下简称"决定书",见附件23),并于作出决定之日起15个工作日内依法送达当事人及利害关系人,同时抄送人民法院、人民检察院或者公安机关。

对下落不明或无法查找到当事人的,可依法发布《关于撤销×××与×××婚姻登记的决定送达公告》(见附件24),一般公告期限为10日,公告期满后即为送达。

采取直接送达、邮寄送达、委托送达、电子送达、公告送达等方式,严格规范送达,确保程序公正,并填写《送达回证》(见附件25)。

第七十六条 婚姻登记机关在撤销婚姻登记决定生效后,应当及时在婚姻登记管理信息系统中备注说明情况,并在附件中上传决定书,不得删除婚姻登记系统中的原始登记信息。同时参照婚姻登记档案管理相关规定存档保管相关文书和证据材料。

第八章 监督与管理

第七十七条 各级民政部门应当建立监督检查制度,定期对本级民政部门设立的婚姻登记处和下级婚姻登记机关进行监督检查。

第七十八条 婚姻登记机关及其工作人员未履行个人信息保护义务的,由其上级机关或者履行个人信息保护职责的部门责令改正;对负有责任的领导人员和直接责任人员依法给予处分。

第七十九条 婚姻登记机关的工作人员买卖或者使用伪造、变造婚姻登记证件的,造成财产损失的,依法承担民事责任;构成违反治安管理行为的,依法给予治安管理处罚;构成犯罪的,依法追究刑事责任。

第八十条 婚姻登记机关及其工作人员违反规定应用婚姻登记信息系统

的,由其上级机关责令限期改正并通报批评;情节严重的,对负有责任的领导人员和直接责任人员依法给予处分。

第八十一条 婚姻登记员违反规定办理婚姻登记,给当事人造成严重后果的,应当由婚姻登记机关承担对当事人的赔偿责任,并对承办人员进行追偿。

第八十二条 婚姻登记证件使用单位不得使用非上级民政部门提供的婚姻登记证件。各级民政部门发现本行政区域内有使用非上级民政部门提供的婚姻登记证件的,应当依法予以处理。

第八十三条 婚姻登记机关发现婚姻登记证件有质量问题时,应当及时书面报告省级人民政府民政部门或者国务院民政部门。

第八十四条 当事人应当对出具的证件和书面材料的真实性、合法性负责,出具虚假证件或者书面材料的,应当承担相应法律责任。

第九章 附 则

第八十五条 县级以上人民政府民政部门办理婚姻登记的,"结婚证字号"填写式样为"Jaaaaaa－bbbb－cccccc"(其中"aaaaaa"为6位行政区划代码,"bbbb"为当年年号,"cccccc"为当年办理婚姻登记的序号)。"离婚证字号"开头字符为"L"。"补发结婚证字号"开头字符为"BJ"。"补发离婚证字号"开头字符为"BL"。

县级人民政府民政部门设立多个婚姻登记巡回点的,由县级人民政府民政部门明确字号使用规则,规定各登记点使用号段。

乡(镇)人民政府办理婚姻登记的,行政区划代码由6位改为9位(在县级区划代码后增加三位乡镇代码),其他填写方法与上述规定一致。

第八十六条 本规范规定的当事人无配偶声明或证明,自出具之日起6个月内有效(注明有效期的除外)。

第八十七条 本规范规定当事人提交的证件和书面材料,婚姻登记机关对其提交的证件复印留存,对提交的书面材料留存原件。

当事人提交的证件和书面材料有私自涂改痕迹、内容缺失或者不能辨认的,婚姻登记机关应当要求当事人重新出具。

第八十八条 当事人向婚姻登记机关提交的"本人无配偶证明"等材料是外国语言文字的,应当翻译成中文。当事人未提交中文译文的,视为未提交该文件。婚姻登记机关可以接受有资格的翻译机构出具的翻译文本。

第八十九条 本规范规定的当事人提交的婚姻登记证件照,应当为同一底版、单一底色的近期半身正面免冠证件照,不使用婚纱照、剧照、艺术照等。

第九十条 婚姻登记机关收到人民法院确认婚姻无效或者撤销婚姻的判决书副本后,应当将该判决书副本存入当事人的婚姻登记档案。

第九十一条 各级民政部门依据有关法律法规和国家规定,统一协调推进电子证照在婚姻登记业务中的应用。

第九十二条 本规范自2025年5月10日起实施。

附件:(略)

14.民政部关于贯彻执行《婚姻登记条例》若干问题的意见

(民函〔2004〕76号 2004年3月29日公布实施)

各省、自治区、直辖市民政厅(局),计划单列市民政局,新疆生产建设兵团民政局:

为切实保障《婚姻登记条例》的贯彻实施,规范婚姻登记工作,方便当事人办理婚姻登记,经商国务院法制办公室、外交部、公安部、解放军总政治部等相关部门,现就《婚姻登记条例》贯彻执行过程中的若干问题提出以下处理意见:

一、关于身份证问题

当事人无法提交居民身份证的,婚姻登记机关可根据当事人出具的有效临时身份证办理婚姻登记。

二、关于户口簿问题

当事人无法出具居民户口簿的,婚姻登记机关可凭公安部门或有关户籍管理机构出具的加盖印章的户籍证明办理婚姻登记;当事人属于集体户口的,婚姻登记机关可凭集体户口簿内本人的户口卡片或加盖单位印章的记载其户籍情况的户口簿复印件办理婚姻登记。

当事人未办理落户手续的,户口迁出地或另一方当事人户口所在地的婚姻登记机关可凭公安部门或有关户籍管理机构出具的证明材料办理婚姻登记。

三、关于身份证、户口簿查验问题

当事人所持户口簿与身份证上的"姓名"、"性别"、"出生日期"内容不一致的,婚姻登记机关应告知当事人先到户籍所在地的公安部门履行相关项目变更和必要的证簿换领手续后再办理婚姻登记。

当事人声明的婚姻状况与户口簿"婚姻状况"内容不一致的,婚姻登记机关对当事人婚姻状况的审查主要依据其本人书面声明。

四、关于少数民族当事人提供的照片问题

为尊重少数民族的风俗习惯,少数民族当事人办理婚姻登记时提供的照片是否免冠从习俗。

五、关于离婚登记中的结婚证问题

申请办理离婚登记的当事人有一本结婚证丢失的,婚姻登记机关可根据另一本结婚证办理离婚登记;当事人两本结婚证都丢失的,婚姻登记机关可根据结婚登记档案或当事人提供的结婚登记记录证明等证明材料办理离婚登记。当事人应对结婚证丢失情况作出书面说明,该说明由婚姻登记机关存档。

申请办理离婚登记的当事人提供的结婚证上的姓名、出生日期、身份证号与身份证、户口簿不一致的,当事人应书面说明不一致的原因。

六、关于补领结婚证、离婚证问题

申请补领结婚证、离婚证的当事人出具的身份证、户口簿上的姓名、年龄、身份证号与原婚姻登记档案记载不一致的,当事人应书面说明不一致的原因,婚姻登记机关可根据当事人出具的身份证件补发结婚证、离婚证。

当事人办理结婚登记时未达法定婚龄,申请补领时仍未达法定婚龄的,婚姻登记机关不得补发结婚证。当事人办理结婚登记时未达法定婚龄,申请补领时已达法定婚龄的,当事人应对结婚登记情况作出书面说明;婚姻登记机关补发的结婚证登记日期应为当事人达到法定婚龄之日。

七、关于出国人员、华侨及港澳台居民结婚提交材料的问题

出国人员办理结婚登记应根据其出具的证件分情况处理:当事人出具身份证、户口簿作为身份证件的,按内地居民婚姻登记规定办理;当事人出具中国护照作为身份证件的,按华侨婚姻登记规定办理。

当事人以中国护照作为身份证件,在内地居住满一年、无法取得有关国家或我驻外使领馆出具的婚姻状况证明的,婚姻登记机关可根据当事人本人的相关情况声明及两个近亲属出具的有关当事人婚姻状况的证明办理结婚登记。

八、关于双方均非内地居民的结婚登记问题

双方均为外国人,要求在内地办理结婚登记的,如果当事人能够出具《婚姻登记条例》规定的相应证件和证明材料以及当事人本国承认其居民在国外办理结婚登记效力的证明,当事人工作或生活所在地具有办理涉外婚姻登记权限的登记机关应予受理。

一方为外国人、另一方为港澳台居民或华侨,或者双方均为港澳台居民或华侨,要求在内地办理结婚登记的,如果当事人能够出具《婚姻登记条例》规定的相应证件和证明材料,当事人工作或生活所在地具有相应办理婚姻登记权限的登记机关应予受理。

一方为出国人员、另一方为外国人、港澳台居民或华侨,或双方均为出国人员,要求在内地办理结婚登记的,如果当事人能够出具《婚姻登记条例》规定的相应证件和证明材料,出国人员出国前户口所在地具有相应办理婚姻登记权限的登记机关应予受理。

九、关于现役军人的婚姻登记问题

办理现役军人的婚姻登记仍按《民政部办公厅关于印发〈军队贯彻实施《中华人民共和国婚姻法》若干问题的规定〉有关内容的通知》(民办函〔2001〕226号)执行。

办理现役军人婚姻登记的机关可以是现役军人部队驻地所在地或户口注销前常住户口所在地的婚姻登记机关,也可以是非现役军人一方常住户口所在地的婚姻登记机关。

十、关于服刑人员的婚姻登记问题

服刑人员申请办理婚姻登记,应当亲自到婚姻登记机关提出申请并出具有效的身份证件;服刑人员无法出具身份证件的,可由监狱管理部门出具有关证明材料。

办理服刑人员婚姻登记的机关可以是一方当事人常住户口所在地或服刑监狱所在地的婚姻登记机关。

四、地方司法文件

15. 北京市高级人民法院民一庭关于审理婚姻纠纷案件若干疑难问题的参考意见

(2016年8月4日公布施行)

第一部分：婚姻效力与婚姻登记

一、人民法院受理离婚诉讼案件后，经审查确属无效婚姻的，应释明当事人变更诉讼请求。经释明当事人不申请宣告婚姻无效的，人民法院可驳回离婚的诉讼请求，依据《最高人民法院关于适用〈中华人民共和国婚姻法〉若干问题的解释（一）》（以下简称《婚姻法司法解释一》）第九条作出宣告婚姻无效的判决。

离婚案件中被告方主张婚姻无效的，人民法院应在离婚案件中对婚姻无效主张一并审理。

二、因结婚登记瑕疵导致结婚登记被撤销后，可参照《中华人民共和国婚姻法》（以下简称《婚姻法》）第十二条及《婚姻法司法解释一》第十五条有关规定处理同居期间的财产与子女问题。

三、当事人以协议登记离婚有重大瑕疵为由提起离婚登记无效或撤销离婚登记的诉讼，不属于民事诉讼受案范围。

第二部分：父母子女

四、婚姻关系存续期间受孕或出生的子女，应当推定与夫妻关系存续期间丈夫一方存在亲子关系，但符合《最高人民法院关于适用〈中华人民共和国婚姻法〉若干问题的解释（三）》（以下简称《婚姻法司法解释三》）第二条第一款规定情形的除外。

无合法婚姻关系为基础的亲子关系认定请求，应由主张存在亲子关系的一方承担举证责任，提供必要证据。

《婚姻法司法解释三》第二条中的"必要证据"指足以使法官产生内心确信，使举证责任产生转移的证据，如血型、DNA鉴定相符或不相符、载有父母子女关系的出生医学证明、对方与他人在特定时段同居、男女双方在特定时段有或没有同居生活等证据。对于是否构成必要证据人民法院应结合个案案情慎重把握。

亲子关系确认之诉中,应注意未成年子女权益的保护,不得以侵害未成年人人身权益的方式取得证据。

五、夫妻一方因另一方隐瞒真相而受欺诈抚养了另一方与他人所生育子女,受欺诈抚养方请求另一方返还实际支出的抚养费用的,人民法院应予以支持;受欺诈抚养方请求的精神损害赔偿等费用,可酌情予以支持。

六、当事人未就未成年子女抚养问题达成一致且在离婚案件中未提出请求的,人民法院应予以释明;经释明当事人不提出相应请求的,人民法院可依职权对未成年子女抚养问题进行处理。

对于年满六周岁未满十周岁的未成年子女,人民法院处理抚养问题时,也可根据案情征求未成年子女的意见。人民法院征求未成年子女意见一般应单独进行,避免父母在场情况下的不当影响。

七、离婚案件中人民法院可以对被收养的未成年子女抚养问题在判决中予以处理。

离婚案件涉及收养行为效力的,收养行为有效性可以确认的,对收养的未成年子女抚养问题应一并处理;确有证据表明收养行为效力难以直接确认的,应另行向人民法院请求确认收养的效力。

八、离婚案件中判决一方享有子女抚养权的,可结合案件情况对另一方的探望权予以明确。

离婚时对行使探望权方式与内容未予以明确,离婚后发生争议的,可提起探望权纠纷诉讼,对行使探望权内容、方式、周期等予以确定。

离婚判决对探望权确定的,离婚后有探望权一方滥用探望权或以其他行为导致严重影响子女及有抚养权一方正常生活的,受害方有权向人民法院请求中止或变更探望权的行使或向人民法院申请人身保护令。

九、探望权原则上属于未直接抚养子女一方享有;享有探望权的一方因死亡或丧失行为能力等情况无法行使探望权的,对孙子女、外孙子女有抚养事实的祖父母、外祖父母请求单独行使探望权的,人民法院可予以支持。

十、抚养费包括必要生活费、教育费、医疗费等费用,应主要根据当地实际生活水平和子女实际需要确定,也应当考虑父母实际负担能力。一方未经协商擅自支付必要费用之外的生活费、教育费、医疗费等费用,要求另一方分担的,人民法院一般不予支持。

补课费、课外兴趣培养费等超出国家规定的全日制教育费用之外的教育性支出,应根据客观教育环境、收入情况、支出数额等因素确定是否属于必要教育费。

抚养费计算时依据的月总收入,系指税后年总实际收入按月均计算的实际收入,包括住房公积金、年终奖、季度奖等实际收入在内。

十一、赡养案件原则上可以只对赡养权利义务存在争议方为赡养案件当事人。但确有必要追加其他赡养义务人以便全面分配赡养义务的,人民法院可根据案情予以追加。

第三部分:夫妻财产制度

十二、双方对婚前个人财产归属没有约定的,该财产不因婚姻关系的持续或财产存在形态的变化而转化为夫妻共同财产。

十三、《婚姻法司法解释三》第五条中的"孳息"、"自然增值"一般应理解为未经经营或投资行为所得之"孳息"、"自然增值"。

个人所有的古董、黄金、股票、债券、房屋等财产婚后自然增值部分应为个人财产,但上述财产婚后因经营或投资行为而产生的升值增值利益部分,应认为属于《婚姻法》第十七条和《最高人民法院关于适用〈中华人民共和国婚姻法〉若干问题的解释(二)》(以下简称《婚姻法司法解释二》)第十一条规定,一方经营或以个人财产投资取得的收益,应为共同财产。

十四、夫妻关系存续期间一方因身体受到伤害而获得的保险金(本人为受益人)应为一方个人财产;夫妻关系存续期间获得的残疾赔偿金应为一方个人财产。

十五、离婚案件涉及分割买断工龄款可参照《婚姻法司法解释二》第十四条关于军人所得复员费、自主择业费的规定予以处理。

十六、夫妻间无书面财产约定,但双方均认可或有证据足以表明存在财产约定合意的,应认定财产约定成立。

十七、婚姻关系存续期间,当事人不起诉离婚而单独提起夫妻财产约定的履行、变更、撤销、确认无效等诉讼,人民法院应予受理。

十八、《婚姻法》第十九条第三款中"第三人知道该约定"应理解为第三人在债权债务关系成立时对已存在的夫妻财产约定知晓。

债权债务关系成立之后夫妻间财产制度及债务承担安排的约定、变更,损害债权人利益的,对债权人不生效力。

第四部分:股 权 分 割

十九、离婚案件涉分割公司股权的,一般应当在离婚案件中予以处理;确因股权与案外人存在争议难以确定的,可另案予以处理。

离婚诉讼中一方主张另一方为隐名股东并要求分割相应财产权益的,参照上款处理。

二十、离婚诉讼中待分割股权之价值存在争议时,应采取协商一致、评估、竞价、参考市场价等方式予以确定。

因企业财务管理混乱、会计账册不全以及企业经营者拒不提供财务信息等原因导致无法通过评估方式确定股权价值的,人民法院可以依据该企业在行政主管机关备案的财务资料对财产价值进行认定;或可以参照当地同行业中经营规模和收入水平相近的企业的营业收入或者利润及其他方式来核定其价值。

二十一、职工内部流通股等具有内部流通性的股权,离婚诉讼分割时应具体审查,并征询职工所在企业等相关组织意见,以确定具体分割方法。

具有特殊个人人身性的村民股权应属个人财产,但村民股权在夫妻关系存续期间的收益可作为夫妻共同财产分割。

二十二、离婚诉讼中有限责任公司股东为夫妻二人,双方就股权分割无法协商一致时。双方均主张股权的,可按比例分割股权;双方均要求补偿款的,释明当事人可另行对公司进行拍卖、变卖或解散清算并分割价款;夫妻一方主张股权,另一方主张补偿款的,可在确定股权价值基础上由获得股权一方给付另一方补偿款。

上述有限责任公司工商登记中注明的夫妻双方股权份额不构成夫妻间财产约定;但如设立公司时根据相关规定提交财产分割书面证明或协议的,构成财产约定。

离婚诉讼中有限责任公司股东为夫妻二人及其他股东时,参照上两款规定进行处理。

二十三、离婚诉讼中夫妻中一人为独资公司股东,双方就股权分割无法协商一致时。双方均主张股权且愿意和对方共同经营的,可按比例分割股权;双方均主张股权但不愿意和对方共同经营的,可在考虑有利公司经营基础上由一方取得公司股权、给予另一方相应经济补偿,或通过竞价方式处理;一方主张公司股权,另一方不主张公司股权的,在确定公司价值基础上,由取得公司股权一方给予另一方相应经济补偿;双方均不愿意取得公司股权的,释明当事人可另行对公司进行拍卖、变卖或解散清算并分割价款。

上述股权分割中,需要办理变更登记手续的应根据相关规定进行办理。

二十四、离婚诉讼中有限责任公司为夫妻中一人及其他股东,夫妻双方就股权分割无法协商一致时,双方均主张股权的,原则上可判决归股东一方所有,并给予非股东一方相应的经济补偿;非股东配偶放弃股权主张补偿款的,应在对公司股权价值确定基础上由股东配偶给予另一方相应的经济补偿;股东配偶放弃股权,应在对公司股权价值确定基础上由取得股权方给予另一方相应的经济补偿,但应经其他股东过半数同意且明确表示放弃优先购买权;双方均不愿意取得公司股权的,可以释明当事人另行按照《中华人民共和国公司法》(以下简称《公司法》)将股权变现,并对价款依法分割。

二十五、《婚姻法司法解释二》第十六条中"过半数股东同意"与2013年新修改发布《公司法》第七十一条第二款中"其他股东过半数同意"冲突问题,应适用2013年新修改发布《公司法》第七十一条第二款中"其他股东过半数同意"内容。

二十六、离婚诉讼中分割上市公司股票,需要确定股票价值的,当事人对确定股票价值的时间点无法达成一致的,可以法庭辩论终结日的股票价值为准。

第五部分:房 产 分 割

二十七、婚后由一方父母支付首付款为子女购买的不动产,产权登记在出资人子女名下,由夫妻共同偿还余款的,不属于《婚姻法司法解释三》第七条第一款的规定的情形,该不动产应作为夫妻共有财产,在离婚时综合考虑出资来源、装修情况等因素予以公平分割。

一方父母承租的公房,婚姻关系存续期间以夫妻共同财产依成本价购买,登记在夫妻一方或双方名下,应认定为夫妻共有财产,公房承租权所对应的利益系作为对夫妻双方的赠与,在离婚处理房产时综合考虑公房承租权利益来源等因素予以公平分割。

二十八、夫妻一方婚前对外借款支付全款购买房屋,房屋登记于付款方名下,婚后夫妻双方共同偿还借款,离婚分割财产时,可参考《婚姻法司法解释三》第十条的规定予以处理。

二十九、婚前由双方或一方出资,登记在另一方名下的房产,有证据表明双方是以结婚、长期共同生活使用为目的购房,在离婚时应考虑实际出资情况、婚姻关系存续时间、有无子女等情况由产权登记一方对另一方予以合理补偿。

三十、离婚诉讼的当事人只有一套共有住房,双方均主张房屋所有权但均无能力补偿对方时,如双方就房屋分割问题无法达成一致,判决双方对房屋按份共有,并在此基础上结合当事人生活需要、房屋结构等因素就房屋使用问题作出处理。

三十一、婚姻关系存续期间用夫妻共同财产以成本价购买的登记在一方名下的公有住房应认定为夫妻共有财产,在离婚时应综合考虑房产来源、夫妻双方工龄折扣、是否影响另一方福利分房资格等因素予以公平分割。

三十二、限售期内的经济适用房、两限房在离婚诉讼中可以酌情进行分割。

经济适用房、两限房由一方在婚前申请,以个人财产支付房屋价款,婚后取得房产证的,应认定为一方个人财产;婚后以夫妻双方名义申请,以夫妻共同财产支付房屋价款,离婚后取得房产证的,应认定为夫妻共同财产。

三十三、婚姻关系存续期间以夫妻共同财产出资以标准价购买公有住房而获得的"部分产权",该"部分产权"应认定为夫妻共同财产,可以在综合考虑房产来源、工龄折算等因素,并征求原产权单位意见确定产权单位权利比例后,予以公平分割。

三十四、夫妻一方在婚后通过与用人单位约定服务条件取得的房产为夫妻共同财产,但离婚时服务条件尚未实现的一般应判归约定服务条件一方。

三十五、对于已被有权机关认定为违法建筑的小产权房,不予处理;但违法建筑已经行政程序合法化的,可以对其所有权归属做出处理。

对于虽未经行政准建,但长期存在且未受到行政处罚的房屋,可以对其使用做出处理。在处理使用时,人民法院应向当事人释明变更相关诉讼请求。在处理相关房屋的使用归属时,能分割的进行分割,不能分割的可采用协商、竞价、询价等方式进行给予适当补偿。

在涉小产权房分割案件中,应在判决论理部分中明确使用处理的判决内容不代表对小产权房合法性的认定,不能以此对抗行政处罚、不能作为产权归属证明或拆迁依据等。

三十六、离婚案件中涉及公房承租权处理,属于直管公房的,可在判决中明确承租权以及承租关系的变更。

属于自管公房的,夫妻只有一方在产权单位工作,一般应把承租权确定在产权单位工作的人名下,另一方获得补偿;但经产权单位同意的,可以确定由另一方承租或共同承租。

三十七、农村拆迁补偿中按所涉人口数取得的优惠购房权系基于特定身份获得的优惠安置利益,但并非优惠取得的物权本身。

离婚时优惠购房权价值折算可考虑优惠取得的房产性质、能否上市交易、能否取得产权证等因素,在不高于市场价格与优惠价格的差价范围之内予以确定。

第六部分:债权债务分割

三十八、符合《婚姻法司法解释二》第二十四条规定情形的,应推定为按夫妻共同债务处理。但同时存在以下情形的,可根据具体案情认定构成个人债务。

(1)夫妻双方主观上不具有举债的合意且客观上不分享该债务所带来的利益;

(2)债务形成时,债权人无理由相信该债务是债务人夫妻共同意思表示或为债务人的家庭共同利益而成立。

三十九、夫妻一方因侵权行为致人损害产生的债务,一般认定为一方个人债务。但该侵权行为系因家庭劳动、经营等家事活动产生或其收益归家庭使用的,应认定为夫妻共同债务。

四十、离婚诉讼中对于夫妻一方出具无证据表明另一方事先知晓的大额债务凭据,并据以要求认定夫妻共同债务的,人民法院应根据案情结合债权人债务人双方关系、转款记录、借款时家庭财务情况等对债务真实性及性质进行判断。

四十一、离婚诉讼中,夫妻一方出具的确定婚姻关系存续期间一方所欠债务的生效法律文书,并据以主张该债务为夫妻共同债务的。如法律文书主文中对债务属于夫妻共同债务还是个人债务性质有明确认定,依该认定确定;如法律文书主文未对债务性质进行认定,则可根据本文件第三十八条对债务性质进行认定。

四十二、婚前一方享有的确定可以实现的债权,婚后实际取得的,应认定为婚前财产;婚姻关系存续期间发生并确定可以实现的债权,离婚后实际取得的,应认定为婚内财产。

第七部分:其他涉财产问题

四十三、彩礼一般是指依据当地习俗,一方及其家庭给付另一方及其家庭的与缔结婚姻密切相关的大额财物。不具备上述特点的婚前财产赠与不构成彩礼。

涉彩礼纠纷一般应列夫妻双方或未办理结婚登记手续的男女双方为诉讼当事人。

四十四、男女双方未办理结婚登记手续以夫妻名义同居生活的,同居关系解除后要求分割同居期间共同劳动、经营或管理所得财产的,有约定从约定;无约定且上述同居期间财产混同的,推定为共同共有,但根据同居时间、各自贡献、生活习惯等因素能认定为按份共有财产的除外。

男女双方未办理结婚登记手续亦不以夫妻名义同居生活的,同居关系解除后要求分割同居期间共同劳动、经营或管理所得财产的,有约定从约定;无约定且财产混同的,推定为按份共有,具体份额比例可依据同居时间、各自贡献、生活习惯确定。

四十五、夫妻双方离婚时协议约定将夫妻个人财产或共有财产赠与对方或第三人,离婚后交付或变更登记之前,一方依据《中华人民共和国合同法》第一百八十六条第一款的规定请求撤销赠与的,人民法院不予支持。

第八部分:救助措施与法律责任

四十六、婚姻存续期间,夫妻一方因家暴等行为造成另一方人身损害的,受害方可以依《中华人民共和国侵权责任法》向侵权方主张人身损害赔偿;受害方取得人身损害赔偿后,有权在离婚诉讼中依据《婚姻法》四十六条主张离婚损害赔偿。

四十七、离婚时,一方隐藏、转移、变卖、毁损夫妻共同财产的,可依《婚姻法》第四十七条少分或不分夫妻共同财产;造成损失的,另一方在离婚诉讼中可主张赔偿损失。

四十八、婚姻关系存续期间,夫妻一方未经另一方许可将大额共同财物赠与第三人的,另一方可主张请求确认该赠与行为无效、返还财物;或在离婚诉讼中就该赠与行为主张损害赔偿。

第九部分:程序及其他问题

四十九、一方或双方在我国有经常居住地的外国人在中国法院起诉离婚的,应予管辖。

五十、人民法院在审理涉外、涉港澳台婚姻案件中,应在判决论理中对准据法查明予以明确论述。

《中华人民共和国涉外民事关系法律适用法》第二十四条规定适用范围主要是指夫妻财产制、夫妻债务责任等财产法律关系的法律适用;第二十七条规定适用范围主要是指离婚时夫妻身份关系、子女抚养、财产分割、离婚损害赔偿等问题的法律适用。

五十一、人民法院在审理离婚案件过程中,案外人以夫妻间的财产争议涉及其利益为由申请参加诉讼或一方当事人申请追加案外人作为第三人参加诉讼的,人民法院一般不予准许。夫妻间财产争议确涉及案外人利益的,可另行解决。

离婚后财产纠纷案件当事人申请追加第三人或第三人申请参加诉讼的,根据《中华人民共和国民事诉讼法》第五十六条第二款的规定处理。

五十二、离婚诉讼案件中被告一方为限制行为能力人、无诉讼行为能力人,原告一方为其监护人的。人民法院可参照《最高人民法院关于适用〈中华人民共和国民事诉讼法〉的解释》第八十三条规定,由其他有监护资格的人协商确定诉讼中的法定代理人;协商不成的,由人民法院在有监护资格的人中指定。被告方除配偶外没有民法通则第十七条第一款规定的监护人的,人民法院可以指定民法通则第十七条第三款规定的有关组织担任诉讼中的法定代理人。

五十三、离婚诉讼中,被告下落不明但未宣告失踪的,人民法院应要求原告方提供有关机关出具的另一方下落不明的书面证明或其他能确定证明被告方下落不明的证据,必要时人民法院应依职权对被告下落不明的情形进行走访调查。

五十四、离婚诉讼中一方提交照片、音像资料等证据证明诉讼主张的,一般应予采纳;但有证据表明上述证据系以严重侵害他人合法权利、违反法律禁止性规定或严重违背公序良俗方法取得的除外。

五十五、离婚诉讼涉及夫妻共同财产分割时,如可能存在判决后需要执行部门通过过户或交付等方式实现判决确定的权利的,为便于减少重复诉累、提高权利保护效率,人民法院应释明当事人在诉讼请求中一并提出过户或交付等实际履行内容。

在前款所述判决主文中,存在互负给付义务情况下,可根据案件情况判令同时履行或确定履行顺序,避免出现一方履行义务但对待权利无法实际实现情形的发生。

16. 江苏省高级人民法院民一庭家事纠纷案件审理指南(婚姻家庭部分)

(2019年7月18日公布施行 苏高法电〔2019〕474号)

为妥善审理好家事纠纷案件,统一全省执法尺度,依照《中华人民共和国婚姻法》(以下简称《婚姻法》)、《中华人民共和国民事诉讼法》(以下简称《民事诉讼法》)、《最高人民法院关于适用〈中华人民共和国婚姻法〉若干问题的解释

(一)》(以下简称《婚姻法解释一》)、《最高人民法院关于适用〈中华人民共和国婚姻法〉若干问题的解释(二)》(以下简称《婚姻法解释二》)、《最高人民法院关于适用〈中华人民共和国婚姻法〉若干问题的解释(三)》(以下简称《婚姻法解释三》)、《最高人民法院关于适用〈中华人民共和国民事诉讼法〉的解释》(以下简称《民诉法解释》)等法律、司法解释的规定及精神,并结合司法实践,制定本指南,供全省法院参考。

一、程序问题

1. 家事纠纷案件如何确定级别管辖?

第一审婚姻、继承等家事纠纷案件(包括涉外、涉港澳台),一般由基层人民法院管辖。对重大疑难、新类型和在适用法律上有普遍意义的案件,可以依照《民事诉讼法》第三十八条的规定,由上级人民法院自行决定由其审理或者根据下级人民法院报请决定由其审理。

2. 涉及不动产的婚姻家庭纠纷案件是否适用不动产专属管辖?

婚约财产纠纷、离婚后财产纠纷、夫妻财产约定纠纷、同居关系析产纠纷、分家析产纠纷等属于婚姻家庭纠纷,按照一般地域管辖原则确定管辖法院,不适用不动产专属管辖,但法律、行政法规、司法解释另有规定的除外。

3. 离婚案件原告或者上诉人本人未出庭参加诉讼,能否按撤诉或者按撤回上诉处理?

依照《民事诉讼法》第六十二条的规定,离婚案件当事人除不能表达意思的以外,应当亲自出庭参加诉讼。离婚案件原告或者上诉人本人如果因生理疾病、年迈体弱、交通不便、自然灾害等特殊情况无法出庭的,必须向人民法院提交书面意见,并委托诉讼代理人参加诉讼。在已向人民法院提交书面意见,并委托诉讼代理人参加诉讼的情形下,人民法院不能仅因为原告或者上诉人本人未出庭参加诉讼即按撤诉或者按撤回上诉处理。但原告或者上诉人本人未出庭参加诉讼导致案件事实无法查清的,应当承担由此产生的不利法律后果。

4. 对于起诉时被告下落不明的离婚案件应当如何处理?

对于起诉时被告下落不明的离婚案件,人民法院应当慎重处理,最大限度地保障被告的合法权益。在按照原告提供的被告地址无法送达时,应当要求其补充提供被告的其他地址或者被告近亲属的地址以及联系方式,向被告近亲属了解被告下落并制作笔录,加强调查走访,必要时可以要求原告提供公安机关或者其他有关单位出具的证明被告下落不明的书面证明材料。对于穷尽送达手段被

第六章 婚姻纠纷相关法律规定　　　　　　　　　　　　　　343

告确实下落不明的,可以依照《民诉法解释》第二百一十七条的规定,公告送达诉讼文书并缺席判决。

对于起诉时被告下落不明的离婚案件,人民法院可以依照《民诉法解释》第一百一十条的规定,要求原告本人到庭签署保证书。保证书应当载明据实提供被告地址,如有虚假愿意接受处罚等内容。事后经查证确属提供虚假地址的,按妨害民事诉讼处理。

5. 对于已经发生法律效力的不准予离婚的判决能否申请再审?

对于已经发生法律效力的不准予离婚的判决,当事人申请再审的,应予受理。

6. 事实婚姻经调解不能和好的,能否判决不准予离婚?

事实婚姻经调解不能和好的,应当依照最高人民法院《关于人民法院审理未办结婚登记而以夫妻名义同居生活案件的若干意见》第6条的规定,调解或者判决准予离婚。

7. 无效婚姻能否按撤诉处理? 婚姻被宣告无效或者被撤销之前又与他人结婚的,是否构成重婚? 以重婚为由申请宣告婚姻无效,如果申请时重婚情形已经消失的,应当如何处理?

为体现国家强制力对无效婚姻的干预和制裁,无效婚姻经查证属实的,即使原告经传票传唤无正当理由拒不到庭或者中途退庭,也不能按撤诉处理,应当依法作出宣告婚姻无效的判决。

依照《婚姻法解释一》第十三条的规定,无效或者可撤销婚姻只有在依法被宣告无效或者被撤销时才自始不受法律保护。因此,婚姻被宣告无效或者被撤销之前又与他人结婚的,构成重婚。

以重婚为由申请宣告婚姻无效,申请时即使当事人已经办理了合法婚姻的离婚登记手续或者合法婚姻配偶一方已经死亡等导致重婚情形已经消失的,亦应予以支持。

二、同 居 问 题

8. 双方未办理结婚登记手续,但已共同生活,彩礼应否返还? 双方已办理结婚登记手续,但共同生活时间较短,离婚时彩礼应否返还?

《婚姻法解释二》第十条第一款第一项规定的"双方未办理结婚登记手续的"并非针对双方已共同生活的情形。如果双方未办理结婚登记手续,但已共同生活,当事人主张返还彩礼的,可以根据未办理结婚登记手续的原因、双方共同生活的时间、彩礼的数额、有无生育子女、财产使用情况、双方经济状况等酌定是否返还以及返还的数额。

双方已办理结婚登记手续,但共同生活时间较短,离婚时当事人主张返还彩礼的,可以根据离婚的过错、双方共同生活的时间、彩礼的数额、有无生育子女、财产使用情况、双方经济状况等酌定是否返还以及返还的数额。

9.同居期间形成的财产应当如何分割？

同居关系不同于合法婚姻关系,对于同居期间一方的工资、奖金、生产经营收益以及因继承、赠与等途径所得的合法收入,原则上归本人所有。双方在同居期间有共同购置的财产或者共同经营所得的收入,如果查明属于按份共有,按照各自的出资额比例分享权利；如果查明属于共同共有,则对共有财产共同享有权利；如果无法查明是按份共有还是共同共有,视为按份共有,不能确定出资额比例的,视为等额享有。

对于被宣告无效或者被撤销的婚姻,当事人同居期间所得的财产,按共同共有处理,但有证据证明为当事人一方所有或者按份共有的除外。

10.因恋爱、同居产生的情感债务应当如何处理？婚外情所涉赠与应当如何处理？赠与行为的效力应当如何认定？赠与财物应当如何返还？

一方以恋爱、同居为由主张另一方支付"青春损失费""分手费"的,不予支持。但女方在恋爱、同居期间因怀孕中止妊娠主张男方分担医疗费、营养费等合理费用的,可以支持。

有配偶者赠与或者约定赠与第三者财物,赠与后反悔主张返还或者第三者主张履行赠与的,不予支持。但配偶一方以赠与夫妻共同财产的行为侵犯其夫妻共同财产权为由主张返还的,可以支持。

配偶一方主张赠与行为无效并主张返还赠与财物的,应当认定赠与行为全部无效而非部分无效,赠与财物应当全部返还。

赠与行为被认定无效后返还的赠与财物应为赠与当时的标的物,如果赠与的是房屋、车辆等实物,应当返还实物。如果实物因灭失、转让等原因导致无法返还,可以参照实物灭失、转让时的市场价格或者转让对价折价补偿。

三、抚养、赡养问题

11.亲子鉴定应当如何启动？兄弟姐妹之间能否适用《婚姻法解释三》第二条规定的亲子关系推定原则？提起亲子关系否认之诉的权利人范围应当如何界定？

亲子鉴定的启动应当慎重,无论是请求确认亲子关系或者否认亲子关系都要承担相应的举证责任。对当事人提供的证据,人民法院经审查并结合相关事实,认为进行亲子鉴定确有必要的,可以根据当事人申请启动亲子鉴定。当事人仅凭怀疑或者猜测申请亲子鉴定的,不予准许。但另一方当事人同意鉴定的,可以准许。

《婚姻法解释三》第二条规定的亲子关系推定原则仅适用于父母子女之间。当事人要求与同父(母)异母(父)的兄弟姐妹进行血缘关系鉴定确认亲子关系,并主张适用《婚姻法解释三》第二条的亲子关系推定原则的,不予支持。

认定亲子关系应当以真实血缘关系为基础并兼顾亲子关系的安定性。因此,应当限缩提起亲子关系否认之诉的权利人范围。依照《婚姻法解释三》第二条第一款的规定,提起亲子关系否认之诉的权利人是夫妻一方。其他亲属和成年子女提起亲子关系否认之诉的,一般不予支持。

12.《中华人民共和国收养法》施行后,离婚时对于未办理收养登记的未成年人应当如何处理抚养问题?

《中华人民共和国收养法》施行后,收养应当向县级以上人民政府民政部门登记,否则收养关系不成立。对于未办理登记导致收养关系不成立的,离婚时夫妻双方与未成年人之间不适用《婚姻法》关于父母子女关系的规定。

离婚时对于符合收养条件的,夫妻双方应当补办收养登记,人民法院再依照《婚姻法》关于父母子女关系的规定处理未成年人抚养问题。无法补办收养登记的,如果夫妻一方或者双方均愿意抚养未成年人,对于个人符合收养条件的,由该方补办收养登记,人民法院可以判决收养方抚养未成年人,对于未成年人的抚养费由收养方自行承担,但可以根据收养方的主张结合未成年人的实际需要、夫妻双方的负担能力、离婚时共同财产分割情况、当地的实际生活水平等酌情判令夫妻另一方给予经济帮助。如果夫妻双方均不符合收养条件或者愿意抚养的夫妻一方不符合收养条件或者夫妻双方均不愿继续抚养未成年人的,人民法院可以依照《中华人民共和国民法总则》的相关规定待未成年人确定监护人后,再处理离婚案件。

13.如何认定继父母子女之间形成抚养教育关系?继父母子女关系能否解除?

认定继父母子女之间是否形成抚养教育关系,可以通过审查再婚时继子女是否已经成年、双方共同生活的时间长短、是否实际接受生活上的照顾抚育、家庭身份融合程度等予以综合判断。

对于已经形成抚养教育关系的继父母子女,因生父(母)与继母(父)离婚导致再婚关系终止的,如果继父母不同意继续抚养未成年继子女的,继父母子女关系可以解除,该子女应当由生父母抚养。

对于已经形成抚养教育关系的继父母子女,因生父(母)死亡导致再婚关系终止的,在继子女未成年的情形下一般不允许解除继父母子女关系。如果生父母中的另一方愿意将未成年子女领回,继父母同意的,继父母子女关系可以解除。继子女八周岁以上的,应当征得本人同意。

对于已经形成抚养教育关系的继子女成年后,继父母子女关系一般不允许解除。如果双方经协商一致或者双方关系恶化导致继父母或者继子女主张解除继父母子女关系的,可以解除。但继父母子女关系解除后,对于缺乏劳动能力或者生活困难的继父母,成年的继子女应当给付一定的生活费用。

对于未形成抚养教育关系的继父母子女,一方起诉主张解除继父母子女关系的,裁定不予受理,已经受理的,裁定驳回起诉。

14. 在构成欺诈性抚养的情形下,男方能否主张返还给付的抚养费并赔偿精神损害抚慰金?抚养费和精神损害抚慰金的数额应当如何确定?赔偿义务主体应当如何确定?

女方隐瞒子女与男方无亲子关系的事实,使男方实际履行了抚养义务,构成欺诈性抚养侵权行为,离婚时或者离婚后男方主张返还给付的抚养费并赔偿精神损害抚慰金的,可以支持。

在确定抚养费返还数额时,男方应当对抚养费给付情况承担举证责任。确实无法举证证明的,可以参照《最高人民法院关于人民法院审理离婚案件处理子女抚养问题的若干具体意见》第7条的规定,根据子女的实际需要、男女双方的负担能力、婚姻关系存续期间双方的经济收入、离婚时共同财产分割情况、当地的实际生活水平等酌情判定。

精神损害抚慰金的赔偿数额可以依照《最高人民法院关于确定民事侵权精神损害赔偿责任若干问题的解释》第十条的规定确定。

欺诈性抚养的赔偿义务主体应当是欺诈行为的实施主体。男方起诉子女承担欺诈性抚养赔偿责任的,不予支持。子女的生父与女方通谋欺骗男方的,应当承担连带赔偿责任。男方仅起诉女方承担赔偿责任的,可以不追加子女的生父为共同被告。

15. 主张给付抚养费的权利主体应当如何确定?婚姻关系存续期间主张给付抚养费的范围应当如何确定?主张给付抚养费是否适用诉讼时效?

主张给付抚养费的权利属于未成年子女或者不能独立生活的成年子女。能够独立生活的成年子女主张父母给付其未成年期间应当负担的抚养费的,不予支持。

夫妻双方均负有抚养未成年子女或者不能独立生活的成年子女的法定义务,不存在谁代谁抚养的问题,夫妻一方起诉另一方返还代为给付的抚养费的,一般不予支持。

未成年子女或者不能独立生活的成年子女的祖父母、外祖父母、兄、姐或者其他人如果代替有抚养能力而未尽抚养义务的夫妻一方或者双方尽了抚养义务,主张夫妻一方或者双方返还代为给付的抚养费的,应予支持。

婚姻关系存续期间主张给付抚养费的范围一般为当期费用和已经发生的费用,对于尚未发生的费用,可以待实际发生后另行主张权利。

依照《中华人民共和国民法总则》第一百九十六条的规定,主张给付抚养费的请求权不适用诉讼时效。

16. 离婚时夫妻双方约定或者直接抚养子女一方承诺不要求另一方负担子女抚养费,事后直接抚养子女一方能否以子女名义起诉主张另一方给付抚养费?

离婚时夫妻双方约定或者直接抚养子女一方承诺不要求另一方负担子女抚养费,事后直接抚养子女一方又以子女名义起诉主张另一方给付抚养费的,一般不予支持。但具有直接抚养子女一方经济状况不足以维持子女当地实际生活水平或者子女生活、教育、医疗等必要合理费用确有显著增加等正当情形的,依照《婚姻法》第三十七条第二款、《最高人民法院关于人民法院审理离婚案件处理子女抚养问题的若干具体意见》第十八条的规定,可以判决另一方给付抚养费。

17. 祖父母、外祖父母主张隔代探望权应当如何处理?

探望权的行使主体是不直接抚养子女的父母一方,义务主体是直接抚养子女的父母一方。祖父母、外祖父母主张探望孙子女、外孙子女的,一般不予支持。但祖父母、外祖父母对未成年孙子女、外孙子女尽了抚养义务,其主张探望孙子女、外孙子女的,可以支持。

18. 离婚后子女能否主张不直接抚养的父母一方进行探望?

离婚后父母对于子女仍有抚养和教育的权利和义务。离婚后子女主张不直接抚养的父母一方进行探望的,应予支持。

19. 离婚案件中应否对探望权问题一并处理?对探望权的裁判应当如何表述?

离婚案件中当事人未主张探望权的,为减少当事人讼累,可以向当事人释明,告知当事人就探望权问题提出诉讼请求。当事人不提出诉讼请求的,基于不告不理的原则,探望权问题在离婚案件中不予处理。对探望权的裁判应当明确探望权的行使时间、期限、方式、地点。

20. 人民法院已经就探望权行使时间、期限等依法作出生效裁判后,当事人就探望权问题能否再次起诉?

人民法院已经就探望权行使时间、期限等依法作出生效裁判后,如果当事人对探望权行使时间、期限等产生新的需求,属于新的事实和理由,不受既判力的约束,当事人就探望权问题再次起诉的,应予受理。但对当事人诉讼请求的合理性应当依法审查,据以决定是否支持当事人的诉讼请求。

21. 父母能否主张子女履行精神赡养义务?

赡养包括经济上供养、生活上照料和精神上慰藉。父母主张子女履行探望等精神赡养义务的,应予支持。

22. 父母与子女约定免除或者以子女放弃家庭共有财产、继承等为条件免除子女赡养义务的,事后能否主张子女履行赡养义务?

子女对父母有赡养扶助的法定义务。父母与子女约定免除子女赡养义务的,该约定无效,事后父母主张子女履行赡养义务的,应予支持。约定以子女放弃家庭共有财产、继承等为条件免除子女赡养义务的,如果协议已履行,可以酌情减轻子女给付赡养费的义务。

23. 父母未履行抚养义务,子女能否主张免除赡养义务?

父母因经济能力限制或者其他客观原因未履行抚养义务,子女主张免除赡养义务的,不予支持。但父母存在有抚养能力而拒不履行抚养义务或者对子女实施虐待、遗弃、故意杀害等行为,情节严重的,可以酌情减轻子女的赡养义务,构成犯罪的,可以免除子女的赡养义务。

四、离婚财产问题

24. 夫妻双方订立忠诚协议约定如果夫妻一方违反忠诚义务将赔偿夫妻另一方违约金或者精神损害抚慰金,夫妻一方起诉主张确认忠诚协议的效力或者以夫妻另一方违反忠诚协议为由主张其承担责任的,应当如何处理?

夫妻忠诚协议是夫妻双方在结婚前后,为保证双方在婚姻关系存续期间不违反夫妻忠诚义务而以书面形式约定违约金或者赔偿金责任的协议。

夫妻是否忠诚属于情感道德领域的范畴,夫妻双方订立的忠诚协议应当自觉履行。夫妻一方起诉主张确认忠诚协议的效力或者以夫妻另一方违反忠诚协议为由主张其承担责任的,裁定不予受理,已经受理的,裁定驳回起诉。

25. 夫妻双方订立如果夫妻一方发生婚外情、实施家庭暴力、赌博等行为，离婚时放弃财产的协议，离婚时能否作为裁判的依据？

夫妻双方订立如果夫妻一方发生婚外情、实施家庭暴力、赌博等行为，离婚时放弃财产的协议，不属于夫妻财产约定。离婚时无过错的夫妻一方以夫妻财产约定为由主张据此分割财产的，不予支持。但在分割财产时，应当综合考虑当事人过错情况等对无过错的夫妻一方酌情予以照顾，以平衡双方利益。

26. 夫妻双方在离婚协议中约定违约金，离婚后夫妻一方以夫妻另一方未履行离婚协议为由主张按照离婚协议约定支付违约金的，应当如何处理？

离婚协议属于有关身份关系的协议，不属于普通民商事合同。离婚后夫妻一方以夫妻另一方未履行离婚协议为由主张按照离婚协议约定支付违约金的，不予支持。

27. 夫妻双方依照《婚姻法》第十九条第一款订立的夫妻财产制契约的效力应当如何认定？能否对抗债权人申请执行？

夫妻双方依照《婚姻法》第十九条第一款订立的夫妻财产制契约对夫妻双方均具有法律约束力。当夫妻双方对不动产物权产生争议时，应当尊重夫妻之间的真实意思表示，按照双方订立的夫妻财产制契约履行，优先保护不动产物权的真实权利人，不宜以所有权登记作为确认不动产物权的唯一依据。但未办理转移登记不能对抗善意第三人。

在不动产物权未办理转移登记的情形下，被执行人配偶依据夫妻财产制契约提出执行异议，请求排除执行的，不予支持。

28. 离婚财产分割协议中对不动产物权的约定能否直接产生物权变动的效力？能否对抗债权人申请执行？

离婚财产分割协议中对不动产物权的约定不直接产生物权变动的效力，夫妻一方仅可基于债权请求权向夫妻另一方主张履行不动产物权转移登记的契约义务。在不动产物权未办理转移登记的情形下，离婚财产分割协议中对不动产物权的约定不能对抗善意第三人。

离婚财产分割协议中对不动产物权的约定能否对抗债权人申请执行，应当通过审查离婚财产分割协议的真实性、形成时间、不动产物权未办理转移登记的原因、当事人的过错等予以综合判断。具体可参考《江苏省高级人民法院执行异议及执行异议之诉案件审理指南（二）》的相关规定认定和处理。

29. 如何区分夫妻财产制契约与夫妻财产赠与约定，其效力应当如何认定？

夫妻财产制契约是夫妻双方在《婚姻法》第十九条规定的三种夫妻财产制

形态,即分别财产制、一般共同制和限定共同制中进行选择的约定,对夫妻财产关系产生一般性、普遍性的约束力,其效力一般及于夫妻财产的全部。夫妻财产赠与约定是夫妻双方对于个别财产的单独处分,具有一次性、个别化的特点,其效力不及于其他未经特殊处分的财产。前者的目的在于排除法定财产制的适用,后者的目的在于改变一项特定财产的权利归属,并不涉及财产制的选择。

夫妻双方订立的夫妻财产制契约对夫妻双方具有法律约束力,任何一方不得擅自变更或者撤销。

夫妻一方在婚前或者婚姻关系存续期间约定将个人所有的不动产赠与夫妻另一方或者约定为按份共有、共同共有的,属于夫妻财产赠与约定,赠与人在赠与不动产物权办理转移登记之前撤销赠与,夫妻另一方主张履行的,应当依照《中华人民共和国合同法》第一百八十六条的规定处理。

30.《婚姻法解释三》第十条规定的不动产婚内共同还贷及增值的补偿数额应当如何计算?

补偿数额可以按以下公式计算:【夫妻共同还贷部分 × 不动产升值率 ÷ 2】。不动产升值率 = 离婚时不动产价格 ÷ 不动产成本(购置时不动产价格 + 共同已还贷款利息 + 其他费用) × 100%。其他费用包括印花税、契税、营业税、评估费等,不包括公共维修基金、物业费。如果夫妻一方购置不动产后经过一段时间才结婚的,计算不动产成本时,应当以结婚时不动产价格作为计算依据。若在个案中计算所得补偿数额明显低于婚后还贷本息总额的一半时,应当依照《婚姻法》第三十九条第一款规定的原则,判令取得所有权的夫妻一方给予夫妻另一方合理的补偿。

31. 婚姻关系存续期间夫妻一方以婚前财产出资购置的不动产以及增值收益的性质应当如何认定?

婚姻关系存续期间夫妻一方以婚前财产出全资购置的不动产,所有权登记在出资方名下,该不动产为夫妻一方婚前财产在婚后发生的形态上的转化,不影响财产的性质,除当事人另有约定外,应当认定为夫妻一方的个人财产。基于该不动产所产生的增值收益,应当根据具体情况作出认定。如果购置该不动产的目的是投资,则产生的增值收益应当认定为夫妻共同财产。

婚姻关系存续期间夫妻一方以婚前财产出全资或者夫妻一方以婚前财产以及夫妻共同财产混合出资购置的不动产,所有权登记在夫妻双方名下或者夫妻另一方名下,除当事人另有约定外,应当认定为夫妻共同财产。离婚时在具体分割不动产时,可以结合出资比例等因素对婚前财产出资方予以多分。

32. 夫妻一方婚前购买的股票在婚后的增值收益的性质应当如何认定？

夫妻一方婚后对婚前购买的股票没有进行买卖，股票因市场行情变化产生的增值收益为自然增值，除当事人另有约定外，应当认定为夫妻一方的个人财产。夫妻一方婚后对婚前购买的股票进行买卖产生的增值收益为主动增值，除当事人另有约定外，应当认定为夫妻共同财产。

33. 婚姻关系存续期间夫妻一方以个人财产出全资购置以个人名义参加房改的不动产，所有权登记在出资方名下，其性质应当如何认定？

婚姻关系存续期间夫妻一方以个人财产出全资购置以个人名义参加房改的不动产，所有权登记在出资方名下，离婚时出资方主张为个人财产的，不予支持，除非当事人另有约定或者出资方能够举证证明该不动产的取得与夫妻另一方没有关系且夫妻另一方不会因此而利益受损。离婚时在具体分割不动产时，可以对出资予以多分。

34. 享受本人工龄和已死亡配偶生前工龄优惠后所购房改房的性质应当如何认定？

房改房是国家根据职工工龄、职务、工资、家庭人口等各种因素综合考虑后在价值计算上给予职工政策性优惠福利的房屋。此种政策性优惠福利具有人身和财产双重属性，属于财产权益。生存配偶享受本人工龄和已死亡配偶生前工龄优惠后所购房改房，是对原有承租权的承袭和转化，一般应当认定为夫妻共同财产。

35. 婚姻关系存续期间夫妻购置所有权登记在夫妻双方以及子女名下或者仅登记在子女名下的不动产的性质应当如何认定？

对于婚姻关系存续期间夫妻购置所有权登记在夫妻双方以及子女名下或者仅登记在子女名下的不动产，应当审查夫妻双方进行所有权登记时的真实意思表示，尽可能甄别夫妻双方是否存在逃避债务、规避执行等行为。

在排除前述情形的情况下，可以按以下情形分别处理：

（1）对于婚姻关系存续期间夫妻购置所有权登记在夫妻双方以及子女名下的不动产，应当认定为夫妻双方与子女共有。所有权登记中未约定为按份共有的，应当认定为共同共有。

（2）对于婚姻关系存续期间夫妻购置所有权仅登记在子女名下的不动产，一般应当认定为子女的财产。如果有证据证明夫妻双方将所有权登记在子女名下的真实意思仅是代名登记，夫妻双方并无赠与意思的，该不动产应当认定为夫妻共同财产。但夫妻之间的财产约定不能对抗善意第三人。

36.离婚协议中涉及对第三人赠与的条款,离婚后赠与人以赠与财产权利尚未转移为由能否申请撤销?受赠人有无独立的给付请求权?

离婚协议是夫妻双方权衡利益、考量利弊后,围绕婚姻关系解除而形成的一个有机整体,各项内容既相互独立,又相互依存。因此,离婚后赠与人以赠与财产权利尚未转移为由申请撤销离婚协议中涉及对第三人赠与条款的,不予支持,但符合《婚姻法解释二》第九条规定情形的除外。

离婚协议约定将特定财产赠与第三人,离婚后夫妻一方不履行给付义务,夫妻另一方可以起诉主张其履行。受赠人非离婚协议一方,仅为赠与条款的受益人,并无独立的给付请求权,其起诉主张夫妻一方或者双方履行给付义务的,裁定不予受理,已经受理的,裁定驳回起诉。

37.父母为子女出全资购置不动产的性质应当如何认定?

父母为子女出全资购置不动产,除当事人另有约定外,可以按以下情形分别处理:

(1)一方父母出全资购置的不动产,无论该出资行为发生在婚前还是婚后,所有权登记在自己子女名下的,该出资可以认定为对自己子女的赠与,该不动产可以认定为出资方子女的个人财产。

(2)一方父母出全资购置的不动产,无论该出资行为发生在婚前还是婚后,所有权登记在子女双方名下或者另一方子女名下,该出资可以认定为对子女双方的赠与,该不动产可以认定为共同共有。

(3)婚前双方父母共同出全资购置的不动产,所有权无论登记在一方子女或者子女双方名下,该出资可以认定为父母对各自子女的赠与,该不动产可以认定为双方按照各自父母出资份额按份共有。

(4)婚后双方父母共同出全资购置的不动产,所有权登记在一方子女名下,该出资可以认定为父母对各自子女的赠与,该不动产可以认定为双方按照各自父母出资份额按份共有。

(5)婚后双方父母共同出全资购置的不动产,所有权登记在子女双方名下,该出资可以认定为对子女双方的赠与,该不动产可以认定为共同共有。

38.婚后一方父母部分出资为子女购置不动产,所有权登记在出资方子女名下,其性质应当如何认定?

《婚姻法解释三》第七条规定的"婚后由一方父母出资为子女购买的不动产",其适用前提是一方父母出全资为子女购置不动产情形。婚后一方父母部分出资为子女购置不动产,夫妻双方支付剩余款项,所有权登记在出资方子女名下,除当事人另有约定外,该不动产应当认定为夫妻共同财产。离婚时在具体分割不动产时,可以结合父母出资比例等因素对出资方子女予以多分。

39. 父母为子女购置不动产出资性质的举证责任应当如何分配?

父母为子女购置不动产出资,事后以借贷为由主张返还,子女主张出资为赠与的,应当遵循谁主张谁举证的原则,由父母承担出资为借贷的举证责任。父母不能就出资为借贷提供充分证据证明导致出资性质处于真伪不明状态时,应当由父母承担举证不能的责任。

40. 夫妻一方擅自处分共有不动产应当如何处理?

《婚姻法解释三》第十一条规定仅适用于"登记在夫妻一方名下,该方处分"的情形,受让人在符合《中华人民共和国物权法》第一百零六条规定情形下,其主张取得物权的,应予支持。在不符合《中华人民共和国物权法》第一百零六条规定情形下,依照《婚姻法解释一》第十七条第二项的规定,如果受让人能够举证证明"有理由相信其为夫妻双方共同意思表示"的,受让人主张继续履行合同的,亦应予以支持。

对"登记在夫妻双方名下、夫妻一方处分"以及"登记在夫妻一方名下,夫妻另一方处分"的情形,可以依照《婚姻法解释一》第十七条第二项的规定,如果受让人能够举证证明"有理由相信其为夫妻双方共同意思表示"的,受让人主张继续履行合同的,应予支持。

对于"有理由相信其为夫妻双方共同意思表示",可以通过审查当事人先前行为是否足以造成确信(在场未表示反对)、是否从公开场所取得(通过中介)、手续是否齐备(本人在场、证件原件、授权委托书)等予以综合判断。

41. 离婚时对于婚姻关系存续期间以夫妻共同财产出资获得的登记在夫妻一方名下的有限责任公司(不包括夫妻公司、一人有限责任公司)的股权应当如何处理?股权价值应当如何确定?

基于有限责任公司的资合性和人合性特点,离婚时对于婚姻关系存续期间以夫妻共同财产出资获得的登记在夫妻一方名下的有限责任公司(不包括夫妻公司、一人有限责任公司)的股权的处理,既要从有利于解决夫妻纠纷的原则出发,又要最大限度地做好与其他利害关系人的利益协调,不能侵害其他股东的同意权和优先购买权等权利。

如果夫妻双方就股权分割协商一致,可以依照《婚姻法解释二》第十六条的规定处理。因《婚姻法解释二》第十六条中"过半数股东同意"与新《中华人民共和国公司法》第七十一条第二款中"其他股东过半数同意"相冲突,因此,应适用

《中华人民共和国公司法》第七十一条第二款中"其他股东过半数同意"的规定。

如果夫妻双方就股权分割无法协商一致,可以按以下情形分别处理:

(1)夫妻双方均主张股权且愿意和对方共同经营的,其他股东过半数同意且明确表示放弃优先购买权的,可以按比例分割股权。夫妻双方均主张股权但不愿与对方共同经营的,可以通过竞价方式确定由谁最终取得股权。如果股东的配偶取得股权,应当经其他股东过半数同意且明确表示放弃优先购买权。取得股权的一方,应当给予另一方相应的经济补偿。

(2)股东一方或者股东的配偶放弃股权主张补偿款的,应当在确定股权价值的基础上,由取得股权的一方给予另一方相应的经济补偿。如果股东的配偶取得股权,应当经其他股东过半数同意且明确表示放弃优先购买权。

(3)夫妻双方均不愿意取得股权的,可以依照《中华人民共和国公司法》的相关规定将股权转让给其他股东或者股东之外的第三人,并对转让价款依法分割。向股东以外的第三人转让股权的,应当经其他股东过半数同意且明确表示放弃优先购买权。如果无人受让股权的,夫妻双方可以按比例分割股权。

前述(1)~(3)情形中,如果其他股东过半数不同意转让,也不愿意以同等价格购买股权的,视为同意转让。

股权价值评估时,可以责令当事人以及股权所在的公司提供评估所需的财务会计报表等资料。因公司管理混乱、会计账册不全以及公司经营者拒不提供财务信息等原因导致股权价值无法评估的,可以向税务、工商部门调取备案的资产负债表、损益表、净资产表以及该公司公布的年度报表等财务资料交予评估机构评估股权价值。如果无法调取上述财务资料,可以参照当地同行业中经营规模和水平近似的公司的营业收入或者利润核定股权价值。当事人对依职权确定的股权价值提出异议的,应当提供能证实其主张的财务资料。

42.夫妻双方设立夫妻公司时在工商部门登记的持股比例是否属于夫妻财产约定,离婚时能否据此分割股权?

基于夫妻关系的特殊性可能导致双方设立夫妻公司时在工商部门登记的持股比例具有很大的随意性,如果无其他证据佐证,该登记比例不属于夫妻财产约定,离婚时夫妻一方要求据此分割股权的,不予支持。

43.离婚案件中对于人身保险合同应当如何处理?

人身保险分为人寿保险、意外伤害保险和健康保险。离婚案件中对于人身保险合同,除当事人另有约定外,可以按以下情形分别处理:

(1) 已获得保险金的情形

婚姻关系存续期间,夫妻一方作为被保险人依据意外伤害保险合同、健康保险合同获得的保险金,主要用于受害人的治疗、生活等特定用途,具有人身性质,应当认定为个人财产。

夫妻一方作为受益人依据以死亡为给付条件的人寿保险合同获得的保险金,该保险合同中受益人的指定本身就表明了投保人与受益人之间的特定关系,体现了保险金的专属性,应当认定为个人财产。

婚姻关系存续期间,夫妻一方依据以生存到一定年龄为给付条件的具有现金价值的保险合同获得的保险金,该保险具有一定的投资属性,由此获得的投资收益,应当认定为夫妻共同财产。

(2) 尚未获得保险金的情形

婚姻关系存续期间以夫妻共同财产投保,离婚时仍处于保险有效期内的人身保险合同,夫妻双方主张分割保险单现金价值的,应予支持。

如果投保人和被保险人均为夫妻一方,离婚时夫妻双方可以协议退保或者继续履行保险合同。投保人不愿意继续履行的,保险人退还的保险单现金价值应当作为夫妻共同财产分割;投保人愿意继续履行的,投保人应当支付保险单现金价值的一半给另一方。

如果夫妻一方为投保人,夫妻另一方为被保险人,离婚时夫妻双方可以协议退保或者继续履行保险合同。协商一致退保的,保险人退还的保险单现金价值应当作为夫妻共同财产分割;协商一致愿意继续履行的,获得保险合同利益一方应当支付保险单现金价值的一半给另一方。如果投保人要求退保,而被保险人要求继续履行的,保险合同应当继续履行,获得保险合同利益一方应当支付保险单现金价值的一半给另一方。

(3) 为未成年子女购买人身保险的处理

婚姻关系存续期间,夫妻一方或者双方为未成年子女购买的人身保险获得的保险金,如果未成年子女未死亡,应当专属于未成年子女所有。

离婚时,如果为未成年子女购买的人身保险合同尚处于保险有效期的,因保险的最终利益归属于未成年子女,该保险应当视为对未成年子女的赠与,不再作为夫妻共同财产分割。

44. 离婚案件中对于违法建筑应当如何处理?

离婚案件中涉及违法建筑的,要防止通过民事裁判将违法建筑合法化,故不宜在民事裁判中认定建筑物是否违法。

在违法建筑合法化、当事人取得所有权之前,无论是分割违法建筑还是确认所有权或者使用权等,均没有法律依据,此类纠纷不予处理。当事人主张对违法建筑的建筑材料进行分割的,不予支持。若违法建筑被依法拆除的,当事人可以对建筑材料的分割另行主张权利。

违法建筑的既得利益,如租赁收入,属于婚姻关系存续期间的财产性收益,应当作为夫妻共同财产分割。尚未取得的收益因不具有确定性,不予处理。

离婚案件中,当事人主张分割小产权房或者确认小产权房所有权或者使用权等的,不予处理。

45. 作为继承人的夫妻一方放弃继承权,夫妻另一方能否主张放弃继承权无效或者赔偿损失?

继承人在继承开始后遗产处理前可以根据自己的意志决定接受继承还是放弃继承权,作为继承人的夫妻一方对继承权的处分无须征得夫妻另一方的同意。夫妻另一方主张放弃继承权无效或者赔偿损失的,不予支持。但如果夫妻另一方举证证明作为继承人的夫妻一方放弃继承权致使不能履行法定义务导致其获得经济帮助、扶养等权益受到损害的,其关于放弃继承权无效或者赔偿损失的主张,应予支持。

46. 夫妻共同债务的举证责任应当如何分配?

《最高人民法院关于审理涉及夫妻债务纠纷案件适用法律有关问题的解释》进一步明确了夫妻共同债务举证责任分配规则。司法实践中,在正确适用司法解释的同时,要强化法院职权探知,合理运用日常经验法则和逻辑推理,对于债务人配偶和债权人的利益要予以兼顾,避免因错误分配举证责任造成司法裁判不公。

对于夫妻双方共同签字或者签字时债务人配偶在场但未作出明确反对意思表示或者债务人配偶事后追认以及通过其他共同意思表示形式(如电话、短信、微信、邮件等)认可的债务,应当认定为夫妻共同债务,此种情形应当由债权人承担举证责任。

夫妻一方在婚姻关系存续期间以个人名义为家庭日常生活需要所负的债务,应当认定为夫妻共同债务。债权人应当提供该债务为家庭日常生活需要所负的初步证据,债务人配偶主张不属于夫妻共同债务的,应当承担举证责任。

债务人配偶提供初步证据证明夫妻一方在婚姻关系存续期间以个人名义所负的债务超出家庭日常生活需要,债权人主张属于夫妻共同债务的,应当举证证明该债务用于夫妻共同生活、共同生产经营或者基于夫妻双方共同意思表示。

47. 如何界定夫妻一方在婚姻关系存续期间以个人名义为"家庭日常生活需要"所负的债务？

"家庭日常生活需要"是指家庭日常生活中的必要支出,包括衣食住行、医疗保健、交通通信、文娱教育及服务等。认定是否为"家庭日常生活需要"所负的债务,应当结合债务金额、举债次数、债务用途、家庭收入状况、消费水平、当地经济水平和一般社会生活习惯等予以综合判断。

以下情形可以作为认定超出"家庭日常生活需要"所负债务的考量因素：

(1)债务金额明显超出债务人或者当地普通居民家庭日常消费水平的；

(2)债权人明知或者应知债务人从事赌博、吸毒等违法犯罪活动仍出借款项的；

(3)债权人明知或者应知债务人已大额负债无法偿还,仍继续出借款项的。

48. 如何界定夫妻一方在婚姻关系存续期间以个人名义为"夫妻共同生活、共同生产经营"所负的债务？

"夫妻共同生活"是指夫妻为履行经济扶养、生活照顾、精神抚慰义务而进行共同消费或者积累夫妻共同财产的情形。"夫妻共同生产经营"是指夫妻共同决定生产经营事项或者一方授权另一方决定生产经营事项或者夫妻另一方在生产经营中受益的情形。

以下情形可以作为认定债务用于"夫妻共同生活、共同生产经营"的考量因素：

(1)举债期间家庭购置大宗财产或者存在大额开支情形,夫妻双方无法说明资金来源的；

(2)举债用于夫妻双方共同从事的生产经营事项的；

(3)举债用于债务人单方从事的生产经营事项,但债务人配偶从生产经营中受益的。

以下情形可以作为认定债务未用于"夫妻共同生活、共同生产经营"的考量因素：

(1)举债期间家庭未购置大宗财产或者存在大额开支情形的；

(2)债务用于债务人从事赌博、吸毒等违法犯罪活动的；

(3)债务用于债务人单方负担与夫妻共同生活、共同生产经营无关的活动的,如无偿担保等；

(4)债务人配偶对债务人的生产经营行为不知情且未从生产经营中受益的。

49. 作为有限责任公司或者股份有限公司的法定代表人、控股股东的夫妻一方在婚姻关系存续期间以个人名义借款用于公司或者为公司借款提供担保,该债务性质应当如何认定?

作为有限责任公司或者股份有限公司的法定代表人、控股股东的夫妻一方在婚姻关系存续期间以个人名义借款用于公司或者为公司借款提供担保的,应当区分属于公司债务还是个人债务。在认定属于个人债务的情形下,如果债务人在借款或者担保时收取了经济利益用于夫妻共同生活或者借款、担保行为与夫妻共同生活、共同生产经营密切相关,该借款或者担保债务应当认定为夫妻共同债务。

作为夫妻公司的法定代表人、控股股东的夫妻一方在婚姻关系存续期间以个人名义借款用于公司或者为公司借款提供担保的,该借款或者担保债务应当认定为夫妻共同债务。

夫妻一方作为一人有限责任公司的股东在婚姻关系存续期间以个人名义借款用于公司或者为公司借款提供担保,如果债务人配偶参与生产经营或者从生产经营中受益的,该借款或者担保债务应当认定为夫妻共同债务。

50. 因夫妻一方侵权行为所产生的债务性质应当如何认定?

判断夫妻一方因侵权行为所产生的债务是否为夫妻共同债务,关键在于审查债务人配偶是否分享了利益。如果债务人配偶通过债务人的活动从中受益,例如在从事家庭经营等活动中发生侵权行为,按照利益共享、责任共担的原则,应当认定为夫妻共同债务;如果债务人的活动并非为了家庭利益且债务人配偶也未从中受益的,应当认定为债务人的个人债务。

17. 上海市高级人民法院关于审理婚姻家庭纠纷若干问题的意见

(2007年3月15日公布施行 沪高法民一〔2007〕5号)

1. 与子女共同生活的一方以不利于子女身心健康为由,请求法院依法中止申请人行使探望权的处理

有关探望权的生效判决已进入执行程序,与子女共同生活的一方提出中止行使探望权请求的,可由执行庭根据当事人的申请直接作出是否中止执行的裁定,无需通过审判程序解决。

与子女共同生活的一方以不利于子女身心健康为由,单独起诉要求中止行使探望权的,人民法院不予受理。

2.限制行为能力人能否申请行使探望权

限制行为能力人尽管行为能力受限,但其仍有权享有亲权或与此相关的权利,因此,对于限制行为能力人由请行使探望权的,在不会对未成年子女身心造成不良影响的前提下,可以准许,并视限制行为能力人的具体情况,明确其是否应在监护人的监护下行使探望权。

3.夫妻离婚时,尚不符合领取养老金条件的当事人账户内养老金的处理

养老金是职工在退休后领取的工资,未到退休年龄不能领取;且养老会是职工退休后生活的基本保障,而不是对其退休前工作的补偿。因此,对于离婚诉讼时尚未退休、不符合领取养老金条件的当事人,其养老金不能作为夫妻共同财产予以分割。

在审理农村婚姻案件中。离婚一方当事人在婚姻存续期间因土地征用享受城镇养老保险的,即土地征用单位向城镇养老保险机构交纳一定数额的养老保险基金使得家庭成员由的一人享受城镇养老保险的权利,由于权利人在未达到法定年龄时并不能获益,而只可在达到法定年龄后按较低标准享受养老金和医疗保险,且在实践中该基金也不进入个人养老基金账户。因此,对不符合享受械镇养老保险条件的当事人,其养老金也不能作为夫妻共同财产予以分割。

4.夫妻共同财产涉及他人情况的处理

夫妻婚后出资购买车辆,并挂靠于他人名下的,在离婚诉讼中,对该车辆不予处理。

夫妻双方与他人(未成年子女除外)共同所有的房屋,应该另案处理,但若案外人仅享有居住使用权而无所有权的,不影响该房屋在离婚诉讼中的分割。

5.当事人协议离婚后,就履行财产分割协议发生纠纷提起诉讼的诉讼时效

当事人协议离婚后,因履行财产分割协议发生纠纷,如请求变更或撤销协议的,应根据最高法院婚姻法司法解释(二)第九条的规定,在登记离婚后一年内提起诉讼;如请求继续履行协议,应该自纠纷发生之日起二年内提起诉讼。

6.夫妻协议离婚后财产纠纷的处理范围

夫妻协议离婚后财产纠纷中的财产范围,既包括离婚协议中末涉及的财产,也包括《婚姻法》第四十七条所规定的一方在离婚时隐藏、转移、变卖、毁损的夫妻共同财产及伪造债务侵占的另一方的财产。

7.如何认定夫妻在婚姻关系存续期间,包括分居期间达成的财产分割协议的效力

夫妻共同生活期间或者分居期间达成的财声分割协议,当事人无证据证明

其具有无效或可撤销、可变更的法定情形,或协议已经履行完毕的,应认定协议对双方有拘束力。如果财产分割协议以离婚为前提条件,而双方未离婚的,应该允许当事人反悔。

8.离婚后的财产纠纷中财产价值的确定

审理离婚后的财产纠纷,财产的价值应区别不同情况予以确定:若属于双方约定或法院判决不予处理的财产,财产价值以处理时的市场价值确定;若属于一方隐藏、转移、变卖、毁损的财产,财产价值的确定可适用"就高"原则,即离婚时财产的市场价值高,以离婚时的市场价值确定;处理财产时的市场价值高,以处理财产时的市场价值确定。

9.夫妻一方通过福利、补贴等方式取得产权房,但为取得该房产而与用人单位签有服务期协议的,离婚时该房产的处理

夫妻一方在婚后通过福利、单位补贴取得产权房,但同时与用人单位签有服务协议的,由于该方对此房的获得具有较大贡献,且其将来择业的自由会在服务期内受到限制,因此,夫妻离婚时,因服务期问题而导致房产权利受影响的事实尚未发生的,对该房产的分割应考虑尚存服务期的长短、夫妻共同生活的时间,适当多分给签有服务期的一方。

10.夫妻离婚协议中约定财产归一方所有的,债权人能否以夫妻一方故意逃避债务为由撤销该协议

依据最高人民法院婚姻法司法解释(二)第二十五条规定,即使当事人的离婚协议或者人民法院的判决书、裁定书、调解书已经对夫妻财产分割问题作出处理的,债权人仍有权就夫妻共同债务向男女双方主张,无需行使撤销权。若一方所负债务为个人债务的,债权人有权行使撤销权。

11.离婚诉讼中,当事人提出采用竞价方法确定房产权利归属的处理

按照婚姻法及其司法解释的规定,财产的处理应以照顾女方和抚养子女一方的权益为原则。在处理共有房产时,当事人提出采用竞价方法确定房产权利归属,若符合下列条件的,可予准许:(1)双方同意竞价;(2)双方经济、住房等条件基本相同。

12.夫妻双方婚后出资购房,产权人可能登记为夫妻双方或其中一方,也可能登记为夫妻双方或某一方与子女,或者只登记为子女一人,如何确定该房产权利

夫妻双方婚后共同出资购买的产权房,无论登记为夫妻双方或一方,均为夫妻共同财产。若产权登记中有子女,则为夫妻双方与子女共同所有。在户权登

记中未约定按份共有的,应认定共同共有。

至于产权人只登记为子女一人的房屋所有权问题,上海高院《民事法律适用问答》2005年第3期(总第16期)问题六已有答复。但鉴于未成年子女未出资,也不承担还贷义务,在处理房产权利时可适当调整子女所得的比例。

13.夫妻一方婚前出资购买的房屋,权利登记在双方名下,离婚时该房产的处理

夫妻一方婚前出资购置房屋,权利登记在双方名下的,为夫妻双方共有财产。如未约定按份共有,可认定共同共有,但在离婚分割该房产时,出资一方可适当多分。

14.夫妻关系存续期间,一方继承遗产的分割

夫妻关系存续期间,一方作为继承人根据继承法的规定可以继承遗产,但继承人之间尚未对该遗产进行分配的,由于继承人在遗产分割前仍有权放弃继承,因此,离婚诉讼中,法院对继承人的配偶要求分割该遗产的请求不予处理,但可以保留其诉权,由当事人在其权利条件具备时再主张分割。